国际与比较教育研究系列丛书

本书为浙江大学国际教育研究中心资助出版的研究成果

丛书主编：吴雪萍

治理理论视角下英国跨国高等教育质量保障研究

A Study on
Quality Assurance of
UK Transnational Higher Education
from the Perspective of
Governance Theory

赵 倩 著

ZHEJIANG UNIVERSITY PRESS
浙江大学出版社
·杭州·

图书在版编目（CIP）数据

治理理论视角下英国跨国高等教育质量保障研究 /
赵倩著. -- 杭州 ： 浙江大学出版社，2023.12
　　ISBN 978-7-308-23434-4

　　Ⅰ．①治… Ⅱ．①赵… Ⅲ．①高等教育－教育质量－
保障体系－研究－英国 Ⅳ．①G649.561

中国国家版本馆CIP数据核字(2023)第236981号

治理理论视角下英国跨国高等教育质量保障研究

赵　倩　著

策划编辑	武晓华　梁　兵
责任编辑	武晓华　梁　兵
责任校对	黄伊宁
封面设计	程　晨
出版发行	浙江大学出版社
	（杭州市天目山路148号　　邮政编码　310007）
	（网址：http://www.zjupress.com）
排　　版	杭州林智广告有限公司
印　　刷	杭州宏雅印刷有限公司
开　　本	710mm×1000mm　　1/16
印　　张	14.5
字　　数	228千
版 印 次	2023年12月第1版　2023年12月第1次印刷
书　　号	ISBN 978-7-308-23434-4
定　　价	68.00元

目　录

第一章 绪 论

第一节 研究缘起

跨国高等教育作为高等教育的新形式，在世界范围内得到了迅速的发展，其中，英国是最早开展跨国高等教育的国家之一。英国跨国高等教育不仅占据了大部分的国际市场，还树立了良好的高等教育品牌。本研究关注英国跨国高等教育质量保障的治理。首先，由于跨国高等教育的规模不断扩大，其质量保障面临越来越复杂的挑战，已经成为跨国高等教育研究的焦点；其次，我国作为跨国高等教育的最大东道国之一，确保引进外国高等教育资源的优质性问题一直备受关注，需要借鉴成熟的治理经验。因此，英国在跨国高等教育质量保障方面的治理经验，对我国高等教育跨国高等教育的质量保障有着重要的参考意义。

一、跨国高等教育质量保障的复杂性

跨国高等教育迅速发展，已成为当今世界高等教育的重要组成部分。许多发展中国家的高等教育需求正快速扩大，但其国内教育系统却无法在短期内快速扩展，预期的高等教育需求无法得到满足。跨国高等教育既为提供国的高等教育国际化拓展了渠道，也满足了东道国不断扩大的高等教育需求，为提供国和东道国双方都提供了重要机会。

确保跨国高等教育的高质量，使其资质得到雇主和更广泛的社会各界认可，对跨国高等教育的成功是至关重要的。随着规模的不断扩大，跨国高等教育面临质量挑战。与传统高等教育相比，跨国高等教育涉及提供国和东道国，在地

理上跨越国界，其质量保障的问题更为复杂。跨国高等教育中的提供国和东道国都面临挑战，提供国面临的挑战是了解当地的运营环境，以及东道国为促进和管理跨国高等教育而实施的各种政策；东道国面临的挑战是明确开展跨国高等教育的目标和意义，以及最大限度地发挥跨国高等教育的作用①。

此外，各东道国之间的环境和目标存在显著差异，也为跨国高等教育的质量保障带来挑战。首先，提供国和东道国在办学动机上存在差异：跨国高等教育提供机构追求利润回报，而东道国的办学动机则更多样化，除满足本国教育需求外，还包括建设本国高等教育能力等。以利益为导向的跨国高等教育机构或项目质量参差不齐，未必能够满足东道国的需求。其次，由于跨国高等教育的提供国和东道国在意识形态、文化背景、经济基础等方面存在差异，其对人力资源的要求不同，将影响培养目标和培养理念，进而影响教育质量的价值取向。最后，即使提供国与东道国在质量保障目标上达成一致，由于跨国高等教育的形式不同，质量风险不同，质量保障的成本和实施过程也需要大量的投入，这增加了跨国高等教育质量保障的难度。

二、英国跨国高等教育质量保障经验的丰富性

英国在跨国高等教育方面有着悠久历史和盛大规模，在质量保障方面积累了较为丰富的治理经验。英国是最早开展跨国高等教育的国家之一。20世纪80年代，随着全球化时代的到来，知识经济发展，教育（尤其是高等教育）开始商品化、私有化和市场化。以英国、澳大利亚为代表，高等教育理念发生变化。各国更加强调教育的经济价值，个人由于从教育中获益而被要求承担教育成本，政府对高等教育的投入减少，大学开始积极寻找其他收入来源，招收国际学生就是其中一种重要渠道②。而后，英国高等教育机构不满足于在国内招收国际学生，又开始向海外输出教育项目、成立海外合作办学机构，即提供跨国高等教育服务。20世纪90年代起，英国跨国高等教育由教育机构的自主行为转向国家战略的一部分，布莱尔工党政府的两个首相计划强调了教育国际化战略，并且将海外分校和

---

① British Council. The shape of things to come : the evolution of transnational education : data, definitions, opportunities and impacts analysis[R]. London : British Council, 2013 : 7-9.

② 冯国平. 跨国教育的国际比较研究 [D]. 上海：华东师范大学，2009：59.

与其他国家教育机构合作提供英国课程纳入战略。此后，各大高校、以英国文化协会（British Council，BC）和英国大学联盟（Universities UK，UUK）为代表的非政府部门及工商界共同推动英国高等教育走向海外，打造英国高等教育品牌。英国跨国高等教育呈现稳步增长的态势。截至2019年，英国高等教育统计局（Higher Education Statistics Agency，HESA）公布的2018—2019年数据显示，英国142所大学在海外提供了跨国高等教育，近67万名学生在英国以外的英国高等教育跨国高等教育项目中注册①。同时，英国要求其教育机构在海外办学要确保达到与英国国内一样的高质量，在全球范围形成了良好的声誉。

高等教育国际化素有知识密集、附加值高、产生长期利益的特点，在经济上对英国而言 直极具吸引力。随着未来全球对国际教育的需求不断增长，英国也仍在致力于加强跨国高等教育保障以迅速融入全球化背景。

三、中外合作办学提质增效的迫切性

跨国高等教育在中国是以中外合作办学的形式存在的。2004年，《中华人民共和国中外合作办学条例》定义了中外合作办学的概念，指外国教育机构同中国教育机构在中国境内合作举办以中国公民为主要招生对象的教育机构的活动②。实际上，早在改革开放初期，跨国高等教育就以中外合作办学的形式进入中国。1986年，南京大学与美国霍普金斯大学成立了中美文化研究中心，第一个中外合作办学机构诞生③。随着中国正式加入世界贸易组织，教育成为服务贸易的一部分，中外合作办学在此契机下得以快速发展。截至2019年8月，全国经审批机关批准设立或举办的中外合作办学机构和项目共计2431个，包含理学、工学、农学、医学、法学、教育学等11个学科门类共200多个专业。中外合作办学机构和项目每年招生超15万人，在校生超60万人，其中高等教育占90%以上，毕业生超200万人④。

---

① Higher Education Statistics Agency. Where do HE students come from? [EB/OL].（2020-03-03）[2020-03-18]. https : //www.hesa.ac.uk/data-and-analysis/students/where-from.

② 中华人民共和国教育部. 中华人民共和国中外合作办学条例[J]. 教育部政报，2003（6）.

③ 南京大学-约翰霍普金斯大学中美文化研究中心. 中心简介[EB/OL]. [2020-03-18]. https : //hnchome.nju.edu.cn/10603/list.htm.

④ 中国教育报. 新时代如何发展中外合作办学[EB/OL].（2019-08-05）[2020-03-18]. http ://edu.people.com.cn/GB/n1/2019/0805/c1053-31276052.html.

经过40年的发展，中国已经成为世界最大的跨国高等教育东道国之一，而中外合作办学对中国高等教育的意义也发生了变化，定位由原先的中国"教育事业的补充"发展到"教育事业的组成部分"①，特别是党的十九大以来，中外合作办学正成为我国高等教育的重要增长极，不仅有宁波诺丁汉大学、西交利物浦大学、上海纽约大学等在中国境内的合作办学机构及各类项目，也有中国高校走出国门建立海外分校，北京大学、厦门大学、同济大学、苏州大学、华侨大学等海外办学尝试呈现规模化趋势。国家和社会的发展也对中外合作办学提出了新的要求。2016年，中共中央办公厅、国务院办公厅印发《关于做好新时期教育对外开放工作的若干意见》，对中外合作办学进行了战略部署，提出"完善体制机制，提升涉外办学水平"，"引进国外优质资源，全面提升合作办学质量"②。中外合作办学的发展已经进入质量本位阶段，其总体趋势是"提质增效、服务大局、增强能力"③。

在世界高等教育舞台拥有话语权，发出声音并做出贡献，是一个国家教育实力的综合体现。对于我国高等教育建设来说，重视质量保障至关重要④，而中外合作办学是我国高等教育新模式探索中的重要环节。中外合作办学的质量保障既是现实需求，也是教育的内在本质要求。中外合作办学面临的不是简单的课程对接或教师互换，而是涉及教育理念、培养模式、教学方式等宏观和微观层面的深度融合创新；在加快和扩大教育对外开放的新背景下，更应该强调创新引领、辐射示范、风险管控和依法保障⑤。在中外合作办学发展的提质增效阶段，从教育的内在实质到"引进来"和"走出去"的现实需要，都要求重视合作办学的质量保障研究。

---

① 张庆晓，贺静霞. 中外合作办学政策的历史演进与现实反思[J]. 黑龙江高教研究，2019, 37（3）：18-23.

② 中华人民共和国中央人民政府. 中共中央办公厅、国务院办公厅印发《关于做好新时期教育对外开放工作的若干意见》[EB/OL]. （2016-04-29）[2020-03-18]. http://www.gov.cn/xinwen/2016-04/29/content_5069311.htm.

③ 郭伟，张力玮. 新时期中外合作办学发展趋势：提质增效、服务大局、增强能力——访厦门大学中外合作办学研究中心主任林金辉[J]. 世界教育信息，2016, 29（15）：6-11.

④ 史静寰. 高等教育重在建设质量治理体系[N]. 社会科学报，2019-11-28（1）.

⑤ 中国教育报. 新时代如何发展中外合作办学[EB/OL]. （2019-08-05）[2020-03-18]. http://edu.people.com.cn/GB/n1/2019/0805/c1053-31276052.html.

第二节　研究问题与意义

本研究从治理理论视角出发，聚焦英国跨国高等教育的质量保障问题，探讨英国作为跨国高等教育最大的提供国之一，如何保障其在海外的跨国高等教育办学质量。具体包括以下几个方面的问题。

第一，英国跨国高等教育质量保障是如何发展而来的，经历了怎样的历史积累，面临着怎样的现实需求？

第二，英国跨国高等教育质量保障的主体有哪些，它们分别扮演了什么角色？

第三，英国跨国高等教育质量保障的方式是怎样的，各个主体之间是如何协调的，是否存在挑战与矛盾？

理论意义上，跨国高等教育已经成为高等教育的重要组成部分。当前针对跨国高等教育的研究较为丰富，跨国高等教育的质量问题已经成为研究热点之一。但学者多从传统的教育管理视角来研究，并且主要使用"质量保障""质量保证""质量管理"等词，以治理理论为研究视角对跨国高等教育中的质量保障研究尚少。本研究作为跨国高等教育质量保障的国别研究，探索英国在跨国高等教育质量保障方面的治理主体、治理方式，并增加对英国跨国高等教育质量保障中的国际合作维度研究，丰富跨国高等教育质量研究的视角、内容和层次。

实践意义上，当前我国正致力于加快和扩大教育对外开放，而合作办学对教育对外开放起着示范引领作用。要提升教育对外开放的治理水平，首先要提升合作办学的治理水平[①]。我国中外合作办学正处于提质增效阶段。当前既有海外一流大学来我国境内合作办学，也有我国顶尖高校赴境外开展办学尝试，需要加强与外国的理解、沟通、协商与合作，以达成一定的国际共识，才能更好地保障合作办学的质量。本研究根据英国跨国高等教育质量保障的治理经验，为我国的境内外的合作办学提供借鉴，也为我国参与高等教育的全球治理提出建议。

---

① 中国教育报.新时代如何发展中外合作办学[EB/OL].（2019-08-05）[2020-03-18]. http：//edu. people.com.cn/GB/n1/2019/0805/c1053-31276052.html.

第三节　概念界定

一、跨国高等教育

跨国教育（Transnational Education）是在高等教育的全球化和国际化背景下诞生的。简·奈特（Jane Knight）认为全球化是"人口、文化、观念、价值、知识、技术以及经济的跨国界流动，导致了一个更加紧密联系，更加互相依存的世界"①。对于高等教育中的全球化，阿特巴赫（Philip G. Altbach）认为高等教育全球化是更广泛的经济、技术和科学趋势直接影响高等教育，高等教育国际化则是政府、学术体系和机构等各个部门为应对全球化而开展的活动②。

全球化影响高等教育的供需市场，不仅为学习者提供了更多的选择，也为高等教育提供者提供了竞争日益激烈的全球市场。为了应对全球化，各国政府和高等教育机构采取了一系列的国际化战略以加入全球高等教育市场竞争，力求扩大各自的国际市场份额，也形成了一些高等教育国际化现象。

跨国教育是高等教育国际化的一部分。几十年来，国际化一直是高等教育的重要方面，并且机构和学者已经建立了跨越国界的多种形式的教育合作。学生、教师和其他专业人员为了学术和专业目的而跨越国界是一种古老的现象，也被称为学术流动性或人员流动性。但是，跨越国界的项目和机构是后来出现的新现象（使用印刷媒体的远程教育除外），被称为项目流动性和机构流动性③。跨国教育就是项目和机构的流动，有时也等同于跨境（Cross-border）、离岸（Offshore）或无国界（Borderless）教育④。

跨国高等教育（Transnational Higher Education）是跨国教育的主体部分，大部

---

① 奈特. 激流中的高等教育[M]. 北京：北京大学出版社，2011：8.

② ALTBACH P G, REISBERG L, RUMBLEY L E. Trends in global higher education, tracking a global academic revolution[J]. Change : The Magazine of Higher Learning, 2010, 42（2）: 30-39.

③ STELLA A, BHUSHAN S. Quality assurance of transnational higher education : the experiences of Australia and India[C]. Melbourne : Australian Universities Quality Agency and the National University of Educational Planning and Administration, 2011: 4.

④ British Council. The shape of things to come : the evolution of transnational education : data, definitions, opportunities and impacts analysis[R]. London : British Council, 2013: 10-14.

分文献中的跨国教育指的是跨国高等教育。跨国教育最初是由澳大利亚于20世纪90年代初提出的，指学生在海外学习；与之相对的概念是国际教育，指外国留学生在澳大利亚学习。当时的跨国教育概念，强调学生学习的地点在海外[①]。

许多国际组织和参与跨国高等教育实践的国家对跨国高等教育的概念进行了定义。国际高等教育质量保障组织（International Network for Quality Assurance，INQAAHE）和欧洲高等教育学会（European Higher Education Society）于2004年11月至2009年2月编写了《分析质量术语表》（Analytic Quality Glossary），将跨国高等教育定义为"在多个国家/地区提供的高等教育项目"。这里的重点是将高等教育项目扩展到一个以上的国家。但这个定义不足以对像南太平洋大学和西印度群岛大学这样的区域性机构进行规定。这些机构本质上是跨国公司，它们在一个以上的成员国中提供课程。例如，由12个南太平洋岛国共同创建的南太平洋大学，在每个国家/地区设有校区，提供高等教育。这意味着跨国高等教育的定义须有比"一个以上国家"更清晰的定义[②]。

1995年，全球跨国教育联盟（Global Alliance for Transnational Education，GATE）成立，联盟致力于传播跨国教育的优点，提供资格认证服务，是最早关注跨国教育质量保障问题的组织之一。全球跨国教育联盟定义跨国教育，即"跨国教育是指学生所在的国家/地区与提供教育的机构所在的国家/地区（所在国）不同的任何教学活动。这种情况下，教育的信息、人员和/或教育材料跨越国界"[③]。该定义区分了高等教育的提供国（Home Country）和东道国（Host Country），也明确了学生与提供教育的机构之间的跨国界性质，补充了教育信息、教学人员和教学材料等跨越国界的特点，令跨国教育的概念更加具体。但是，对于不属于某个特定国家系统的高等教育机构，以及对教学和学习有更多贡献的高等教育机构，此定义也不够全面。另外，该定义也没有明确将远程教

① 奈特.激流中的高等教育：国际化变革和发展[M].刘东风，陈巧云，译.北京：北京大学出版社，2011：98-99.

② STELLA A, BHUSHAN S. Quality assurance of transnational higher education : the experiences of Australia and India[C]. Melbourne : Australian Universities Quality Agency and the National University of Educational Planning and Administration, 2011: 4.

③ 奈特.激流中的高等教育：国际化变革和发展[M].刘东风，陈巧云，译.北京：北京大学出版社，2011：99.

育包括在内。鉴于远程教育在高等教育的主流交付方式中的数量和地位，它不应当在跨国高等教育的定义中缺失。

联合国教科文组织（UNESCO）与欧洲委员会（Council of Europe）于2001年发布了《跨国教育实务准则》并于2005年进行更新，完善了跨国教育的定义："跨国教育包括所有类型的高等教育学习项目课程或教育服务（包括远程教育），学习者与学位授予机构不在同一个国家/地区。此类项目可能属于与学习者所在国家不同的国家教育系统，或者独立于任何国家教育系统而运行。"①该定义再次强调接受教育的学生和提供教育的机构是异国的，同时强调了所有类型的教育输出形式和服务只要满足前者的跨国特性，都包含在跨国教育之中，包括远程课程；最后，还提及了"无国籍"类型的项目课程和提供机构。

与跨国教育相联系的常见概念有无边界教育（Borderless Education）和跨境教育（Cross-border Education）。1998年，澳大利亚发表了报告《新媒体和无边界教育：对全球媒体网络和高等教育提供的融合的回顾》，使用了无边界教育概念。2000年，英国大学校长委员会（CVCP）和英格兰高等教育基金委员会（HEFCE）委托的研究《无边界教育的商机：英国的视角》中，也采用了无边界教育这一概念。该报告定义无边界教育是指"穿越（或可能穿越）高等教育传统的边界，不管是地理上的还是观念上的边界。这一术语包括可能进入英国高教市场（主要，但不仅仅是由于技术的新进展）的活动，也包括英国高等教育新的出口机会"②。

跨境教育是与跨国教育基本相同的概念，使用频率较高。UNESCO和经济合作与发展组织（OECD）在《跨境高等教育高质量提供的指导原则》中，对跨境教育进行了定义，即"教师、学生、学习计划、教育机构/提供者、课程材料穿越国家有管辖权边境的高等教育。跨境教育可以包含公立或私立，非营利或营利性教育机构。它有宽泛的模式：从面对面（以学生到国外和校园到国外等多种方式）到远程学习（使用一系列技术，包括电子化学习）之间的各种方

---

① UNESCO. Code of good practice in the provision of transnational education[R]. Paris : UNESCO, 2001: 1-3.

② 冯国平.跨国教育的国际比较研究 [D].上海：华东师范大学，2009：7.

式"①。因此，跨境教育与跨国教育概念的重合度较高，区别在于，跨境教育把国家边境作为核心概念，因而包括了出国留学的学生；而跨国教育则强调学生和颁证机构所在国家不同，是不包括普通留学生的②。

在英国，跨境教育是等同跨国教育的。QAA在英国跨国高等教育质量保障报告中明确指出，英国的"跨境（高等）教育"通常被称为"跨国（高等）教育"（TNE），这是政府和QAA的政策文件使用的表述③。英国跨国高等教育是指英国的高等教育提供机构在海外提供的英国高等教育学位课程，例如，马来西亚学生在马来西亚攻读由英国的一所大学所提供的学位。英国跨国高等教育交付方式主要分为三种：第一种是在线和远程学习（Online/Distance Learning）；第二种是当地合作伙伴关系（Local Delivery Partnerships），包括特许经营项目（Franchised Delivery）、授证许可项目（Validation）、双联课程（Twinning Arrangements）、联合学位和双学位项目（Joint and Dual Degrees）等形式；第三种是海外实体存在（Physical Presence），包括分校（Branch Campus）、学习中心（Study Centre）和飞行教师（Flying Faculty）等模式④。

对一个国家而言，跨国高等教育一般包括两个方面：一是外国高等教育机构到本国境内开展跨国教育项目和机构；二是本国高等教育机构到境外开展跨国合作项目和机构。目前，英国的跨国高等教育以后者为主。本研究中的英国跨国高等教育指英国高等教育机构赴海外提供教育服务，其交付方式包括海外分校、远程学习、在线课程、联合和双学位或混合模式等。另外，赴英国本土学习的留学生，不属于英国高等教育机构赴海外提供教育，不包括在英国跨国高等教育范围之内。

此外，如表1-1所示，本研究对跨国高等教育涉及的相关术语进行整理和界定。需要特别注意三点：第一，对于跨国高等教育，海外分校既是一种实体

---

① UNESCO. Guidelines on quality provision in cross-border higher education[R]. Paris : UNESCO, 2005：7.

② 冯国平.跨国教育的国际比较研究[D].上海：华东师范大学，2009：8.

③ The Quality Assurance Agency for Higher Education. Quality assurance of cross-border higher education project UK country report[R]. Gloucester : QAA，2014：1.

④ Universities UK. What is UK HE TNE?[EB/OL]. [2020-03-18]. https : //www.universitiesuk.ac.uk/International/heglobal/Pages/what-is-transnational-education.aspx.

存在，同时也是由各类学位项目组成的。为方便起见，本研究中的跨国高等教育项目既包括以项目形式存在的英国跨国高等教育，也包括跨国高等教育机构中的项目。例如，西交利物浦大学是中英合作办学机构，其中包括科学、技术、工程、数学、建筑、城市规划、语言文化、媒体传播以及商科等多个专业的合作办学项目；第二，基于英国是出口教育为主的国家，本研究的研究对象是英国在海外的跨国高等教育，因此，英国是跨国高等教育的提供国，而与英国合作的国家是接收跨国高等教育的国家，即东道国或接收国；第三，跨国高等教育往往涉及两方合作机构，本研究将英国跨国高等教育中涉及的双方院校称为英国高等教育机构（英国的大学）和东道国高等教育机构（合作伙伴机构）。

表 1-1　跨国高等教育术语表

中文术语	英文术语	具体释义
跨国高等教育	Transnational Higher Education / Collaborative International Provision	英国高等教育机构在英国以外的国家/地区提供教育服务，通常与位于东道国的合作机构共同交付
英国高等教育机构	Higher Education Provider	位于英国的学位授予机构（英国大学），在跨国高等教育中有资格开展跨国高等教育服务
东道国合作伙伴机构	Partner/Partner Organisation	东道国的高等教育机构，与英国高等教育机构合作提供教育服务
支持机构	Support Provider	除有学位授予权的高等教育机构以外的组织，为学生的学习提供支持、资源或专业设施，可以是没有学位授予权的高等教育提供者、雇主或由学位授予机构批准的其他组织
在线/远程学习	Online/Distance Learning	在线和远程提供的学习课程，涵盖了广泛的专业，参与有些课程可获得大学学历
特许经营项目	Franchised Delivery	英国高等教育机构同意授权交付机构交付自己的部分或全部的项目。由英国高等教育机构对课程内容、教学与评估策略、评估制度以及质量保障负直接责任
授证许可项目	Validation	英国高等教育机构授权认可，由另一个教育机构开发和交付的项目，英国高等教育机构认证该项目具有适当的标准和质量
双联课程	Twinning Arrangements	由两个或多个组织联合提供的结对课程项目
联合和双学位	Joint and Dual Degrees	由两个或多个组织联合提供的项目，提供联合、双重学位
分校机构	Branch Campus	与大学或学院的主校区分开的学院或大学的校区，通常位于东道国，小于主校区

中文术语	英文术语	具体释义
学习中心	Study Centre	英国高等教育机构在合作伙伴机构设立的学习单位
飞行教师	Flying Faculty	学位授予机构的工作人员在远离主校园（通常在另一个国家）的某个地方交付课程的安排，该工作人员还会执行所有评估工作，为当地学生提供支持。

二、质量及质量保障

质量、质量控制、质量保证、质量管理、全面质量、质量环和质量改进等概念是来自20世纪40年代和50年代战后重建时的广泛话语，主要应用于工业界。学者如爱德华·戴明（W. Edwards Deming）和飞利浦·克罗斯比（Philip B. Crosby）是质量管理方面的专家，对制造业改进产品质量产生了深远的影响。按照戴明等人的定义，质量是指"产品或服务符合要求"。

对于高等教育中的质量，不同的利益相关者有着不同的质量要求。相比于工业界的"产品或服务符合要求"的定义，质量在高等教育中有着个性化、多维度、动态性的特点。

劳拉·辛德勒（Laura Schindler）及其同事对高等教育中的质量定义进行了审查和综合，认为在高等教育背景下定义质量仍然是一个重大挑战。首先，在确定质量时必须考虑四组利益相关者：提供者（政府、企业等拨款机构，纳税人）、产品用户（学生）、产出用户（雇主）、部门员工（学者和行政人员）。每个群体对质量有不同的看法，例如，学生将质量与他们所在的高等教育机构、所注册以及所完成的课程相关联。相反，雇主关注最终产品的质量，这可以通过合格的员工群体来证明。因此，为了定义质量并尝试建立高等教育的质量文化，所有利益相关者都应参与讨论，以确保纳入不同的观点和需求。其次，质量是一个多维概念，无法简化为一句话的定义，将概念简化为一句话的定义是缺乏意义和特殊性的，容易因为太笼统而无法实施。最后，质量不是一成不变的，而是动态的、不断变化的，必须将其置于更广泛的教育、经济、政治和社会环境中加以考虑。例如，公众对高等教育的信任度下降，促使高等教育机构将重心放在为拨款机构和客户提供学生学习成果的具体证据上，而不是集中于获得声望①。李·哈维（Lee Harvey）总结了质量的五个概念维度——卓越、一致性、适合目的、物有所值和变革性，认为这些与不同的标准相关，即学术、能力、服务和组织②。

高等教育质量是很宽泛的概念，有不同利益主体之分、不同要素之分，有整体评估环境之分，也有历史阶段之分。由此，高等教育质量与工业领域的质量概念不同：工业领域的质量概念可以理解为符合性，即产品符合标准的要求。要衡量产品的质量，必须先设定统一的标准，通过检查产品与标准的符合性来确定其质量。而高等教育的质量却难以有统一的标准，这源于高等教育的利益相关者众多，质量标准也因不同的群体、维度和地区而多元化、多维化、动态化。

国际高等教育质量保障组织前主席伍德豪斯（Woodhouse）把"标准"换作了"目的"，把高等教育质量定义为"对目的的适切性（Quality=Fitness for Purpose）"，其中，目的是一个整合概念，是对一系列内容的陈述，如使命、愿景、目标、规范等。伍德豪斯的定义尊重了高等教育质量涉及的多元主体要求，也体现了其多维度、多层次的特点，得到了诸多学者的认同③。

此外，也有学者认为，高等教育质量概念的多样化是自然而然的，虽然其含义很难达成一致，但是"如何看待质量"的问题却往往在世界范围内达成共识。20世纪90年代以来，人们对质量的认识开始朝着可测量和评估的方向发展，各国都鼓励高校追求办学质量的卓越，界定基本标准，关注消费者需要，在高等教育质量保障方面进行积极的尝试④。阿特巴赫认为尽管高等教育的质量是一个多维概念，但世界上大多数国家已经建立了评估高等教育的模式。与过去不同的是，这种新模式倾向于依靠同行而不是政府；相对于根据监管机构定义的

---

① SCHINDLER L, PULS-ELVIDGE S, WELZANT H, CRAWFORD L. Definitions of quality in higher education : a synthesis of the literature[J]. Higher Learning Research Communications, 2015, 5（3）: 3-13.

② HARVEY L. Introducing Bologna objectives and tools : EUA Bologna Handbook, making Bologna work[C]. Berlin : European University Association, 2006: B4.1-1. 1-22.

③ 李亚东. 质量保障：从统治到治理：中国特色高等教育质量保障治理体系研究 [M]. 上海：上海人民出版社，2017: 17.

④ 许明. 高等教育质量保障体系概论[M]. 北京：北京师范大学出版社，2004: 5-6.

制度，新模式更多地根据其自身的使命来制定评估制度。在多数情况下，许多政府和半官方机构的监管职能已转变为认证角色。而高等教育评估专家们的研究成果越来越受到重视，他们正在寻找新的数据和指标来评估学生的学习成果，例如，OECD等国际组织积极启动的一系列高等教育学习成果评估项目[①]。

本研究认为，高等教育质量是内涵和外延都较为模糊的一个概念，具有主体多元性、范围多维性、过程持续性的特点，主要因利益相关者的多元性导致质量要求的多元性；在高等教育的质量涵盖范围上，涉及愿景、运行实践、管理过程等多个维度；而质量建设的过程并不是一劳永逸的，而是持续贯彻整个高等教育发展之中的，更是随着时间、环境的变化在发展的。尽管如此，高等教育的各方利益相关者最终都要达成一个共识，即进行高等教育的质量建设。需要进行协商、对话与合作以形成一个共同的目的，并为实现这一目的而在高等教育发展的各个方面、各个阶段投入足够的努力。因此，采用伍德豪斯的"目的适切性"这一定义较为合适。

关于质量保障（Quality Assurance）的含义，英国学者艾利斯（Rod Ellis）的界定较为权威。艾利斯提出，质量保障是厂家或者产品生产者向用户保障其产品或服务持续达成预定目标以使用户满意的过程。所有领域的质量保障具有六大共性特征：其一，明确产品或服务的标准；其二，识别达成目标所必须履行的关键职责与程序；其三，不停地借助用户来指导与监督目标的完成；其四，对达成标准以及达成标准的程序有明确的文献表述；其五，对完成标准的实施程序进行严密的控制；其六，全员参与和奉献的精神[②]。

弗拉西亚奴（Vlasceanu）等人认为，质量保障是一个包含所有内容的术语，是指持续不断地评估、监控、保证、维持和改善高等教育系统、机构或课程质量的过程。作为一种监管机制，质量保障强调问责和改进，通过商定的、一致的流程和完善的标准来提供信息和判断（不进行排名）[③]。哈维则将质量保障与质

① ALTBACH P G, REISBERG L, RUMBLEY L E . Trends in global higher education, tracking a global academic revolution[J]. Change : The Magazine of Higher Learning, 2010, 42（2）: 30-39.

② ELLIS R. Quality assurance for university teaching[M]. London : Society for Research into Higher Education, 1993: 16-23.

③ VLASCEANU L, LAURA GRÜNBERG L, PÂRLEA D. Quality assurance and accreditation : a glossary of basic terms and definitions[M]. Bucharest : CEPES, 2007: 11-24.

量对比进行阐释，将作为概念的质量与作为机制的质量区分开（即，将质量与质量保障区分开），探索质量和标准之间的关系，并概述和讨论了质量的几个定义。质量作为一个概念与质量保障所涉及的评估、监控等过程完全不同。质量和质量保障之间的区别在概念上类似于智商和智商测试的概念，后者旨在衡量智商水平。质量的目的包括合规、控制、问责和改进；而质量保障是实现这些目的的概念工具①。

本研究认为，根据高等教育质量保障的现实，许多高等教育系统对内部质量保障与外部质量保障进行区分，前者是出于监视和改善高等教育质量的考虑而进行的内部方案，后者则是确保高等教育机构和课程质量的方式。质量保障的范围取决于高等教育系统的规模；质量保障的活动取决于必要的体制机制，尤其是通过坚实的质量文化来维持；质量保障的手段包括针对质量进行管理（Management）、增强（Enhancement）、控制（Control）、评估（Assessment）等。因此，高等教育质量保障是高等教育内外部系统为监管和改进高等教育课程、项目、机构的质量采取一系列措施的过程，包括管理、增强、控制、评估等方法，形成必要的高等教育质量保障机制和质量文化。

三、英国跨国高等教育质量保障

综合跨国高等教育、质量及质量保障的定义，本研究将英国跨国高等教育质量保障定义如下：英国政府、高校（英国跨国高等教育提供机构）、第三方组织（包括消费者）等作为质量保障的主体，通过监督、评估等各种形式的质量保障方式，在合作与互动中，对英国在海外的跨国高等教育项目质量进行持续的、全方位的质量保障过程。其中，英国跨国高等教育指英国高等教育机构赴海外提供教育服务。这些教育服务在本研究中被统称为英国跨国高等教育项目，包括独立法人机构和非独立法人机构中的项目。其交付方式包括海外分校、远程学习、在线课程、联合和双学位或混合模式等。而赴英国本土留学不涉及英国高等教育机构赴海外提供教育服务，不包括在英国跨国高等教育范围之内。

另外，尽管在线/远程学习项目属于跨国高等教育的一种交付方式，但是由

---

① HARVEY L. Introducing Bologna objectives and tools：EUA Bologna Handbook，making Bologna work[C]. Berlin：European University Association，2006：B4.1-1. 1-22.

于其本身以虚拟形式提供，其对象既有英国本土的学生，也有海外的学生，质量保障方面与英国跨国高等教育质量保障并不属于同一个体系，因此，本研究不包括在线/远程学习项目的质量保障。

第四节　研究综述

当前，许多学者已经开展了高等教育领域的质量保障研究，本研究以治理理论为研究视角来分析英国跨国高等教育的质量保障问题，在当前学者对英国跨国高等教育的质量保障研究中，多用"质量保障""质量保证""质量管理""质量治理"等术语，其中，"质量保障"一词使用最为广泛。因此，本研究将英国跨国高等教育的质量保障、质量管理等相关研究均纳入综述。

此外，需要特别指出，正如概念界定所述，跨境教育在英国等同跨国教育，研究综述也包括了英国跨境（高等）教育质量保障的相关文献。

一、英国跨国高等教育质量保障的主体研究

在已有的研究中，学者通常将英国跨国高等教育质量保障主体分为政府（国家）、大学（院校）、社会三个部分。其中，社会指英国高等教育质量保障署（QAA）等第三方中介组织。

刘尔思将英国的模式总结为大学自我管理模式，原因在于大学、政府、第三方组织这三个主体中，大学自治特色鲜明。英国大学享有较大的自治权，大学质量主要由大学自己负责，具体由学术专家进行评判，政府的干预较少。后来随着政府干预力度加强，英国建立了独立于政府又与其保持密切关系的第三方组织——高等教育质量保障署（即QAA），负责对高等教育质量做出评估。英国大学针对与国外高等教育机构的合作办学有相应的质量保障文件，通常与QAA颁布的《高等教育学术质量保障和标准的操作规范》保持一致，同时又根据特定项目需求增加或细化相应内容；而QAA则负责开展审查工作，为跨境高等教育质量保障专门设计了合作办学审核（Collaborative Provision Audit, CPA），作为院校审核的延续[1]。

---

[1]　刘尔思.跨境高等教育质量风险体系控制与管理[M].北京：经济科学出版社，2014：33-43.

学者对QAA如何参与英国跨国（跨境）高等教育的研究较多。江彦桥在研究英国跨境高等教育质量保障体系中，先对英国高等教育质量保障体系进行了总结，认为英国形成了多元化、多层面的高等教育质量保障体系，政府、第三方组织以及高等院校的不同角色和分工协作使优质教育资源的质量保障体系得以顺利运行。但在针对跨境高等教育质量保障的主体分析上，江彦桥等人只分析了QAA对英国海外项目的审核，列举了英国在中国的跨国高等教育质量保障案例[1]。郑海蓉在博士论文《中国跨国高等教育质量保障体系研究》中，把英国作为主要提供国家，对其跨国高等教育质量保障体系进行分析，也将QAA这个第三方组织对跨国高等教育的质量评估做了简要总结[2]。

除了QAA之外，其他的第三方组织也在英国跨国高等教育质量保障中发挥了作用。冯国平在博士论文《跨国教育的国际比较研究》中，除阐述QAA在跨国高等教育质量保障中的重要作用外，还分析了英国标准协会、英国认证委员会、英国开放学习协会等第三方组织在英国跨国高等教育质量保障中的积极举措，以及英国大学联盟、英国文化协会及其教育咨询服务处、英国国际教育协会针对国际教育项目的市场推广、招生、信息收集、录取程序、学生服务等的规范和过程监控[3]。

王剑波和姜伟宏在论文《跨国高等教育及其质量监管的比较研究——以跨国高等教育提供国比较的视角》中，从本国和国际两个方面来分析跨国高等教育主要提供国的质量监管举措。其中，国家层面涉及澳大利亚、美国和英国三个跨国高等教育提供国。和其他学者类似，王剑波等人认为英国以重视质量与自治为传统，将大学自治与市场经济结合，其质量保障体系呈现多元特征，包括质量控制、质量审核、质量评估和社会评价等四个部分。值得注意的是，王剑波等人还对国际层面的跨国高等教育质量保障主体进行了分析，认为国际组织和区域性国际组织大力倡导和推动着跨国高等教育质量保障工作，主要的国际性组织包括世贸组织（WTO）、UNESCO、OECD、世界银行等，区域性国际组

---

① 江彦桥.跨境教育监管与质量保障[M].北京：高等教育出版社，2004：57-67.
② 郑海蓉.中国跨国高等教育质量保障体系研究[D].武汉：华中科技大学，2013：63-65.
③ 冯国平.跨国教育的国际比较研究[D].上海：华东师范大学，2009：64.

织则主要指欧盟[①]。

杨丽辉在2009年的硕士论文《英国跨国高等教育质量保障体系探究》中，在外部质量保障方面分析了QAA、专业协会、区域组织和国际组织等主体。其中QAA负责跨国高等教育项目审计，专业协会和法定认证机构、英国认证理事会、大学授证理事会等负责专业认证。此外，英国还积极与地区性组织、国际组织和其他国家合作开展跨国高等教育学历、学位和职业资格认可工作。在内部质量保障方面，杨丽辉选取英国诺丁汉大学与中国香港大学专业进修学院、英国哈德斯菲德大学与中国广东技术师范学院的合作项目为研究案例，介绍大学（学院）作为主体对跨国高等教育进行质量保障的方式、经验及存在的问题[②]。

二、英国跨国高等教育质量保障的方式研究

QAA在英国跨国高等教育的外部质量保障中发挥了主要作用，不仅负责制定质量标准、提出质量保障要求，也为各个高等教育机构提供了如何管理跨国高等教育以及监管部门的指导。因此，学者在研究英国跨国高等教育质量保障方式时，多围绕QAA展开，分析QAA的具体保障举措、特点以及问题和隐患。

唐霞在专著《英国高等教育质量保证体系》中，分析了合作办学审计的职责和过程，认为合作办学评估是英国高等教育质量保障体系的重要组成部分。主要评估高等教育海外合作机构的教育质量和标准，确保合作办学的学位授予标准和课程质量合格[③]。

江彦桥等人在介绍了QAA对海外项目的评估概况，列举了QAA对中国项目评估的案例后，认为QAA的评估报告过多强调合作办学的成绩，对关键问题进行了掩盖和粉饰，旨在维护英国的国际教育品牌，为英国院校开拓国际教育市场做宣传[④]。也有学者对QAA的合作办学评估持肯定观点。何静认为其特色在于发展性评估，重视院校责任意识和学术标准的一致性，审查制度成体系化，审

① 王剑波，姜伟宏.跨国高等教育及其质量监管的比较研究：以跨国高等教育提供国比较的视角 [J].东岳论丛，2009，30（08）：167-171.

② 杨丽辉.英国跨国高等教育质量保障体系探究[D].厦门：厦门大学，2009：29-67.

③ 唐霞.英国高等教育质量保证体系[M].北京：北京师范大学出版社，2012：75-78.

④ 江彦桥.跨境教育监管与质量保障[M].北京：高等教育出版社，2004：57-67.

查过程和结论客观细致[①]。王邦权认为英国跨国高等教育办学机构和项目评价体系以学生为本，关注质量，由独立实体供给，其成效明显[②]。

凯伦·史密斯（Karen Smith）等学者认为QAA质量保障的标准和方法存在过于强势的问题，跨国高等教育的质量保障的标准化使得质量控制成为主要目的，存在文化霸权的嫌疑，最终跨国高等教育难以实现真正的平等合作[③]。麦克伯尼(McBurnie)指出，提供国需要强大的质量保障体系来保护学生的学习体验，提供国的质量保障体系也要考虑东道国在自己国家对跨国高等教育的能力建设要求，注意处理好学术和营收之间的矛盾[④]。

QAA的合作办学评估办法成本过高，其可持续性受到学者的质疑。斯蒂芬·杰克逊（Stephen Jackson）肯定了QAA的合作办学评估方法在过去一直很有效：英国高等教育的质量在国际市场中得到了普遍好评，成千上万的学生正在海外获取英国学位，这些学位得到了广泛认可并受到雇主的好评，同时也有利于维护英国高等教育机构与海外合作伙伴的关系。但他认为，在快速发展的国际高等教育市场中，这种方法可能无法持续发挥作用。随着英国跨国高等教育规模的不断扩张，QAA被要求提供有关机构绩效的最新、最全面的信息，使它面临越来越大的压力。对于QAA和参与评估的合作办学机构而言，合作办学评估的时间成本和金钱成本过高——这种定期访问各个国家以便在世界各地保持对英国标准的最新评估方式，其回报相对成本而言是有限的，在不断扩张的国际高等教育市场中是不可持续的[⑤]。

另外，跨国高等教育质量保障上的国际合作越来越受到重视。安东尼·斯特拉（Antony Stella）认为，不论是跨国高等教育的提供国还是东道国，在质量保障中都需要国际合作。跨国高等教育面临许多挑战，并且质量保障机构越来越意识到它们必须共同努力应对这些挑战。除了UNESCO和OECD这些传统国际

---

① 何静. 英国跨国教育审查对中外合作办学评估的启示[J]. 中国高等教育评估，2017（3）：75-80.

② 王邦权. 英国跨国高等教育办学机构和项目评价及启示[J]. 现代教育管理，2017（5）：118-123.

③ SMITH K. Assuring quality in transnational higher education : a matter of collaboration or control?[J]. Studies in Higher Education，2010，35（7）：793-806.

④ MCBURNIE G. Teaching in transnational higher education[C]. London : Routledge，2013：217-227.

⑤ JACKSON S. The quality assurance of transnational education : the UK experience of QAA overseas Audit[J]. Quality Audit and Assurance for Transnational Higher Education，2006：11-20.

组织提供的指导意见，国际高等教育质量保障组织等将成为未来跨国高等教育质量保障的国际合作新模式[①]。

三、英国跨国高等教育质量保障的挑战研究

英国跨国高等教育质量保障中的问题主要包括跨国高等教育质量保障的融合问题，术语的统一问题，各个国家数据收集、更新与共享问题，办学过程中的诚信风险问题和跨国高等教育的认证问题等。

跨国高等教育质量保障与英国国家战略、高校战略的融合性有待加强。薛莲、刘盾的论文《英美跨国高等教育之比较探究》提出，英国跨国高等教育的问题主要在于质量保障，涉及英国政府和英国高校两个方面的问题。英国政府方面，尚未制定有关跨国高等教育质量保障的国家战略，并且缺乏在法律修订与行政管理层面的积极活动，这一部分主要由独立于政府的高等教育质量保障署负责管理。英国高校方面，学位授予的质量监管不够严格，对合作办学的管理不够完善，未在合作协议中详尽阐明争议问题，英国教育机构大多把海外教育项目当作创收渠道，并未把其纳入学校整体战略等[②]。

跨国高等教育的术语有待统一。英国文化协会于2013年发布的报告《跨国高等教育评估》对25个国家和地区的跨国高等教育开展情况进行了实证案例研究，研究强调了跨国高等教育的发展，以及对东道国的影响，认为术语的统一对跨国高等教育质量保障至关重要。当前，每个东道国根据其当地背景、文化、政策来确定跨国高等教育的模式。因此，没有"单向"或"普遍正确"的方式，每个东道国必须发展自己的道路，确保跨国高等教育起到补充其国内高等教育系统的作用，并实现国际合作的目标和成果。这些模式包括结对和特许经营课程、衔接和验证安排、联合和双学位课程、国际分校和远程教育课程。每种模式的含义存在很大的混乱，各国内部和国家之间的术语使用方式也大不相同，造成了很大的误解，并阻碍了各国之间的有力比较。提供国和东道国之间也存

---

① STELLA A. Quality assurance of cross - border higher education[J]. Quality in Higher Education，2006，12（3）：257-276.

② 薛莲，刘盾.英美跨国高等教育之比较探究[J].教育与考试，2015（3）：87-91.

在不一致、模糊甚至相互冲突地使用术语的情况①。

各国对于跨国高等教育相关数据的收集、更新与共享有待加强。英国文化协会和德国学术交流服务部门（German Academic Exchange Service, DAAD）认为各个国家数据收集、更新与共享机制是跨国高等教育质量保障中存在的重要挑战。跨国高等教育呈指数级增长，这种增长既包括新项目的数量，也包括合作伙伴关系和办学模式的新形式。然而，对这些新发展的研究和监测并未跟上变化的速度。虽然已经有少数研究关注这一新兴领域的优势和风险，但仍存在严重缺乏有关跨国高等教育项目的研究，特别是东道国方面的数据和信息。约翰·麦克纳马拉（John McNamara）和简·奈特对跨国高等教育的主要东道国和提供国进行研究调查，2015年的报告《跨国高等教育数据收集系统：意识、分析、行动》就是该研究的成果。报告呼吁要提高对跨国快速变化的信息和数据缺乏的认识，同时也明确了10个东道国和3个提供国的跨国高等教育数据收集系统和存在的特点，以确定正确做法以及关键问题和挑战。报告还倡导主要东道国和提供国的发起承诺和行动，以便明确针对跨国高等教育的模式和计划等系列术语的共同定义，并采用更系统的方法来收集数据②。

跨国高等教育的诚信风险依然存在。英国文化协会于2016年发布了报告《英国跨国高等教育的规模与范围》，对2014／2015年度提供跨国高等教育的所有英国高校进行详细调查，强调质量保障是大学、监管机构和政策制定者面临的主要挑战。它提出，提供跨境教育使英国大学面临不同程度的声誉风险，例如，远程学习课程可能会受到在线欺诈的影响（如学习者让朋友来完成评估），合作院校之间目标（如利润和学术质量）的不同可能增加诚信风险③。学者迈克尔·马丁（Michaela Martin）也认为当前跨国高等教育的扩张增加了腐败与欺诈性文凭和证书的机会。因此，质量保证体系对保护高等教育服务，降低学

---

① British Council. The shape of things to come : The evolution of transnational education : Data, definitions, opportunities and impacts analysis[R]. London : British Council, 2013: 7.

② KNIGHT J, MCNAMARA J. Transnational education data collection systems : awareness, analysis, action[R]. London : British Council, DAAD, 2017 : 6-10.

③ British Council, HE Global, International Unit. The scale and scope of UK higher education transnational education[R]. London : British Council, 2016: 12.

术诚信风险（如抄袭和学术不端行为）而言至关重要①。大卫·科尔曼（David Coleman）认为，跨国高等教育与其母体大学的不同是必然的，尤其是使用的教学方法和课程的学术体验在各个校园之间有所不同，要承认跨国高等教育的不同校区之间存在差异。这种差异可能是一个优势，能够响应东道国学生的各种需求。目前，即使文凭的头衔有所不同（例如注明跨国高等教育），但市场对跨国高等教育的一致性和等效性期望依然是主流。大学本身也被这种期望所鼓舞，其他利益相关者也会合理地认为多校区结构提供了一致的教育经验。大卫认为这实际上是跨国高等教育市场营销的一种方式。现阶段，并没有确切的证据表明大量跨国高等教育的学生获得与传统校园结构相同的教育经历。因此，为了确保高等教育体系的统一，必须对跨国高等教育进行独立和反复的评估②。

跨国高等教育的资格认证有待完善。简·奈特在专著《激流中的高等教育：国际化变革与发展》中分析了跨国高等教育的质量保障与认证问题，包括资格认证和质量保障系统的建立、跨境提供者在东道国的注册、对多样化和商业化认证机构的管理、对项目资质的认可等。此外，简·奈特针对英国跨国高等教育质量保障问题，提出了一些关键因素，包括对学术标准负有责任、遵循学术平等原则；选择合作组织或代理机构；保证学术标准，保障教育项目与学位授予的质量；评估的要求；外部审查等③。

跨国高等教育的教学质量需要加强合作研究。由琼·奥马洪尼（Joan O'Mahony）博士撰写的《加强跨国教育中的学生学习和教师发展》报告提出，在与跨国高等教育的现有研究中，与全球化、贸易、质量和法规等领域相比，教学的研究主题较少。该报告探讨了英国高等教育机构在确保跨国学习中的学生学习体验和卓越教学质量的当前和未来方式。此外，该报告还调查了跨国高等教育相关职员对跨国高等教育优点的看法，与跨国高等教育交付相关的一系列挑战，以及他们对海外教学的看法。琼·奥马洪尼博士认为，有必要在跨国

① MARTIN M. External quality assurance in higher education : how can it address corruption and other malpractices?[J]. Quality in Higher Education, 2016, 22（1）: 49-63.

② COLEMAN D. Quality assurance in transnational education[J]. Journal of Studies in International Education, 2003, 7（4）: 354-378.

③ 奈特. 激流中的高等教育：国际化变革与发展[M]. 刘东风, 陈巧云, 译. 北京: 北京大学出版社, 2011: 142-150.

高等教育的托管机构和提供机构之间开展研究合作，以更好地了解学生的经历，"更多的跨国研究需要跨国进行"。他建议发展整个高等教育机构对跨国高等教育使命的理解，为离岸环境提供量身定制的培训，清楚了解学生的期望，并提供机会以便在国内外机构之间分享良好经验①。

四、研究述评

跨国高等教育质量保障是跨国高等教育发展中面临的重要问题，也是跨国高等教育研究的重点之一，因此许多跨国高等教育的研究在分析跨国高等教育的动因、模式、问题的同时，也会关注跨国高等教育质量保障并提出若干建议。针对跨国高等教育质量保障的研究多为国别研究和案例研究，从输出国、输入国、国际组织和若干院校机构角度对跨国高等教育质量保障的情况进行梳理，归纳不同模式的特点，总结有益经验，提出建设性意见。

学者在英国跨国高等教育的质量保障研究方面的观点基本一致，即英国有着大学自治和重视评估的传统。从主体上看，高校自主建立内部质量保障体系，政府不直接参与，而由第三方组织活跃在外部质量保障体系中，如QAA负责颁发质量标准、对跨国高等教育项目和机构进行审核，以及对质量保障进行指导；英国的各行业专业协会负责认证。从质量保障的过程上看，从质量标准制定、项目和机构资质审核、效果评估到社会评价，各主体都互相协作，形成了一个多元的质量保障体系。另外，也有学者将英国与国际组织、区域组织在跨国高等教育信息共享、资格认可等方面的合作也纳入其中，作为国际层面的补充。另外，对于学生这一跨国高等教育"消费者"，学者的关注较少。

当前，学者针对英国跨国高等教育质量保障的系统性研究较少，文献主要来自三类：一是中外合作办学、跨国高等教育、跨境高等教育质量保障中的比较研究，英国作为主要的输出国之一，构成国别比较研究的一部分；二是对英国高等教育质量保障体系的研究中，跨国高等教育是质量保障体系中的一个部分；三是针对英国跨国高等教育研究，质量保障作为整体研究的一部分。在以上三类研究中，涉及英国跨国高等教育本身的质量保障的研究篇幅较少，分析

---

① O'MAHONY J. Enhancing student learning and teacher development in transnational education[R]. York : Higher Education Academy，2014.

也多停留于概括性的介绍，尤其多以 QAA 的研究为主，缺乏全面、深入的探索。

针对英国跨国高等教育质量保障的系统研究较少，仅有杨丽辉 2009 年的硕士论文《英国跨国高等教育质量保障体系探究》对英国的跨国高等教育质量保障体系进行了系统的探索，但其研究的深度有待提高，如果增加合适的理论视角，研究的理论性将得到加强。此外，该硕士论文发表于 2009 年，距今已 14年。英国跨国高等教育质量保障实践一直在发展，尤其是 2013 年后以三年计划代替了传统的审计方式，2015 年 QAA 更是参与了跨境高等教育质量保障项目（Quality Assurance of Cross-border Higher Education, QACHE），进行跨国高等教育质量保障方面的国际合作。因此，英国跨国高等教育质量保障的研究有待更新，研究的理论性、系统性也有待加强。

重要的国际组织发布跨国高等教育质量保障的准则和指南，各国以及区域性高等教育质量保障机构开展合作并发布报告，也为跨国高等教育质量保障提供指导。WTO、OECD、UNESCO、欧盟（EU）这些传统的国际组织，一直以来关注跨国高等教育质量保障并积极提供指导，但指导多为建议性，并不能保证实际效果。而近年来各国以及区域性高等教育质量保障机构也积极开展合作，如欧洲高等教育质量保证协会（ENQA）、亚太质量网络（APQN）、阿拉伯高等教育质量保障网络（ANQAHE）、西班牙国家质量评估和认证机构（ANECA）、法国高等教育评估研究高级委员会（HCERES）、德国认证委员会（GAC）和英国高等教育质量保证局（QAA），以及澳大利亚高等教育质量和标准局（TEQSA）等。国家和区域机构在跨国高等教育质量保障中的力量不断增强，跨国高等教育质量保障的国际合作趋势越来越凸显，但国际合作维度的研究层次有待增加。

第五节　理论视角

治理理论兴起于 20 世纪七八十年代，但其真正引起学术界兴趣却是在 20 世纪 90 年代。在全球化浪潮、管理危机出现等社会历史背景下，许多西方学者开始赋予治理新的含义，并将其作为社会科学中的重要概念，广泛应用于政治学、经济学、管理学等领域，治理理论也成为理解政治、经济、文化等各个社会现实领域的重要方法工具与分析框架[①]。

本节将先对治理理论进行阐释，厘清治理理论的基本观点；然后，阐述学者将治理理论引入高等教育领域后的主要观点；在此基础上，论述以治理理论为研究视角来探析英国跨国高等教育质量保障的适切性，探讨为何将治理理论作为研究英国跨国高等教育质量保障的视角；最后，基于学者的研究，探讨怎样利用治理理论来分析高等教育质量保障的研究与实践，提出针对英国跨国高等教育质量保障的分析框架。

一、治理理论

（一）治理的含义

关于治理（Governance）的含义，英文中比"Governance"出现更早的是"Govern"，这个词语出现在11世纪末，其含义是具有权威的统治。在12世纪晚期，另一个相关的词语"Government"出现了，它具有我们今天常用的政府含义；它最初的含义除了政府之外，还包含对国家进行管理之行为的内容，有学者将之翻译为"统治"。到13世纪晚期，出现了"Governance"，是从法文"Gouvernance"引入的，其含义是管理、控制、统治某个事物或某个实体（包括国家）的行为和方式。直到20世纪90年代以前，"Governance"的含义没有太大变化[②]。这一阶段的治理（Governance）与统治（Government）意义接近，是以政府为中心的，政府控制着权力资源、经济资源和社会资源的分配；在这个阶段的治理中，政府是治理的唯一主体，而其他主体（公共组织、个人等）只是在辅助和参与的意义上与公共权力、政府发生关系；治理的规则也完全由政府单方面制定，政府的治理权力几乎不受约束或无所不能[③]。

治理本身并非一个全新的概念，但20世纪90年代后兴起的治理理论通过对非公主体的参与治理的合法性进行认可，丰富了治理的含义。

20世纪90年代，治理理论在公共行政管理领域兴起。治理理论的主要创始

---

① 吴志成. 西方治理理论述评[J]. 教学与研究，2004，6（6）: 60-65.

② 王绍光. 治理研究：正本清源[J]. 开放时代，2018（02）: 153-176+9.

③ 李亚东. 质量保障：从统治到治理：中国特色高等教育质量保障治理体系研究[M]. 上海：上海人民出版社，2017: 23.

人之一罗西瑙（J. N. Rosenau）在其代表作《没有政府统治的治理》《21世纪的治理》等文章中将"治理"定义为一系列活动领域里的管理机制，它们虽未得到正式授权，却能有效发挥作用。与"统治"不同，"治理"指一种由共同的目标支持的活动，这些管理活动的主体未必是政府，也无须依靠国家的强制力①。

斯托克·格里（Stoker Gerry）提出治理的五维论点，包括以下五个方面：第一，治理是指一组机构和参与者，它们既来自政府，又来自政府以外；第二，治理反映了在解决社会和经济问题时，各个主体界限和责任的模糊性；第三，治理确定了参与集体行动的机构之间的关系所涉及的权力依赖性；第四，治理是关于参与者的自治网络；第五，治理认识到完成事情的能力不取决于政府命令或使用其权力的权力，政府能够使用新的工具和技术进行指导②。

全球治理委员会（Commission on Global Governance）于1995年发布的《大涯成比邻》研究报告对治理的定义，是目前最具权威性的。报告认为："治理是各种各样的个人、团体——公共或个人的——处理其共同事务的综合。这是一个持续的过程，通过这一过程，各种互相冲突和不同的利益得到调和，并采取合作行动。这个过程包括授予公认的团体或权力机关强制执行的权力，以及达成得到人民或团体同意或者认为符合他们的利益的协议。"③此时，治理的概念从以国家为主体发展到了以公私部门为共同主体；与管理、控制、统治不同，由于治理是多元主体的治理，治理的过程与方式也是协调、合作的，包含正式和非正式形式，并且是 个持续互动的过程。

从公共行政学的角度看，治理理论强调一种多元的、民主的、合作的、非意识形态化的公共行政，随后治理理论作为一种管理思想和分析问题的框架被学者们广泛引入经济、教育、医疗、环保等各个领域④。在应用治理理论时，学者往往基于自身的学术背景，赋予其新的定义，以分析各领域的学术问题。

---

①④ 王凤春.治理理论视野下的高等教育质量保障问题研究[J].内蒙古师范大学学报（教育科学版），2006（11）：34-36.

② STOKER G. Governance as theory：five propositions[J]. International social science journal，1998，50（155）：17-28.

③ 卡尔松，兰法尔.天涯成比邻：全球治理委员会的报告[M].北京：中国对外翻译出版公司，1995：2.

（二）治理理论的背景

"治理"作为一个古老的概念，却在20世纪90年代突然受到学界的追捧，缘于当时特殊的历史时期，即二战结束和全球化的国际背景，市场和政府双重失灵的国家背景。

首先，20世纪90年代各国对全球秩序的探索和全球化浪潮是治理理论兴起的国际背景。1991年"冷战"结束后，东西方紧张局势的缓解为全球合作创造了更好的环境，各国试图研究实现新的全球秩序的最佳方法，多边行动和全球合作成为全新的前景。此外，随着经济全球化的发展，民族国家面临的问题也越来越全球化，经济不平等、社会冲突、宗教宗派主义、西方帝国主义、殖民遗产、领土争端以及对基本资源（例如水或土地）的控制过度等问题，依然是全球发展面临的危机，而这些并不是单一的国家政府能够解决的。一些政界领袖和学者呼吁全球治理，主张治理并不仅仅是政府的责任，也涉及非政府组织、民众运动、公司、学术界和大众媒体等。1992年全球治理委员会成立，该委员会于1995年发表了《天涯成比邻》的研究报告，较为系统地阐述了全球治理的概念、价值等。全球治理是为应对冷战后的世界格局和全球化趋势而提出的理论，是对促进安全、管理全球化的经济、改革联合国、加强世界法治等全球性公共事务进行共同管理的一种方式①。

其次，市场和政府的双重失灵是治理理论兴起的国家背景。亚当·斯密（Adam Smith）的自由主义一直受到追捧，他在1776年出版的《国富论》中提出自由市场这只"看不见的手"能够实现资源的最佳配置，政府只需充当一个"守夜人"。亚当·斯密自由主义理论下的政府的职能有三项：第一，保护社会，使其不受其他独立社会的侵犯；第二，尽可能保护社会上每个人，使其不受社会上任何他人的侵害或压迫；第三，建设并维护某些公共事业及某些公共设施②。然而，20世纪二三十年代世界性经济危机的爆发，宣告了仅仅运用市场手段配置资源的有限性，即市场失灵。之后，凯恩斯主义兴起，主张政府干预经济和社会公共事务，但这也导致社会创新能力的弱化，再加上政府管理机制本

---

① 卡尔松，兰法尔.天涯成比邻：全球治理委员会的报告[M]. 北京：中国对外翻译出版公司，1995: 232.

② 王爱学，赵定涛.西方公共产品理论回顾与前瞻[J].江淮论坛，2007（04）：38-43.

身固有的缺陷，逐渐失去民众的信任，出现了管理危机，即政府失灵[①]。到了20世纪90年代，公共部门的管理方式开始转变。以罗兹（Rhodes）为代表的政治学家认为，需要一个术语来描述政府发生的变化，他在对英国政府的研究中提出，英国正在从"统治"向"治理"过渡。罗兹认为，治理意味着统治的含义有了变化，意味着一种新的统治过程，意味着有序统治的条件已经不同于以前，或是以新的方法来统治社会[②]。以治理机制来弥补市场和政府在调控和协调中的不足，成为越来越多人的共识。

治理理论是治理的理论基础，它不是特指某一理论，而是由一系列理论组成的理论体系，包括委托–代理理论、利益相关者理论、多中心治理理论等。对于治理理论的划分，当前主流的方式是根据治理层次的范围分为全球治理理论、国家治理理论和地方治理理论。

如表1–2所示，各个层次的治理理论，从全球治理、国家治理到地方治理理论，从本质上讲都是探讨怎样更有效地在各个层面和各种范围内进行公共产品的供给，将公共产品的供给作为政府治理的核心内容。此外，治理理论的共同点还包括强调主体多元、公私合作、参与式和自组织发展[③]。

表1–2　不同层次的治理理论

	全球治理理论	国家治理理论	地方治理理论
治理主体	国家、超国家/地区机构或协议、多边机构和制度	政府、各种组织、个人、社会	各级政府、各类协会和社团组织、个人
治理对象	全球公共事务、全球问题	国家内部的公共事务	国家行政区域和居民社区
治理方式	多元协商、公私合作、参与式、自组织发展		

（三）治理理论的基本观点

从词源上，治理经过了由"统治"（Government）走向"治理"（Governance）的变化，要理解治理理论的观点，需要先对"治理"与"统治"进行区分。俞可平认为，治理与统治的最终目标是相同的，都是维护社会正常秩序，因此，治理作为一种政治管理过程，和政府统治一样需要权威和权力[④]。

---

① 刘恩允.治理理论视阈下的我国大学院系治理研究[D].苏州：苏州大学，2014：46.

② 吴志成.西方治理理论述评[J].教学与研究，2004，6（6）：60-65.

③ 易承志.治理理论的层次分析[J].行政论坛，2009，16（06）：6-9.

④ 俞可平.治理与善治[M].北京：社会科学文献出版社，2000：5-6.

斯托克认为治理视角对理论的贡献不在因果分析层面，它也没有提供新的规范理论，它的价值是作为组织框架，提供一个框架来理解不断变化的治理过程。治理是治理方式的发展，在这个发展过程中，公共部门和私营部门之间以及它们内部的界限已变得模糊。

那么，"治理"与"统治"在过程方面的差异有哪些呢？首先，统治的主体一定是社会的公共机构，而治理的主体既可以是公共机构，也可以是私人机构，还可以是公共机构和私人机构的合作。其次，两者在管理过程中权力运行的向度不一样。政府统治的权力运行方向总是自上而下的，它运用政府的政治权威，通过发号施令、制定政策和实施政策，对社会公共事务实行单一向度的管理。与此不同，治理则是一个上下互动的管理过程，它主要通过合作、协商、伙伴关系、确立认同和共同的目标等方式实施对公共事务的管理。治理的实质在于建立在市场原则、公共利益和认同之上的合作①。

有专家认为，"英语词汇'Governance'既不是统治（Rule），也不是指行政（Administration）和管理（Management），而是指政府对公共事务进行治理，它掌舵而不划桨，不直接介入公共事务，只介于负责统治的政治和负责具体事务的管理之间，它是对于以韦伯的官僚制理论为基础的传统行政的替代，意味着新公共行政或者新公共管理的诞生，因此可译为治理。"②

综上，"治理"与"统治"都属于管理方式的一种，其差异主要在于管理的过程。

关于治理的特点，全球治理委员会的报告《天涯成比邻》（Our Global Neighborhood）的总结较为权威。如前文所述，该报告对治理的定义是"各种各样的个人、团体——公共或个人的——处理其共同事务的综合。这是一个持续的过程，通过这一过程，各种互相冲突和不同的利益得到调和，并采取合作行动"。报告还指出了治理的四个特征：第一，治理没有一个简单的构架，而是一个广泛的、充满活力的、复杂的进程；第二，治理机制的建立不以支配为基础，没有排他性，需要方方面面的参与，是灵活的、民主的；第三，治理将涉及改革和增强现存的政府机构体系，以及政府与私有的、独立主体之间正式的与非

---

① 俞可平.治理与善治[M].北京：社会科学文献出版社，2000：6.

② 龙献忠.从统治到治理[D].武汉：华中科技大学，2005：43.

正式的合作，这种合作以磋商、透明度和负责任为原则；第四，治理是一个持续的过程①。

从《天涯成比邻》报告可以看出，治理是一个灵活的开环过程，而不是统一的闭环结果，其中涉及公私部门的多元主体，这些主体通过一定的结构进行共同治理。同时，该报告对治理的内涵和外延定义都是较为模糊的，这说明治理理论的理解具有开放性，严格限制其内涵反而会降低它的普适性，开放性正是治理理论被广泛应用至不同领域的原因；学者将治理理论引入其他领域时，需要随时调整治理概念的内涵和外延，以便更加精确地开展分析。

那么，治理理论有什么用处呢？罗兹概括了治理的六种含义，基本涵盖了治理理论在各个领域中的应用，包括：（1）作为国家的最小管理活动的治理，指国家削减公共开支，以最小的成本取得最大的效益；（2）作为公司管理的治理，即指导、控制和监督企业运行的组织体制；（3）作为新公共管理的治理，指将市场的激励机制和私人部门的管理手段引入政府的公共服务，实行"更小的政府，更多的治理"或"更少的划桨，更多的掌舵"；（4）作为善治的治理，强调效率、法治、责任的公共服务体系；（5）作为社会控制体系的治理，指政府与民间、公私部门之间的合作与互动，强调处于中心的行动者进行管理时所受的限制，声称不再有单一的主权权威；（6）作为自组织网络的治理，指建立在信任与互利基础上的社会协调网络，强调声誉、信任、互惠与相互依存②。

本研究认为，纵观当下学者、政府、国际组织等对治理理论的应用，基本上属于罗兹概括的六种含义，有的是某一类的治理，有的综合采纳了几类治理。例如，罗兹作为一个政治学家，他在1997年出版的著作《理解治理》（*Understanding Governance*）中，阐述了对政策网络和英国政府的长期研究的成果。他自述从公共行政和公共政策角度看待治理，将治理定义为组织间相互依赖、网络成员间持续互动、植根于信任的博弈式互动，对于国家有一定程度

① 卡尔松，兰法尔. 天涯成比邻：全球治理委员会的报告[M]. 北京：中国对外翻译出版公司，1995：2.

② RHODES R A W. The new governance：governing without government[J]. Political Studies，1996，44（4）：652-667.

的自治权，强调了政策网络在英国公共治理中的重要性①。另外，斯蒂芬·鲍尔（Stephen Ball）等人认为教育中的新网络治理涉及等级制的崛起，官僚机构、市场和网络的混杂，其中，新的利益团体——独立的慈善组织（Charities）现已被纳入教育政策网络，并被邀请与政府或机构（特别是各种类型的合作伙伴）合作，以各种方式解决社会和教育问题②。这是网络治理（Network Governance）。

英国撒切尔政府在面临20世纪70年代的经济危机时，经济上奉行自由竞争、经济效率、自由化为主的市场化道路，政治上掀起了新公共管理改革，教育上引入市场竞争机制，推动学校教育私有化③。

世界银行、国际货币基金组织之类的国际金融组织则使用"善治"（Good Governance）概念，不仅对善治进行了专门的理论研究，还将善治作为评估受援国现状的主要标准之一。对于没有良好治理状况的国家，它们要求这些国家进行必要的改革，以符合其善治的标准④。这是作为善治的治理。

从治理理论的各个含义看，相对于传统管理和统治而言，治理最大的特点是共同治理。不论是在国家、企业还是其他机构中，治理的权力并不完全由政府或者其他强势的公共部门垄断，而是由私人部门与公共部门进行合作，共同参与。公私部门的权力分配视情况而定，公共部门的权力被分割、弱化甚至可能被取消，从而分配到私人部门、团体中。

（四）治理中的善治

治理理论受到了诸多学者的拥护，也有人质疑，认为治理理论不是万能的，存在失效的可能，例如，各个主体对治理目标是否仍然有效可能会产生争议，导致不能重新界定目标⑤。学者们对此提出了"元治理""健全的治理""有效的治理""善治"等概念来解决治理失效的问题。其中，"善治"理论是最有影响

---

① RHODES R A W. Understanding governance : policy networks, governance, reflexivity and accountability[M]. Philadelphia : Open University Press, 1997: 53.

② BALL S J, JUNEMANN C. Networks, new governance and education[M]. Bristol : The Policy Press, 2012: 167.

③ 易红郡. 战后英国高等教育政策研究 [M]. 长沙：湖南师范大学出版社，2012：128.

④ 俞可平. 治理与善治 [M]. 北京：社会科学文献出版社，2000：12-13.

⑤ 杰索普，漆芜. 治理的兴起及其失败的风险：以经济发展为例的论述 [J]. 国际社会科学杂志（中文版），1999（01）：31-48.

力的。"善治"即良好的治理，是使公共利益最大化的社会管理过程。

不论是官方组织还是学术界均对善治进行了定义，梅里利·格林德尔（Merilee Grindle）总结了一些常见的治理与善治定义（如表1–3）[①]。

表1-3　治理与善治[②]

来源	治理	善治
世界银行	决策和行使国家权威的过程和制度	三个关键领域中的包容和责任： • 权威的选择、责任和更替； • 制度、规则和资源管理的有效性； • 尊重制度、法律，以及商业和政治中的参与者互动[④]
联合国开发计划署（UNDP）（1997）	经济、政治和管理权威的行使，以管理国家事务的各个方面。由机制、过程和制度组成，公民和团体以此表达其利益、行使其合法权利、履行其义务并调节其分歧	特征： 参与、透明、责任、效率和公正、法治； 保证政策、社会经济的优先是基于社会的广泛共识，而且在分配发展资源的决策中听取最贫困、最脆弱群体的声音[⑤]
国际货币基金组织（IMF）（2005–2020）	两个领域： 提升公共资源管理； 支持透明和稳定的经济和监管环节的发展，有利于私营部门的有效活动	确保法治，提升私营部门的效率和责任性，以及反对腐败[⑥]

---

① GRINDLE M S. Good enough governance revisited[J]. Development Policy Review, 2011, 29（S1）: 199-221.

② 王浦劬，臧雷振.治理理论与实践：经典议题研究新解[M]. 北京：中央编译出版社，2017：78-79.

③ World Bank. Governance and institutions[EB/OL]. [2020-03-18]. https：//ida.worldbank.org/theme/governance-and-institutions.

⑤ UNDP. Governance for sustainable human development—A UNDP policy document[R]. New York：UNDP，1997：12.

⑥ IMF. Good Governance：The IMF's role [EB/OL]. （1998-09-01）[2020-03-18]. https：//www.imf.org/en/Publications/EXR-Pamphlets/Issues/2016/12/30/Good-Governance-The-IMF-s-Role-2313.

续表

来源	治理	善治
英国国际发展部（DFID）（2001）	制度、规则和国家体系是如何在中央和地方层面运行的，以及国家是如何同公民个体和私营部门相关的	七个关键能力： 运行为所有人提供机会的政治体系； 提升减少贫困所需的经济增长； 建立利于贫困群体的社会； 保障基本公共服务的有效性、公平性和普遍性； 保障个人安全； 负责任地管理国家安全； 发展诚实、负责任的政府①
美国国际开发署（USAID）（2005）	政府发展高效、有效、负责任的公共管理过程，开放公民参与，强化而非削弱政府民主体系	民主政府：透明、多元，决策中的公民参与、代表性和责任性； 强化立法、去中心化和民主地方治理、反腐败、提升军民关系以及政策实施②
海登（Hyden）（2004）	管理公共领域的正式和非正式规则的形成，通过国家与经济、社会参与者的互动来进行决策	在五个方面、五个维度进行衡量： 政治社会、政府、科层、经济社会、司法； 参与、公平、得体、效率、责任与透明③
考夫曼（Kaufmann）（2003）	为了公共利益，通过正式和非正式传统和制度的权力行使，包括： 选择、监督和替换政府的过程； 形成和实施有效政策和提供公共服务的能力； 公民和国家对管理经济以及各方社会互动的制度的尊重	七个角度： 言论和外部可靠性、政治稳定和无暴力、犯罪和恐怖主义、政府效率、无规则负担、法治、腐败控制④
休伊特（Hewitt）（1998）	一定领域内的权力行使，对组织和活动的有效管理，包括建构共识、取得同意、默许在不同利益存在的场域中进行一个项目	对改革更具创造性而非技术性的理解； 对制度和程序的变化展开更多对话； 对公共领域以及如何加以巩固的更多关切； 促进经济政策和制度改革成为一体； 更为关注影响治理的国家和国际因素⑤

---

① DFID. Making government work for poor people：building state capacity[R]. London：DFID，2001：9.

② USAID. Democracy and Governance[EB/OL].[2020-03-18]. https：//www.usaid.gov/democracy.

③ HYDEN G，HYDÉN G，MEASE K，et al. Making sense of governance：empirical evidence from sixteen developing countries[M].Boulder，CO：Lynne Rienner Publishers，2004：16.

④ Kaufmann D. Rethinking governance：empirical lessons challenge orthodoxy[R]. Washington DC：World Bank，2003：5.

如表1-3所述，善治是由世界银行等国际金融组织在提供援助时提出的概念。善治认同许多援助机构、国家在实施援助时，以受援国治理绩效作为条件来提供援助，目的是确保援助能被有效实施。例如，2005年八国集团领导人峰会关注非洲脱贫问题，为了保障援助的有效利用，峰会建议对具有"善治"的国家予以超过现有水平的援助，对具有"绩效良好且政治责任性基本合格"的国家给予债务减免[2]。因此，善治是世界银行等组织用来对受援助国的治理情况进行评价的概念。

尽管善治的标准没有统一的定义，但世界银行对受援助国提出了一致的目标，即"建立有能力、高效、公开、包容且负责任的政府"，营造有利环境，促进私营部门发展，减少贫困，提供重要服务，赢得公民信任[3]。其中，公民信任应当在民众能够参与政府决策且知晓其呼声得到倾听的情况下建立[4]。

对于公共部门，善治的行为要早于善治概念的诞生，这与治理在公共管理中的发展有关。在过去20年的公共管理中，治理一直处于争论中，它通常与新公共管理（New Public Management）相关。多年来，新公共管理已发展成为一种越来越细致入微的公共部门治理方法。英国作为新公共管理的发源地，是最为典型的。在20世纪80年代初的撒切尔时期，新公共管理的特点是追求和效率；但是在20世纪90年代中期，新公共管理逐渐向公共治理转变，因英国的公共部门绩效不佳和服务问题，公共生活标准委员会的第一任主席诺兰勋爵（Lord Nolan）领导制定了"公共生活七项原则"（Seven Principles of Public Life），将其应用于公共服务领域的所有人，以解决公共服务与公众之间日益扩大的鸿沟，原则包括"无私""诚信""客观性""问责制""开放性""诚实"以及"领导"等七条[5]。

---

① HEWITT DE DA C. Uses and abuses of the concept of governance[J]. International social science journal, 1998, 50（155）: 105-113

② 王浦劬. 治理理论与实践：经典议题研究新解[M]. 北京：中央编译出版社，2017：62-63.

③ NANDA V P. The 'good governance' concept revisited[J]. ANNALS of the American Academy of Political and Social Science, 2006（1）: 269-283.

④ World Bank. Governance [EB/IL]. [2020-03-18]. https：//www.worldbank.org/en/topic/governance/overview.

⑤ GOEDEGEBUURE L, HAYDEN M. Overview：governance in higher education—concepts and issues[J]. Higher Education Research & Development, 2007, 26（1）: 1-11.

欧洲委员会在其2001年《欧洲治理白皮书》中草拟的善治原则也采用了类似的逻辑①。欧洲的政治领导人都面临着一个真正的悖论：一方面，人们希望他们找到解决社会问题的解决方案；另一方面，人们越来越不信任机构和政治，或者对它们不感兴趣。为此，欧洲委员会提出了善治的五项原则，包括开放性、参与性、问责制、有效性和连贯性，并强调这些原则应以民主和法治为基础适用于各级政府。

尽管重点有所不同，但英国欧洲委员会提出的善治原则与英国的公共生活原则有重叠之处，均旨在满足政策制定和执行时的包容性需求。例如，重要性就在于需要以良性循环为基础，从上往下取代线性决策，这种良性循环源自反馈、网络以及从政策制定到各级实施的参与。

我国学者在将治理理论引入中国后，结合中国国情总结了善治的原则。俞可平综合各家对善治的观点并结合中国实际，总结了中国善治的几个要素：合法性、透明性、责任性、法治、回应、有效、参与、稳定、廉洁及公正②。陈广胜认为，西方国家追求善治的手段是多元主义和社团主义，强调竞争与合作；在中国，善治可以作为科学发展观在公共管理中的理论工具，做到主体上的"善者治理"、目的上的"善意治理"、方式上的"善于治理"以及结果上的"善态治理"③。

从以上关于善治的研究可以看出，善治作为一种评价手段来促进公共事务的效果，并且其重点在有效的结构和适当的行动上。但善治也并不是一个固定不变的标准，而是含有不同维度的概念，因此，不同的组织和学者根据治理对象的不同，从不同的维度对善治的结构和行动提出了具体原则，以实现公共利益的最大化。本研究认为，善治在用于评价性功能时，需要根据具体情况对善治的维度进行调整。

本研究将治理理论的基本观点总结如下：在治理对象上，治理理论面向公共事务的治理，包括公共资源配置等。在治理主体上，治理理论主张主体多元化，政府不再是治理的唯一主体，各类社会团体和个人也参与其中。在治理方

---

① European Commission. European governance : a white paper[M]. Luxembourg : Office for Official Publications of the European Communities，2001：8.

② 俞可平．论国家治理现代化[M]．北京：社会科学文献出版社，2015：19-21.

③ 陈广胜．走向善治：中国地方政府的模式创新[M]．杭州：浙江大学出版社，2007：108-113.

式上，治理理论认为政府不应当通过权威的方式直接介入公共事务，而应当与各类非公的组织、个人等合作，实现公私合作、多元共治；但这并不意味着治理抛弃了政府权威，而是将权威来源扩大化，非公的组织、个人只要获得了公众的自觉认可，也可以成为权威的来源。在治理过程中，各方主体通过协商、合作的方式协调关系，而不是通过行政命令或者其他强制的方式；并且，整个治理是一个持续的过程。在治理目标上，治理的最终目标是实现"善治"，即通过良好的结构和适当的行动来保障公共利益的最大化。值得注意的是，治理理论具有较强的开放性，对于引入到不同领域、不同国家的治理，其内涵和外延是需要根据具体情况进行调整的。善治并没有不变的标准，而是以宽泛的维度对治理结果进行评价。

二、高等教育治理

高等教育治理在公共行政管理领域的新公共管理改革背景下发展起来。正如前文所述，在治理理论中，"统治"强调负责决策过程的机构参与者采取的治理行动，而"治理"则强调了统治含义的改变和新的治理过程。在高等教育的背景下，"治理"是指高等教育参与者为制定和实施规则以提供集体利益而采取的社会协调方式[①]。

公共行政管理经历了三种主要模式，分别是古典公共行政模式（Public Administration Mode）、新公共管理模式（New Public Management Mode）和新公共治理模式（New Public Governance Mode）。其中，古典公共行政模式是在严格的官僚体制等级制模型的基础上，由政治领导层控制的政府，由常任、中立和匿名官员组成，仅出于公共利益的动机，平均为任何执政党服务，而不是对政策做出贡献，因此这一模式只是执行由政客决定的那些政策。20世纪80年代以来，各国政府已逐渐摆脱这一模式[②]。

新公共管理模式兴起于英国，通常与20世纪80年代的公共部门改革相关。

---

① REALE E，PRIMERI E. The Palgrave international handbook of higher education policy and governance[C]. London：Palgrave Macmillan，2015：20-37.

② HUGHES O E. Public management and administration[C]. London：Palgrave Macmillan，1998：22-51.

此类改革借鉴了组织经济学，旨在将公共部门转变为效率更高、注重结果的部门，主要特征如下：关注市场而不是政府计划；管理层高度重视绩效，以改进系统并不断监测和衡量成果；最后，对高等教育施加企业管理的压力，而非大学管理的压力。新公共管理改革的结果是，英国对高等教育引入了政府监督的管理模式，制定针对在高等教育机构的既定管理标准。因此，改革使高等教育更有效率和面向市场。斯波恩认为英国高等教育治理结构呈现出两大趋势，一是随着经济私有化而增强的管理主义，二是内部治理结构的最小化，这被学术界诟病为"工会和专业人士权力的削弱""管理人员重要性日益提高"①。整体而言，将公共与私人管理实践结合是英国高等教育治理的重要特征。

另外，在新公共管理改革之后，经过20世纪90年代的网络治理（Network Govenance）萌芽，新公共治理模式于21世纪初开始流行。其中，网络治理提倡基于网络的治理，并扩大了来自更多不同社会和经济参与者的参与，新公共治理模式则采纳网络治理的多主体参与原则，又融合了公共行政模式和新公共管理模式的特征及优势。该模式依赖于多元化的国家环境，保证多元主体参与公共服务，也要求国家为多主体决策体系提供足够的信息②。

随着公共行政管理领域的治理模式发展，高等教育也受到新模式的影响。注意到该变化的学者将治理理论引入高等教育领域，掀起了研究热潮。尽管高等教育治理的相关研究较为丰富，但至今仍然较为分散。当前高等教育治理的研究主题主要包括高等教育治理的概念、高等教育治理的模式（外部治理模式、内部治理模式）以及如何实现高等教育的善治等，而高等教育的问责、自治与质量保障等关键问题则一直穿插在高等教育治理研究的各个主题中。

（一）高等教育治理的概念

在高等教育治理的概念研究上，目前尚没有普遍的一般性治理定义或高等教育领域的治理，不同的组织和学者对高等教育治理的定义不同。珍妮特·贝尔德（Jeanette Baird）采用了澳大利亚国家审计署提供的治理定义，认为治理是

① SPORN B. Convergence or divergence in international higher education policy : lessons from Europe[C]. Ford Policy Forum, 2003, 1: 31-44.

② REALE E, PRIMERI E. The Palgrave international handbook of higher education policy and governance[C]. London : Palgrave Macmillan, 2015: 20-37.

"指导、控制和追踪组织的过程"[①]；凯·哈曼（Key Harman）等人在高等教育背景下采用了尼夫·盖（Neave Guy）的治理定义，即，"治理是高等教育系统和大学的组织和管理方式的概念简写"[②]；托玛·道格拉斯（Toma J. Douglas）将治理定义为"既简单又复杂，就像对'由谁做出决定'这一问题的回答"[③]；世界银行和UNESCO将高等教育治理定义为"高等教育机构在决策和行动中的正式和非正式安排，包括外部治理和内部治理"[④]；芭芭拉·斯波恩（Barbara Sporn）认为治理是指高等教育机构决策所依据的结构和过程[⑤]；凯勒·乔治（Keller George）认为，治理是教师对其所在院校行政、控制、制定标准以及学校运行的长期管理[⑥]。我国学者褚宏启认为，教育治理是指国家机关、社会组织、利益群体和公民个体，通过一定的制度安排进行合作互动、共同管理教育公共事务的过程，其本质是多元主体共同参与教育事务的管理，是一种新型民主关系[⑦]。

（二）高等教育治理的模式

在高等教育治理的模式研究上，学者的研究可以分为外部治理和内部治理研究。对于外部治理模式，关键问题在于了解高等教育机构、政府与社会各部门、组织和其他主体之间不断变化的关系，以及这些关系如何影响主体之间的权力分配和协调，以应对不同的社会经济和组织安排。伯顿·克拉克（Burton Clark）于1983年出版的著作《高等教育系统：学术组织的跨国研究》具有重要意义，该书不仅是基础性研究，而且提供了对高等教育部门的一般概述，对不同国家高等教育系统的模式进行了历史性说明。克拉克提出了三角协调模型，

---

① BAIRD J. Taking it on board : Quality audit findings for higher education governance[J]. Higher Education Research & Development，2007，26（1）：101-115.

② HARMAN K，TREADGOLD E. Changing patterns of governance for Australian universities[J]. Higher Education Research & Development，2007，26（1）：13-29.

③ TOMA J D. Expanding peripheral activities, increasing accountabllity demands and reconsidering governance in US higher education[J]. Higher Education Research & Development，2007，26（1）：57-72.

④ World Bank. Higher education in developing countries : Peril and promise[R]. Washington : World Bank，2000：59.

⑤ SPORN B. International handbook of higher education[C]. Dordrecht : Springer，2007：141-157.

⑥ KELLER G. Governance : the remarkable ambiguity[J]. In Defense of American Higher Education，2001：304-322.

⑦ 褚宏启.教育治理：以共治求善治[J].教育研究，2014，35（10）：4-11.

即高等教育系统均是围绕国家、市场和学术权威三种权力关系展开的，在欧洲根深蒂固且高度相关的高等教育模式主要是学术自治模式，国家中心的模式和市场导向模式[①]。

克拉克的三角协调模型对后来的学者研究高等教育治理模式产生了深远影响。范·沃格特（van Vught）等人将高等教育治理模式分为政府控制模式（State Control Model）和政府监督模式（State Supervising Model）。政府控制模式是政府强大而集中的权力与教授代表的学术权威一起发挥作用，传统的欧洲大陆模式由强大的高层（国家）、弱势的中间层（机构行政）和强大的底层（高级主席）组成。政府监督模式与源于美国和传统英国的高等教育国家监管模式相关。与欧洲大陆模式相比，美国和英国模式中，政府对高等教育的影响要小得多，政府将自己视为监督者，使用"广泛的法规"进行指导，它激发了高等教育机构的自我治理能力。在这种模式中，英国大学相当于得到政府特许的公司，可以负责其自身的管理，每所大学和学院自行决定其学生录取、课程设置和教师聘用等事务。美国大学也与之类似，但是其大学董事会和机构管理者（总裁）的作用更为重要[②]。

迈克尔·多宾斯（Michael Dobbins）等人提出一个用于分析高等教育治理的综合框架，在欧洲典型的三大模式（洪堡的学术自治模式、法国的以国家为中心模式、盎格鲁－撒克逊以市场为导向的模式）基础上，根据大学的内部治理以及国家和外部利益相关者的作用提出了具体的指标维度——机构权力的平衡、财务治理、人员自治和实质性问题等[③]。奥斯汀（Austin）等人提出新自由主义作为全球性的政治经济力量与高等教育治理之间的联系。传统的高等教育治理是建立在学术自治、（大学内部）共享治理和国家控制基础之上的，而现在则正在让位于市场力量和企业化管理。国家系统地为高等教育拨款，并已采取了一些措施，寻求个人更好地为公共利益服务，而不是为个人自身的全面发展做好准备。在新自由主义环境下运作的高等教育机构承受越来越大的变革压力，新自由主义扭曲了传统的

---

① 伯顿·克拉克. 高等教育系统：学术组织的跨国研究[M].杭州：杭州大学出版社，1994：159-160.

② VAN VUGHT F，DE BOER H. The Palgrave international handbook of higher education policy and governance[C]. London：Palgrave Macmillan，2015：38-56.

③ DOBBINS M，KNILL C，VÖGTLE E M. An analytical framework for the cross-country comparison of higher education governance[J]. Higher education，2011，62（5）：665-683.

高等教育治理体系，威胁了高等教育机构区别于其他社会机构的本质特征[①]。

随着全球化发展，马金森（Marginson）等人则对全球化背景下高等教育治理的新模式展开研究。马金森认为克拉克的三角协调模型虽然经典却局限于民族国家内部，难以反映出世界高等教育的发展趋势，随着高等教育在全球化背景下的不断发展，必须从多个层次来考察高等教育，即研究高等教育机构在全球、国家和地方三个层次的互动[②]。在国际层面的治理上，许多国际组织发挥了重要作用，对高等教育治理展开了研究并给出意见，例如，UNESCO针对跨境教育的质量提出准则，帮助学生更容易地获得可靠的本国境外或外国提供者提供的高等教育信息，呼吁各国政府和其他利益相关者提高资格框架的透明度，并进一步明确国际认可程序[③]；世界银行发布《发展中国家的高等教育：危机和前景》一书，对发展中国家的高等教育治理情况进行分析并提出一系列建议，认为"没有更多更高质量的高等教育，发展中国家将会发现自身越来越难以从全球性知识经济中受益"[④]。

里奥·古德格布尔（Leo Goedegebuure）和马丁·海登（Martin Hayden）认为，高等教育治理研究需要注意以下三个方面：首先，未来的研究需要将高等教育治理中的挑战和策略与社会其他部门（企业、公共部门）的治理研究并行。同样面对21世纪的全球挑战，高等教育治理与社会其他部门治理有一定的相通之处；其次，应当认识到大学的核心业务（即知识的发展、保存和传播）是独特的。大学也为社会的文化基础做出了巨大贡献。考虑到他们的独特使命和身份认同的文化意义，高等教育所适用的治理形式应当与其他治理有所不同。但当前的研究与实践难题是，哪种治理形式在高等教育中行得通，哪种行不通；最后，信任是未来高等教育治理研究的主题。信任意味着"合规性"，不仅取

①　AUSTIN I, JONES G A. Governance of higher education : global perspectives, theories, and practices[M]. New York : Routledge, 2015 : 2-22.

②　MARGINSON S, RHOADES G. Beyond national states, markets, and systems of higher education : A glonacal agency heuristic[J]. Higher education, 2002, 43（3）: 281-309.

③　UNESCO. Guidelines on quality provision in cross-border higher education[R]. Paris : UNESCO, 2005 : 13-23.

④　World Bank. Higher education in developing countries : peril and promise[R]. Washington : World Bank, 2000 : 58.

决于有效的治理结构，还取决于良好治理原则的合理应用。问题在于，国家治理和高等教育机构自我治理的方式是否遵守这些原则，高等教育机构内部以及整个高等教育系统的治理结构是否能够适当地满足欧洲共同体委员会所确定的"良性循环"的需求，其基础是反馈、网络以及从政策制定到各级实施①。

在高等教育的机构内部治理研究上，英国学者迈克尔·沙托克（Michael Shattock）是高等教育管理领域的专家，其在著作《高等教育中的善治管理》（*Good governance in higher education*）中聚焦高等教育机构内部的治理问题。随着大学越来越多地进入市场化的环境，大学内部环境受到绩效指标威胁而变得越来越消极，治理问题变得越来越重要，而有效的治理将在维护机构稳定方面变得更加重要。英国大学的治理存在公司主导和学术主导两种模式，沙托克认为大学治理应该回到共享治理（Shared Governance）的概念，对学术决策进行一些改革，并且两种模式需要建立机制以有效地实现各自对大学治理的贡献②。共享治理是1966年美国大学教授协会的《大学共享政府声明》（Statement on Shared Government of Colleges and Universities）中正式确定的，是高等教育机构（大学）内部的各个主体（传统的管理委员会、高级管理人员和教职人员、教职员工、学生或其他人员）参与大学政策和程序相关的决策过程。共享治理可以提高大学的领导能力和决策质量，增强其能力以实现大学愿景和战略目标，并推动各方主体充分利用智慧应对挑战。共享治理有利于催生一种具有集体意识、对大学的现在和未来负责的大学文化。此外，当教职员工，管理人员和董事会积极协作地参与决策过程时，可以更快、更有效地实施决策。但是强大的共享治理需要进行培养和维护③。

（三）高等教育中的善治

对于如何实现高等教育的良好治理——善治，沙托克提出大学治理有其内在特征，这源于大学本身的多重产品特性——作为教学机构、研究中心和学习

---

① GOEDEGEBUURE L，HAYDEN M. Overview：Governance in higher education—concepts and issues[J]. Higher Education Research & Development，2007，26（1）：1-11.

② SHATTOCK M. Re-balancing modern concepts of university governance[J]. Higher Education Quarterly，2002，56（3）：235-244.

③ Association of Governing Boards of Universities and Colleges. Shared governance：changing with the times[R]. Washington，D.C：Association of Governing Boards of Universities and Colleges，2017：3-4.

场所，资源和知识工作者聚集在一起，是知识社会的重要贡献者。大学治理不仅在于确保对政府资金的责任制，而且在于让大学对社会的更广泛利益做出响应。因此，大学内部的善治对其声誉有着重要意义。大学内部的善治意味着确保大学中各个层面的治理运作良好，所有相互联系的部分都能够顺畅地连接，治理流程与强大的、灵活的、值得信任的组织文化相结合①。

李家兴认为，起始于公共管理学领域的"治理"概念和方法对改革高等教育管理有着重要的借鉴作用。从治理的角度分析大学管理所涉及的各种外部关系和内部关系，有助于认识和把握高等教育管理的内在规律，有助于实现大学管理内容和方式的转变，是管理制度和实践的一种创新，也是建立现代大学制度可供选择的一种良好模式。同时，他指出治理只是手段，而人才培养质量的不断提高，使之符合适应性、多样性和发展性要求，才是其根本目的②。即"善治"是最终目的。

莫琳·刘易斯（Maureen Lewis）定义教育系统中的善治是有效地提供教育服务，良好的教育治理需要四个要素：客观的标准，激励措施，透明的信息，以及最重要的问责制。标准是透明的，是众所周知的标准或基准，用于评估和告知教育政策、规定和结果；激励措施是刺激特定类型的行为或行动的任何财务或非财务因素，可以是积极的或消极的，即鼓励或阻止某种行为；明确定义输出和结果的信息，再加上有关绩效和定期收集结果的准确数据，可以在未达到标准时实施制裁；问责制是指使公职人员/服务提供者对流程和结果负责的行为，并在未交付指定的输出结果的情况下施加制裁③。

哈立德·扎曼（Khalid Zaman）等人认为高等教育的规章制度最终是为了改善经济和促进社会发展，他们的研究试图建立治理指标与教育成果之间的联系，特别是与大学国际化有关的联系。哈立德等人提出了使用三大类治理指标的大学国际化框架，即政治治理、经济治理和制度治理，这三个指标包含六个教育因素——高等教育支出、高等教育入学率、生均高等教育支出、识字率、研究

①　SHATTOCK M. Managing good governance in higher education[M]. Berkshire：Open University Press，2006：1-4.

②　李家兴.大学治理与高等教育质量[J]. 国际关系学院学报，2008（3）：76-82.

③　LEWIS M, PETTERSSON G G. Governance in education：raising performance[R]. World Bank Human Development Network Working Paper，2009：3-4.

与开发支出和1996—2012年间的经济增长。哈立德等人认为善治是提高高等教育质量的主要因素，为了在自治和问责制之间取得平衡，质量在教育中的作用已走到了重要位置，呼吁更大的发言权和问责制、政治稳定、政府效力和监管质量[①]。

从以上关于高等教育治理的研究中可以看出，高等教育治理既有自身特征，也与其他社会部门共享许多发展的问题和解决方案。例如，用于高等教育治理研究的许多概念和方法均来自政治学、公共行政学、公共政策学或组织研究，高等教育治理研究本身也与其他研究领域相交叉[②]。

首先，在高等教育治理的概念上，不同学者对此的定义虽然不尽相同，但是有一些共性：第一，高等教育治理的主体多样化，既包括高等教育机构（大学）内部的各种决策和措施，也包括政府对整个高等教育系统的治理，以及社会各个组织的参与；第二，高等教育治理具有一定的结构和过程，既包括正式的安排，也包括非正式的安排。本研究根据多位学者的定义将高等教育治理定义总结如下：高等教育治理是高等教育的多个主体（大学、政府、社会）共同对高等教育开展正式或非正式安排的结构和过程。

其次，在高等教育治理的模式上，高等教育治理面临利益相关者众多的多层次环境。在这样的多层次环境中，高等教育治理的研究既可以专注于其中一个层面，也可以跨越其中的几个层面。高等教育治理主要分为三个不同层面，分别是高等教育机构治理（即大学层面的治理）、整个高等教育系统的治理（即国家层面的治理）、国际和多层次治理（即国际和其他层面的治理）。其中，大学层面的治理属于高等教育机构内部治理，研究成果较多；国家层面、国际和其他层面治理属于外部治理。当前，国际层面的治理研究是较新的研究趋势。

对于高等教育的内部治理，由于大学作为高等教育机构具有研究、教学、社会服务等特殊属性，大学内部的善治不仅需要良好的结构与过程，更需要稳定的、受到内部各利益相关者认可的质量文化来维系内部治理的良好发展；对于高等教育的外部治理，其治理模式一直处于发展中，一般借鉴了历史上长期

---

① ZAMAN K. Quality guidelines for good governance in higher education across the globe[J]. Pacific Science Review B : Humanities and Social Sciences，2015，1（1）: 1-7.

② DOBBINS M. Higher education governance[J]. Oxford Bibliographies in Education，2018.

实施的模式。例如，在欧洲和受欧洲影响的高等教育系统中，学术自治模式、国家中心模式和市场导向模式占据重要地位。但是，随着时代的发展，高等教育治理中的政府、学术权威（大学）、市场三者力量也在发生变化。尤其是全球化背景下，国际组织对高等教育的全球治理也产生了一定影响，民族国家也不断通过国际平台进行对话和互动，调整高等教育治理模式。当前高等教育外部治理的主要问题依然是高等教育机构与国家之间不断变化的关系，以及市场对高等教育治理的影响。

最后，对于高等教育的善治，学者在善治的内涵上基本达成一致，即实现高等教育的良好治理和公共利益的最大化。但对于高等教育善治的要素，不同学者提出了不同的维度。高等教育的善治和公共行政中的善治一样，关于善治的具体维度研究较为分化。这并不难理解，一是由于不同主体对良好的治理标准不同，公共利益最大化的具体要求也不同；二是由于善治概念本身有着理想化色彩，在实践中，也极少有一个机构、国家或者区域可以做到完全符合善治的所有维度。因此，在探索高等教育善治研究的过程中，不同学者从不同角度往往给出了不同的善治维度。但这并不意味着善治是虚无的，善治的维度中有着一些基本共性，例如信息透明、问责制、有效性等，而高等教育治理有其特性——高等教育内外部治理中的分权与合作。因此，对于高等教育善治的维度，既需要结合公共行政中善治的共性，也需要参考高等教育治理的特性。

本研究结合前文中的英国国际发展部、《欧洲治理白皮书》以及学者对公共行政中的善治定义（表1-3），提炼善治的共性如下：一是过程性，在治理过程中各主体平等协商，各方参与；二是透明性，治理的信息及时公开保障社会知情权；三是责任性，治理结果对各方主体负责；四是有效性，治理的标准严格保障有效性；五是稳定性，针对治理中的挑战和问题，及时改进和调整，确保治理体系的稳定。另外，高等教育治理也有其特殊之处，自克拉克的三角协调模型提出以来，高等教育治理的关键问题一直围绕各利益相关者的分权与集权展开，本研究认为高等教育的善治还需要高等教育治理主体之间建立良好的分权与合作，以应对高等教育发展阶段中各方权力关系的变化。结合善治在公共行政领域的共性和高等教育领域的特性，本研究概括高等教育善治包含七个维度：分权、合作、过程、透明、责任、有效和稳定。

三、治理理论适切性分析

本小节就治理理论分析跨国高等教育质量保障的适切性进行论述，从跨国高等教育的准公共产品属性基础、英国高等教育质量保障多元治理的现实基础、以治理理论为视角分析高等教育质量保障的研究基础三个方面展开，论述为什么以治理理论为视角来分析英国跨国高等教育质量保障。

（一）跨国高等教育是准公共产品的属性基础

治理理论作为社会公共管理领域重要指导思想，其治理对象是公共事务，目标是实现公共利益的最大化，即"善治"；而跨国高等教育属于准公共产品，跨国高等教育的质量保障从根本上属于公共利益范围，治理理论对实现跨国高等教育质量的"善治"具有重要指导意义。下面将详细展开论述跨国高等教育的准公共产品属性。

根据公共经济学理论，社会产品分为公共产品和私人产品。美国经济学家保罗·萨缪尔森（Paul Samuelson）是公共产品理论的权威，他在《公共支出的纯理论》中首次将公共产品（Public Goods）和私人产品（Private Goods）做出了区分：纯粹的公共产品是每个人消费这种产品不会导致别人对该种产品的减少；私人产品是可以由个别消费者所占有和享用，具有敌对性、排他性和可分性的产品。公共产品与私人产品相比，具有三个显著特征——效用的不可分割性、消费的非竞争性和受益的非排他性。效用的不可分割性指私人产品可以被分割成许多可以买卖的单位，而公共产品是不可分割的，例如国防、外交、治安等。消费的非竞争性指消费的边际生产成本（Marginal Cost）和边际拥挤成本（Marginal Congestion Cost）为零，前者表示在现有的公共产品供给水平上，新增消费者不需增加供给成本（如灯塔等）；后者表示任何人对公共产品的消费不会影响其他人同时享用该公共产品的数量和质量，个人无法调节其消费数量和质量（如不拥挤的桥梁等）。受益的非排他性指私人产品只能是占有人才可消费，谁付款谁受益；而对公共产品来说，任何人消费公共产品不排除他人消费（从技术加以排除几乎不可能或排除成本很高）[①]。萨缪尔森的公共产品概念指纯公共产品，而现实社会中，大部分都是介于纯公共产品和私人产品之间的"准公共

---

① 萨缪尔森.微观经济学[M].肖琛，等，译.北京：华夏出版社，1999：268.

产品"（Quasi-Public Goods）。纯公共产品与准公共产品是根据对非竞争性和非排他性的满足条件来区分的。

跨国高等教育是具有非排他性的，对于参加同一个跨国高等教育项目的学生来说，学生A在接受教育的同时，并不会排斥学生B接受教育的权益。但是，跨国高等教育在非竞争性上表现不充分。对于同一个跨国高等教育项目而言，随着学生人数的增加，校方管理、硬件设施等成本增加，因此，跨国高等教育的边际生产成本并不为零，存在一定的消费竞争性。当跨国高等教育项目的学生超过一定的限度，将会导致每个学生接受的教育质量下降的风险，因此，跨国高等教育项目往往根据实际情况，会有一定的招生规模、招生标准限制，可见跨国高等教育的非竞争性是有限的。综上，跨国高等教育属于准公共产品。

如何保障跨国高等教育的质量以实现"善治"，是当前全世界跨国高等教育的利益相关者——提供国、东道国、中介组织和个人等面临的共同问题，治理理论是针对公共事务治理的重要理论之一，其服务范围包括了跨国高等教育在内的准公共产品，因此具有适切性。

（二）英国高等教育质量保障多元治理的现实基础

按照伯顿·克拉克的三角协调模型，英国高等教育系统正是"小政府"的典型代表，在过去，英国高等教育系统以学术权威主导；现在，政府虽然并不直接介入高等教育管理，但通过第三方组织加强了政府的力量；而高等教育市场化也促使代表消费者（学生）的社会力量——媒体等对英国高等教育质量保障产生重要影响。因此，影响英国高等教育的权威力量较为多元，包括英国大学、政府、第三方组织、市场及其他社会力量等。

英国高等教育质量保障也呈现出权力多元化的特征，在整个英国高等教育质量保障过程中，各利益相关者不同程度地参与其中。最初，以牛津、剑桥为代表的英国大学具有完全的自治权，政府并无干预的权力；而后，随着国家学位委员会（CNAA）的成立，《罗宾斯报告》《迪尔英报告》的发布以及高等教育质量保障署（QAA）的组建等一系列变革措施，政府加强了自身的影响力。特别是高等教育基金委员会和国家学位委员会，代表政府对高等教育实施水平评估、基金分配和质量监督。但是，英国政府仍然是"有限的政府"，并不直接干预质量保障，而是通过外部监督与评估系统来实现其规划，其中包括了各类第三方机构，例如高等教育基金委员会（1988年前是大学拨款委员会）、国家学位委员会（CNAA, 1964—1992）、女王巡视团、高等教育质量协会（HEQC, 1992—1997）、高等教育质量保障署（QAA, 1997年成立）、国家职业资格委员会（NCCQ）和英国工业联盟（CSI）等机构。此系统是在政府政策框架的广阔背景中进行运作的，它们按照国家有关法律和政府的政策对高校的质量进行评估和审计[①]。最终，英国高等教育质量保障中包括了院校自我评估、学生与社会人士评价、校外同行审查、政府的政策引导、独立评估机构审查、行业协会认证，以及媒体等多种力量的参与[②]。

英国跨国高等教育是英国高等教育国际化的重要方面，而英国高等教育质量保障的多元权力参与也为跨国高等教育质量保障奠定了治理基础。

（三）以治理理论为视角分析高等教育质量保障的研究基础

已有许多学者将治理理论作为研究视角来分析高等教育的质量保障实践，研究主题和方式主要分为以下几类：

第一，关于治理与高等教育及质量保障的关系研究。学者把"治理"引入高等教育领域后，将质量保障作为高等教育治理的中心。泰德·塔珀（Ted Tapper）是较早用治理理论研究高等教育的学者，他认为英国高等教育治理的政策角力是以质量保障为主导的，如果将英国高等教育的治理视为一个竞技场[③]，那么，各主体通过标准制定、评估和干预的功能，为争夺对高深知识的控制权而持续奋斗[④]。

杰西卡·李（Jessica Lee）认为善治在高等教育中极为重要，即使有最先进的实验室设备、专业的管理人员、完善的基础设施，如果没有良好的治理——善治，高等教育机构是无法为学生提供优质的高等教育服务的。她提出在高等

---

① 田恩舜.从一元控制到多元治理：世界高等教育质量保证发展趋势探析[J]. 学位与研究生教育，2006（12）：52-57.

② 莫甲凤.大学自治模式的英国高等教育质量保障体系：特点与启示[J]. 中国高教研究，2012（4）：36-40.

③ TAPPER T. The governance of British higher education : the struggle for policy control[M]. Dordrecht : Springer Science & Business Media，2007：167.

④ SALTER B，TAPPER T. The politics of governance in higher education : the case of quality assurance[J]. Political Studies，2000，48（1）：66-87.

教育中实现善治的几个维度：各个管理层面的代表信任机制、规范的过程性文档记录、持续的完善和调整、真正落实目标的实践①。

史静寰认为"治理"的中心是高等教育质量。与传统自上而下的由单一主体进行的"管理"和"控制"不同，"治理"是相关利益主体以高等教育质量为中心，表达诉求、协商利益、协调资源、达成共识的决策形成及实施过程。史静寰进一步阐明了治理的主体、途径、特点和过程。其中，治理主体包括政府、市场、院校、中介机构、学术专业组织、其他非政府第三方机构；治理途径包括法律法规、政府政策、专业评价、市场监督、社会问责、文化影响等；治理特点可以概括为政府主导、共同参与；治理过程有着多元向度和协商共识的特点②。

李亚东对高等教育质量与治理理论的关系进行了分析，认为高等教育质量治理实质上是用治理的理念进行高等教育"质量保障"，教育治理是国家治理的重要部分，高等教育质量保障运动也受到新公共管理和治理理论思潮的影响；治理意味着其他社会公共机构和行为主体越来越多承担了原先由国家承担的角色，而教育管理改革也需要政府职能的切实转变，确立利益相关者的应有地位，调整好政府与他们的关系。李亚东还以法国、俄罗斯、美国、印度、日本这五个国家为例，总结世界高等教育质量保障从统治走向治理的经验，按照深入推进管办评分离的大思路和公共治理理念，提出构建"主体多元、形式多样、全程监控"的质量保障体系，为我国建设中国特色高等教育质量保障治理体系提供借鉴③。

李明磊在剖析"高等教育质量"和"治理"等概念的基础上，提出了"高等教育质量治理"的概念，以其内涵作为研究的逻辑出发点，引申出高等教育质量治理的体系要素，即科学的标准体系、健全的组织体系和规范的法律体系④。

第二，关于高等教育质量保障多元治理实践的研究。一些学者在对各国高

---

① Lee J. What does "Good Governance" really mean in higher education? [EB/OL]. (2016-01-07)[2020-3-18]. https : //blogs.worldbank.org/governance/what-does-good-governance-really-mean-higher-education.

② 史静寰.高等教育重在建设质量治理体系[N].社会科学报，2019-11-28（1）.

③ 李亚东.质量保障：从统治到治理：中国特色高等教育质量保障治理体系研究[M].上海：上海人民出版社，2017.

④ 李明磊，王战军.高等教育质量治理：从基本概念到体系组成[J].天津大学学报（社会科学版），2013，15（2）：173-177.

等教育质量保障研究的基础上，认为从一元统治（控制）到多元治理是世界高等教育质量保障发展的共同趋势；甚至有学者提出，国际化的高等教育正在被国际、地区性的治理所影响。

田恩舜总结英国、美国、法国、荷兰等国的高等教育质量保障改革情况，认为各国高等教育质量保障发生了从一元控制到多元治理的改变。具体而言，一是权力结构均衡化，法国、荷兰这类政府控制型模式越来越多赋予高校自主权，吸纳社会中介组织的力量参与质量保障，而英国、美国这类自主型和市场型模式则加强了政府的力量；二是质量保障主体的多元化，政府、高校、社会分工协调，共同参与质量保障；三是质量保障的实质性目的和工具性目的有效结合，前者是对质量的保持和提高要求，后者是可操作性的目标；四是质量保障机构的专业化和系统化，在政府中枢决策范围之外建立一种相对独立的中介机构对高等教育实施质量监控、"保持一段距离的引导"的做法被越来越多的国家所采用；五是在质量保障内容上，输入、过程、输出等多环节并重；六是质量保障的程序和方法都日渐成熟，通常按照"被评院校的自我评估—外部同行评价、专家现场访问—研究评估信息、做出评估结论—发表评估报告"的一般程序进行。总之，各国越来越综合考虑各主体的利益与需求，制订出能够反映多方意志和利益的质量保证政策并加以实施，以达成自治与责任之间的平衡[①]。

此外，治理作为全球化的要素之一，对高等教育的国际维度产生了影响。简·奈特提出，治理已经与知识社会、信息和通信技术、市场经济、贸易自由共同成为全球化的五大要素，治理意味着创造新的国际和地区治理结构和系统。对高等教育而言，国家层面的治理单位（包括政府和非政府组织）的角色正在改变，新的规章制度和政策框架正在不断出台，尤其针对跨国高等教育质量保障的国家和区域政策，也成为高等教育治理的重要内容[②]。

第三，中国学者借鉴治理理论来推进高等教育质量保障的研究，呼吁重构中国高等教育质量管理中的政府、高校和社会关系。朱德全认为，高等教育质

---

① 田恩舜.从一元控制到多元治理：世界高等教育质量保证发展趋势探析[J].学位与研究生教育，2006（12）：52-57.

② 奈特.激流中的高等教育：国际化变革与发展[M].刘东风，陈巧云，译.北京：北京大学出版社，2011：9.

量治理的关键在于实现以质量为中心的权责关系治理，从而达成公共意层面各种利益关系的重新厘定和各种权责关系的重新组合，这需要从法理层面厘清各主体在质量治理上所享有的权力与权利，并明晰各自的责任与义务，使各自"在其位"以更好地"谋其事"并"尽其责"。建立以"制度制权""权力制权"和"权利制权"为核心的治理主体权责明晰与协调的推进机制，是助推高等教育质量治理权责新秩序建立的有效路径[①]。

王凤春提出，要依据多元主体参与原则、合法性原则、透明性原则、责任性原则、法治原则、回应原则、有效原则等七大原则，建立起多元评价主体共同负责管理的质量治理体系，通过确立质量观、转变各主体的权力关系、最终达到善治的目标[②]。

刘强认为，传统的高等教育质量管理体系已经无法满足当前我国高等教育发展的需要，主要原因在于当前高等教育发展与经济社会发展的各方面紧密融合，推动高等教育内涵式发展不仅是高校和政府的责任，也需要行业企业、专业学会、社区组织等社会力量的参与，而传统的高等教育管理体系则以高校和政府的行政化质量管理体系为主，将这些社会力量排除在外；同时，学校师生作为质量主体也被置于质量管理体系的严格管控之下，消解了师生在质量管理中的主动性、积极性和创新性。质量管理也逐渐偏离了服务于教育质量发展的本质功能，遭到学校师生等利益相关群体的猛烈批判和质疑。因此，刘强主张以高等教育质量治理代替高等教育质量管理，应对高等教育场域中多元主体与多元利益相互交织、错综复杂的质量实践[③]。

综上，治理理论在本研究中具有适切性。首先，治理理论与英国跨国高等教育质量保障在属性上具有一致性：在面向对象上，治理的对象是公共事务，而跨国高等教育属于准公共产品，在公共事务的范畴内，属于治理的对象。正是由于准公共产品的属性，英国跨国高等教育在目的上也与治理具有一致性。治理的最终目标是公共利益的最大化——"善治"，英国跨国高等教育质量保障

---

①　朱德全，徐小容.高等教育质量治理主体的权责：明晰与协调[J].教育研究，2016，37（7）：74-82.

②　王凤春.高等教育质量的治理及运行原则[J].中国高等教育评估，2006（2）：68-70.

③　刘强.从质量管理到质量治理：高等教育质量发展的创新图景[J].当代教育科学，2019（7）：55-60.

是持续不断地评估、监控、保证、维持和改善跨国高等教育系统、机构或课程质量的过程，其目的也是实现跨国高等教育质量的"善治"。

其次，治理理论的多元治理方式与英国高等教育质量保障具有共性，后者为跨国高等教育质量保障奠定治理基础。在方式上，治理的方式是多元共治、协商合作，而英国高等教育质量保障同样具有权力多元共同参与的特点，跨国高等教育作为高等教育的一部分，在质量保障上也延续了一定的权力多元性。

最后，当前已有诸多学者以治理理论为视角分析高等教育质量保障，根据从统治、管理到治理的研究趋势，治理理论已经成为许多学者分析高等教育质量保障的新视角。跨国高等教育是高等教育国际化的一种特殊形式，本研究基于已有的治理理论研究视角，结合英国跨国高等教育质量保障的实践展开研究，具备一定的研究基础，也为跨国高等教育的质量保障研究提供了新视角。

四、治理理论在本研究中的应用

奥利弗・E.威廉姆森（Oliver E. Williamson）提出关于治理的两个观点：第一，治理是评估各种组织模式功效的框架，通过治理机制实现良好秩序，一组相关交易的完整性就是在治理结构中被决定的[①]；第二，治理也是一种工具，这一工具在某种关系中得以实现秩序，而冲突可能会对实现共同利益产生威胁[②]。也就是说，治理可以用来评估一种组织模式是否实现了良好秩序，具有评价性；治理同时也是实现良好秩序的一种工具或者方式，具有工具性。

将治理理论引入高等教育可以发现，治理的评价性体现在治理目标上，世界银行提出的善治概念是用来评价受援助国的治理结果的。在高等教育中，尤其是质量保障的目标上，善治就是实现高等教育的优质发展、保障公共教育利益的最大化。因此，治理中的善治对高等教育具有评价性；治理的工具性体现在治理过程中，从全球治理委员会等的理论中可以看出治理实际上是一种新的管理方式，但治理与传统的管理或统治的区别在于，它强调多元主体的共同治理，其方式是协调与合作（包含正式和非正式形式），并且是一个持续互动的过

---

① WILLIAMSON O E. The mechanisms of governance[M]. Oxford：Oxford University Press，1996：11.

② 吴志成. 西方治理理论述评[J]. 教学与研究，2004，V（6）：60-65.

程。对于高等教育，不同的国家有着不同的管理体系，但基本围绕政府、学术、市场三者权威形成。高等教育治理也强调公私合作、共同参与的过程，帮助高等教育体系在三种力量中寻求新的平衡，实现良好发展，是一种新的管理方式。因此，治理中的共治对高等教育具有工具性。

如何从治理理论视角来研究英国跨国高等教育的质量保障？一方面，本研究从治理的工具性角度，研究英国跨国高等教育的各个治理主体在质量保障过程中如何实现良好秩序、发挥质量保障的作用，即他们进行了怎样的治理过程；另一方面，从治理的评价性角度，评价英国跨国高等教育质量保障的特点是否实现了良好秩序，即它们是否符合治理目标。

对于治理过程和治理目标的进一步阐释，本研究认同褚宏启提出的"共治是过程，善治是目标"，前者指多元主体参与的共同治理，后者指公共利益的最大化。一般地说，共治主要是通过分权和集权两种方式来优化治理主体的权责关系，发挥社会参与、学校自主性、政府宏观管理多重作用①。因此，治理过程体现在治理主体通过分权与合作，在明确各自角色和权责的同时进行互动和协作，来发挥治理作用。

善治是多元治理主体共治的目的。对于善治的维度，不同学者则有着不同的看法。按照罗兹的观点，善治强调效率、法治、责任的公共服务体系②。我国学者俞可平对国内外学者关于善治的研究进行总结，提出善治的维度包括合法性、透明性、责任性、法治、回应、有效等③。加尔特（Gjalt）等人认为，尽管学者对善治提出一系列的公共价值准则，但这些价值是很难甚至无法同时达成的④，例如过程价值中的合法性和透明度，绩效价值中的有效性和效率，两者是一对常见的冲突⑤。

可见，善治不是一种固定标准，而是一种较为开放的评价方式。学者对善

---

① 褚宏启.教育治理：以共治求善治[J].教育研究，2014，35（10）：4-11.

② RHODES R A W. The new governance : governing without government[J]. Political Studies，1996，44（4）：652-667.

③ 俞可平.治理与善治[M].北京：社会科学文献出版社，2000：12-13.

④ GJALT DE GRAAF G D，PAANAKKER H. Good governance : performance values and procedural values in conflict[J]. American Reviews of Public Administration，2014，45（6）：635-652.

⑤ 王浦劬，藏雷振.治理理论与实践：经典议题研究新解[M].北京：中央编译出版社，2017：36.

治维度的观点可以作为一个参考依据，而并非不变的标准。实际上，在判断一种制度是否实现善治时，以"是"或"非"的结论来衡量也是不严谨的。本研究认为，对英国跨国高等教育而言，追求质量本身就是追求善治。因此，本研究并非以善治的固定标准去评判英国跨国高等教育的质量保障是否属于善治，而是以善治的维度去评价英国跨国高等教育质量保障中的积极特征，为我国中外合作办学的质量保障提供借鉴。其中，对于善治的维度，不同的学者针对不同领域的善治总结了不同的维度。作为准公共产品，高等教育的善治有着公共行政中善治的共性，也有高等教育治理的特性。如前文所述，本研究结合善治在公共行政领域的共性和高等教育领域的特性，将高等教育善治具体概括为七个维度：分权、合作、过程、透明、责任、有效和稳定。

如图1-1所示，治理理论在本研究中的应用思路如下：本研究从教育治理的工具性和评价性两个视角分别分析英国跨国高等教育的质量保障多元主体及其共治方式、特点与不足。首先，教育治理的工具性体现在多元主体通过共同治理的过程去实现良好秩序，这既体现在治理主体的多元性上，也体现在治理方式的共治性上，本研究围绕质量保障的主体和方式两个维度来分析英国跨国高等教育质量保障的多元共治过程。其次，教育治理的评价性体现在用善治来评价一种治理模式是否卓越。本研究结合公共行政管理领域和高等教育领域的善治，概括善治的维度，以此来评价英国跨国高等教育质量保障的特点与不足。最后，本研究结合我国的合作办学国情，为我国境内外的合作办学质量保障提供借鉴。

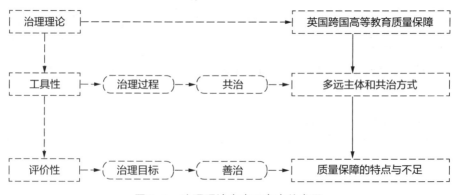

图1-1　治理理论在本研究中的应用

第六节　研究思路与方法

一、研究思路

本研究致力于探索治理理论视角下的英国跨国高等教育质量保障经验。首先分析对英国跨国高等教育质量保障的历史演变，以便理解其历史传统和现实需求。

其次，本研究将英国跨国高等教育质量保障分为外部质量保障和内部质量保障，分别从质量保障的主体和方式展开分析。在英国跨国高等教育外部质量保障上，本研究从政府、社会的第三方组织（拨款机构、QAA、专业机构、消费者代表组织、研究机构）等多主体角度，分析各主体角色以及外部质量保障的方式；在英国跨国高等教育内部质量保障上，分析英国大学层面（学术质量委员会、合作办学委员会）、跨国高等教育项目运行层面（各级委员会、学术代表、外部考官）等多主体参与治理的角色和方式，并结合英国在亚太、中东、欧洲的跨国高等教育案例，全面探析内部质量保障的主体及其保障方式。

最后，本研究从善治的维度出发，分析英国跨国高等教育质量保障的特点并指出不足，而后对我国的中外合作办学的质量保障提出启示。

二、研究方法

本研究主要采用历史研究法、文献研究法和案例分析法。

第一，历史研究法。本研究对英国跨国高等教育质量保障的发展历史进行梳理，根据发展特点对不同的历史阶段进行分类，并分析现阶段英国跨国高等教育质量保障的现实需求，总结历史进程和现实需求所反映的当代英国跨国高等教育质量保障发展背景。

第二，文献研究法。本研究通过大量阅读和分析英国高等教育及其跨国高等教育质量保障的研究报告、学术论文、专著、数据等，分析英国跨国高等教育的内外部质量保障的主体、质量保障的方式，以及各主体的互动与协作。

第三，案例分析法。本研究通过对英国的跨国高等教育三个主要市场区域——亚太、中东和欧洲局部地区案例进行分析，研究英国跨国高等教育内部质量保障的主体与方式，以及各主体的互动与协作。

三、研究框架

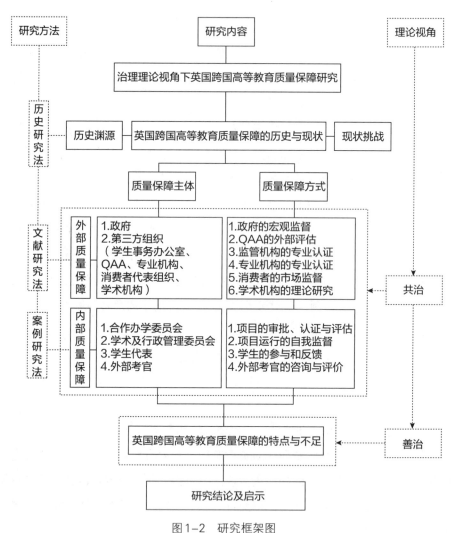

图1-2 研究框架图

第二章　英国跨国高等教育质量保障的历史与现状

英国跨国高等教育是英国高等教育的一部分，其质量保障的历史起源也与英国高等教育质量保障的发展密不可分；同时，跨国高等教育质量保障随着其规模的不断扩大也面临一些挑战。

第一节　英国跨国高等教育质量保障的历史溯源

20世纪80年代，英国高等教育进行了市场化改革，政府紧缩高等教育拨款，英国高等院校开始转向国际高等教育市场拓展利益空间，从招收留学生到开展形式多样的跨国高等教育，英国高等教育国际化的规模不断扩张，也带来质量问题。另外，英国国内高等教育的大众化也促使英国高等教育质量保障运动兴起，奠定了英国跨国高等教育质量保障的基础。因此，英国高等教育的市场化和大众化是英国跨国高等教育质量保障的形成背景。

英国跨国高等教育质量保障始于20世纪90年代中期，作为机构评估的一部分进行海外审计。随着美国、澳大利亚等国在国际高等教育市场上对英国形成了竞争威胁，英国于20世纪90年代进一步意识到建设英国高等教育的海外声誉的重要意义，发布了"首相计划"等一系列的战略，英国跨国高等教育的质量保障建设由此开始系统化发展。这是英国跨国高等教育的历史演变。

本节将从形成背景和历史演变两个部分对英国跨国高等教育质量保障进行历史溯源。

一、英国跨国高等教育质量保障的形成背景

英国跨国高等教育质量保障的兴起与英国高等教育的市场化和大众化密切相关，前者是英国跨国高等教育迅速发展及逐步重视质量保障的原因，后者则促使英国高等教育质量保障由大学内部自治转向内外部联合保障，奠定了英国跨国高等教育质量保障的基础。

（一）英国高等教育的市场化

20世纪80年代，英国高等教育的市场化导致政府拨款减少，驱使英国大学转向国际高等教育市场，通过招收留学生和开展跨国高等教育项目进行创收。而美国、澳大利亚等国在国际高等教育市场的崛起，令英国面临激烈竞争。为加强英国高等教育的海外吸引力，英国政府开始重视跨国高等教育的质量保障，维护英国高等教育的声誉，实现海外竞争力的可持续发展。

英国跨国高等教育最早可追溯到17世纪，英国作为殖民者在海外建立殖民地学院，这些殖民地学院完全照搬英国大学的办学模式。但真正意义上的跨国高等教育是从19世纪中期开始的。1858年，英国伦敦大学成立校外教学部，实施校外学位研修制度（External Degree System）。伦敦大学先后在斯里兰卡、尼日利亚、南非、印度等地认可了100余所殖民地学院作为其大学的附属学院。1887年，伦敦大学成立函授学院，开展远程函授教学，并成立了多个海外考试中心。仅在1900—1910年，伦敦大学在北美、南美、欧洲、大洋洲、亚洲和非洲就增设了多个海外学位考试中心①。

从19世纪中期至20世纪80年代，英国跨国高等教育始于巩固殖民地统治的需要，而后又在海外发展了大量在线远程教育，但都仅仅停留在一些高等院校自身的零散实践上，加上英国院校自治的传统，这一时期英国跨国高等教育并没有外部质量保障的监督，而是由院校内部进行质量保障，也不必对政府和社会负责。到了20世纪80年代，撒切尔政府上台后，英国高等教育迎来了市场化改革，使得它们不得不转向国际市场增加收益。

20世纪70年代，英国爆发了三次经济危机，经济增长速度减缓、政府财政赤字严重。1979年，撒切尔夫人上台后进行了大刀阔斧的改革。受新自由主义

---

① 杨丽辉.英国跨国高等教育质量保障体系探究[D].厦门：厦门大学，2009：14.

影响，政府在经济上以自由竞争、经济效率、私有化为主的市场化道路取代了战后的国家干预、充分就业、国有化为主的凯恩斯主义，主张政府要减少对自由市场的干预[①]。在教育上，撒切尔政府受新公共管理思想的影响，采纳私人企业的管理方法来改善行政绩效，强调加强竞争和市场导向，营造了顾客导向的行政文化。同时，政府强调高等教育的经济价值，认为高等教育成本应当由政府、消费者、大学共同承担，从而减少了教育拨款，并将拨款与大学绩效挂钩。为应对政府拨款减少的改革，英国大学转向国际市场，招收大量的国际学生，收取学费来维持运行。而跨国高等教育项目也成为大学的创收选择。

此后，英国高等教育的市场化促使英国大学通过自由的市场竞争来获得收益，加深了大学在财政上对招生的依赖。为保障招生的竞争优势，英国大学加强自身的办学质量与声誉，逐步形成对学生负责的质量文化，重视学生在质量保障中的参与和反馈，同时也积极开拓海外市场，促进了英国跨国高等教育的繁荣发展。

（二）英国高等教育的大众化

作为英国高等教育的一部分，英国跨国高等教育质量保障从起步到发展，始终与高等教育质量保障一脉相承。英国高等教育大众化使得英国高等教育面向社会。受新公共管理思想影响的英国政府加强了对高等教育的外部质量保障。在大学、政府、社会三方力量的博弈下，英国高等教育领域形成了内部质量保障为主、外部质量保障为辅的多元质量保障体系。这也为英国跨国高等教育的质量保障奠定了基础。

英国高等教育的大众化是指英国高等教育从传统的精英型转向现代的大众型。在精英教育时代，英国大学教育具有贵族性，不面向普通大众，而因为大学有着高度自治权，大学的质量保障限于大学内部，政府和社会不能干预。而高等教育大众化使得英国大学开始为社会培养人才，要对社会负责，政府和社会开始对大学开展外部质量保障。

英国高等教育具有悠久的院校自治传统，在这一传统影响下，英国高等教育质量保障一直以内部质量保障为主。19世纪30年代以前建立于英格兰的高等教育就是指牛津大学和剑桥大学。牛津和剑桥分别建立于1168年和1209年，办

---

① 易红郡.战后英国高等教育政策研究[M].长沙：湖南师范大学出版社，2012：128.

学经费来自私人和社会捐赠，这使得它们从财政上独立于政府。此外，由教会或英国王室授予的特许状，不能被政府或大学单方面撤回，这也保护了英国大学的自治权[①]。因此，早期英国高等教育的质量并没有外部保障，完全由英国大学进行内部保障。以牛津、剑桥为代表的大学依照大学规章制度开展自我教育活动，选择教师、设置课程和录取学生并授予学位。英国其他大学对质量的要求也常以牛津、剑桥两所大学的质量标准为参照。例如，1832年建立的杜伦大学（Durham University / University of Durham），从办学开始就从牛津大学聘请教师为自己的学校出试卷并阅卷评分[②]。牛津和剑桥固守精英模式，即使在英国完成工业革命之后，依旧以古典教育为主；伦敦大学、杜伦大学等新大学虽然开展工程教育等满足社会需要，但是在质量保障方面也向古典大学看齐，因此大学内部质量保障是当时英国高等教育唯一的质量保障形式。

值得注意的是，自伦敦大学和杜伦大学建立以来，英格兰地区的大学教育不再单一，为各地城市学院的出现创造了条件。19世纪50年代，英格兰和威尔士地区出现了大批的城市学院，这些学院同样不是由政府创办的，而是由本土富商投资或公众筹资办学，为满足本土重要工业产业的需求服务。直到20世纪初，这些城市学院才受到社会认可并升格为具有学位授予权的大学，例如伯明翰大学、曼彻斯特大学、利物浦大学等。这些城市学院的成立是英国大学职能变化的起点。大学不再只为教会和统治者服务，也不再为上层阶级所垄断，而是面向大众，培养适应地方经济发展的实用型人才[③]，这为后来英国高等教育的大众化埋下伏笔。

20世纪60年代，也就是第二次世界大战之后，英国经济急需恢复，对专门人才的需求增加。此外，二战后人口激增、义务教育普及，英国民众对高等教育提出了新的要求，英国原先的精英模式和高度自治模式受到挑战[④]。

1963年，《罗宾斯报告》（The Robbins Report）颁布，拟定了到1980年为止的英国中长期规划，确定了著名的"罗宾斯原则"——"使那些有能力有条件

① 王雁琳.英国大学治理现代化和教育中介组织的变迁[J].比较教育研究，2019，41（11）：27-33.
② 姚云.当代世界高等教育评估历史与制度概览[M].北京：北京师范大学出版社，2013：2.
③ 易红郡.战后英国高等教育政策研究[M].长沙：湖南师范大学出版社，2012：6-7.
④ 唐霞.英国高等教育质量保证体系[M].北京：北京师范大学出版社，2012：33.

有愿望接受高等教育的人获得接受高等教育的机会"，提出了增加大学和学院数量、扩大高等教育招生人数、升格多科技术学院为大学等措施。在高等教育的质量保障方面，《罗宾斯报告》指明必须通过强调成绩和质量使高等教育体制保持尽可能高的标准①。自此，英国高等教育进入大众化时代，大学和学院数量增加，同时学生人数增长也导致院校规模扩大。

高等教育的大众化带来两个重大影响，一是如何保障高等教育的质量成为人们普遍关注的话题，大学要对社会负责的观念开始出现，政府逐步发展了外部质量保障；二是大学院校数量的增加使得政府的财政负担加重，为此英国政府采取了"双轨制"，将大学和非大学（各类学院）分开管理。

对于非大学的多科技术学院和其他各种学院，《罗宾斯报告》提出了建立全国学位授予委员会以及独立拨款机构的建议。1964年，全国学位授予委员会建立，这是英国第一个高等教育外部质量保障的机构，标志着英国高等教育质量保障的兴起。除了承担学位授予的任务，全国学位授予委员会还要对各个学院的课程及其他工作进行评估，确保其课程与相应的大学课程具有同等质量②。

出于对传统的尊重，政府依旧对大学实行了一段时间的"自治"，因此，真正意义上的大学外部质量保障要晚得多。1979年，撒切尔夫人上台，在高等教育大众化、市场化和新公共管理思想的影响下，政府开始加强对整个高等教育，尤其是大学的外部质量保障。1985年，英国政府发布高等教育绿皮书，希望大学在保持学术自由的同时，对社会、教师和学生负责，改善和保障质量。

1988年，英国通过《教育改革法》，对于各类学院，增设多科技术学院基金委员会（PCFC）进行拨款和评估③；对于大学，将原先大学拨款委员会（UGC）改组为大学基金委员会（UFC），与只负责拨款和反映大学诉求的大学拨款委员会不同，大学基金委员会将其对大学的评估结果与大学拨款挂钩。自此，形成了针对大学和各类学院的"双轨制"外部质量保障体系。

大学基金委员会的成立，是政府加强对大学的问责方式。为应对此举，大学校长和副校长委员会（CVCP）于1990年成立了学术审计小组（AAU）对英

---

① 姚云.当代世界高等教育评估历史与制度概览[M].北京：北京师范大学出版社，2013：3.

② 马健生.高等教育质量保证体系的国际比较研究[M].北京：北京师范大学出版社，2014：108.

③ 姚云.当代世界高等教育评估历史与制度概览[M].北京：北京师范大学出版社，2013：5.

国大学的教育质量进行审计。但该组织并不评估大学具体课程和教学，而是对大学内部在质量保障体系进行考察，并且仅针对教学，而不是科研。学术审计小组的审计并不是强制性的，大学可自行决定是否接受审计，以及是否公开审计结果①。尽管大学基金委员会和学术审计小组都是对高等教育进行外部质量保障的第三方组织，但前者受政府委托对大学进行问责，是"政府的代言人"；而后者则是大学自发组织，是"大学的代言人"。可以看出，面对具有强大自治传统的大学，英国政府试图对其增强外部质量保障，但不通过直接干预的方式，而是建立第三方组织作为中介。但即使如此，大学依旧通过自己的方式进行了"反击"。

由于"双轨制"导致了高等教育内部的不平等，影响公平性，英国教育与科技部于1991年发布《高等教育：一个新框架》，宣布取消"双轨制"：停止全国学位授予委员会的工作，允许多所技术学院升格为大学；同时，设立高等教育基金会（HEFC），负责对所有高等教育机构拨款；此外，强调必须对高等教育进行外部质量审核和评估。

以高等教育基金会成立为标志，英国高等教育的外部质量保障体系逐步建立，跨国高等教育的质量保障也在这之后慢慢纳入。由此，英国高等教育的大众化有着以下重要意义：其一，高等教育大众化促使英国重视高等教育质量保障，而英国跨国高等教育的质量保障也在此背景下逐步发展起来；其二，政府为加强对高等教育的质量监督，通过间接方式（高等教育基金会）参与质量保障，为第三方组织参与跨国高等教育质量保障打下制度基础。

二、英国跨国高等教育质量保障的历史演变

20世纪90年代以来，英国跨国高等教育的海外入学人数稳步上升，但与跨国高等教育规模的迅速发展相比，外部质量保障的脚步仍然较慢。加之澳大利亚、美国等在世界高等教育市场的竞争发展，英国政府意识到，只有保持高水平的质量才能确保英国高等教育声誉，以稳固英国在海外高等教育市场的地位。1995年开始，英国跨国高等教育质量保障正式启动，经历了海外审计、合作办学审计和风险评估与合作三个阶段。

---

① 马健生. 高等教育质量保证体系的国际比较研究 [M]. 北京：北京师范大学出版社，2014：109.

（一）海外审计阶段（1995年—2005年）

英国大学的办学自主性较大，获得学位授予权后就可以自主开展各种性质的办学活动。因此，英国大学在海外的跨国高等教育项目发展迅速。到了20世纪90年代，英国大学的境外办学项目已达数百个。这一阶段，办学模式多为学生在当地教育机构读完所有课程，或者是"2＋2""3+1"模式，即学生在当地机构就读2—3年后，再到英国大学就读剩下的2年或1年课程。英国政府将跨国高等教育视为吸引国际学生、开拓境外教育市场的路径之一。为保障英国高等教育的国际声誉，英国政府开始重视跨国高等教育的质量保障。由于跨国高等教育同时也是高等教育的一部分，其质量保障工作主要由高等教育质量委员会（后更名为质量保障署）负责，质量保障的方法也依照高等教育的机构评估（Institutional Review）方案进行，称为海外审计（Overseas Audit）。

海外审计可以追溯到20世纪90年代中期，在一定程度上是为了满足人们越来越多的担忧。英国需要外部质量保障措施来确保英国高等教育机构有效地管理海外合作伙伴关系，而且提供的学位标准可以直接与英国学生在国内参加的课程相对等。

1992年，英国成立高等教育质量委员会（Higher Education Quality Council, HEQC），通过机构评估的方式对英国高等教育质量进行统一的评估和认证。高等教育质量委员会自1996年开始对英国跨国高等教育展开以国家/地区为单位的海外审计。1995年10月，高等教育质量委员会首次颁布了《高等教育境外合作办学实施准则》（简称《合作办学准则》），对高等教育机构在境外从事合作办学如何保障教育质量和教学水平提出了一些意见和建议。

1996年，高等教育质量委员会对《合作办学准则》进行了修订，面向英国已经（或正在考虑）与其他国家的大学或学院建立教育合作伙伴关系的高等教育机构，提供质量关于和标准的建议，并开始了对英国跨国高等教育的海外审计之路。《合作办学准则》明确了跨国高等教育的责任归属、合作对象的选择、合同签订注意事项以及财务安排等事务。第一，在责任归属上，学位和资格证书的授予者（英国高等教育机构）对办学的质量和水平负有全部责任。第二，在合作办学对象的选择上，英国大学必须了解以下内容：对方国家的有关法律；高等教育体制及合作对象在这一体制中的地位；对方国家是否承认其他国家的学位和资格证书（尤其是英国的）；对方国家高等教育的发展及其办学形式。第三，在合同签订上，双方必须签订具有法律效力的合同，合同必须明确说明对方对办学质量和水平所承担的责任、义务和各阶段双方在人、财、物方面的投入。第四，在财务上，英国大学向合作对象收取一定的费用，以支付其在该项目中所提供的各项服务。

对于跨国高等教育项目的内部质量保障，高等教育质量委员会要求英国大学做到以下几点：定期考察各项办学条件，确保合同的有效实施；明确项目的行政管理机制，提供项目实施和日常管理的可靠信息；聘请外部专家进行评估；在学术和行政方面提供足够支持，定期安排学术人员和行政人员互相访问，保持一种活跃的、有效的合作关系；在当地指定一个代表或设立一个常设机构；了解或参与当地聘用合作课程教师的程序；双方具有通常的通信手段；制定当地学生提出申诉的程序，允许学生向英国大学申诉。此外，高等教育质量委员会还强调跨国高等教育项目必须在学生入学标准、课程、学制、管理和评估方面做到和英国一致[①]。

1997年，高等教育质量委员会正式改组为高等教育质量保障署（Quality Assurance Agency，QAA）。QAA是一个独立的非政府组织，由大学、学院及相关委托合约活动资助。QAA的职责是保障英国高等教育学位的标准并定期对高等教育机构进行审计和审查，以证明其提供了符合学术标准并且管理良好的高等教育。QAA对各个机构进行定期的学术质量评估，以审查确保质量和标准的安排的运作和有效性。作为此过程的一部分，QAA接替高等教育质量委员会继续审计英国高等教育机构与海外高等教育机构之间的合作伙伴关系，评估英国机构如何有效地维持学位的标准以及这些项目的质量。审计有助于提高人们对在海外运营的英国大学和学院工作的信心，英国也开始了更为积极的海外质量保障程序。

在1996—2005年，QAA访问了26个国家，开展了100余次审计。QAA的海外审计是基于合作伙伴关系开展的逐国审计。审计的国家则根据当前伙伴关系活动的范围和规模以及英国跨国高等教育发展的重要性来选择。审计的重点放

---

① 教育部外事司综合处据驻英使馆教育处. 英国在境外办学的有关情况[J]. 世界教育信息，1998（7）：19-21.

在英国大学作为海外高等教育学位授予机构的角色，考察了英国大学用来确保其学位标准的机制，以保证学生获得与英国境内校园提供的相媲美的学习体验。

海外审计的质量标准方面，主要以QAA发布的《高等教育学术质量和标准保障实施准则》为基础。《高等教育学术质量和标准保障实施准则》是英国学术规范体系（Academic Infrastructure, AI）的一部分，由高等教育质量保障署和高等教育机构共同开发作为英国高等教育的质量标准。英国学术规范体系是英国高等院校制定校内学术标准、保障内部教育质量的重要指导原则和参考依据，同时也是外部质量保障的重要依据，主要由四个部分组成，分别是高等教育资格框架（Framework for Higher Education Qualification）、学科基准说明（Subject Benchmark Statement）、专业说明（Programme Specification）、《高等教育学术质量和标准保障实施准则》（Code of Practice for the Assurance of Academic Quality and Standards in Higher Education）。同时，英国高等教育质量保障也参考《欧洲高等教育区质量保障和标准原则》（Standard and Guidelines for Quality Assurance in the European Higher Education Area, ESG）和其他国际标准[①]。

QAA于2002年颁布了新的质量保障框架（Quality Assurance Framework），包括质量控制、质量审核和质量评价三个部分，涉及跨国高等教育的是机构审计与合作办学审计[②]。2004年，QAA修订并发布的第二版《高等教育学术质量和标准保障实施准则》（简称《实施准则》），其中包括了第2节"合作提供和灵活分布式学习（包括电子学习）"［Collaborative Provision and Flexible and Distributed Learning（Including E-learning）］首次对跨国高等教育的质量标准进行阐述。这提供了一套从机构最佳实践中衍生出来的参考标准，从而定义了海外课程的标准。海外审计团队根据该质量标准来判断英国跨国高等教育在多大程度上达到了《实施准则》的要求，并以尽职调查和谨慎的态度行使授予学位的权力。

海外审计的具体流程方面，主要是审计对象的选定和审计活动的开展。确定一个或多个国家作为审计的对象是海外审计流程的起点。选择国家的依据是英国跨国高等教育活动的规模，以及随着时间的推移提供有效的全球覆盖的需

---

① 马健生.高等教育质量保证体系的国际比较研究[M].北京：北京师范大学出版社，2014：115-116.

② 唐霞.英国高等教育质量保证体系[M].北京：北京师范大学出版社，2012：61-63.

要。公众对英国高等教育提供的担忧或具体的困难也是QAA选择东道国的影响因素。一旦被选中，QAA邀请所有英国大学提供它们与该国合作伙伴的合作信息，包括合作伙伴办学的时间长度、向学生提供的课程范围以及每个课程的数量等。基于这些信息，QAA选择一定数量的英国大学参加审计，被选中的大学可以选择自己提供一系列不同类型的跨国高等教育项目、不同的学习计划以及不同的所涉学生人数。在可行的情况下，QAA也尝试从英国四个地区分别选取具有代表性的大学。被选中参加审计的大学需要对它们与海外合作伙伴的跨国高等教育项目进行自我评估，明确大学为管理其伙伴关系而采取的行动，并提供对审计有价值的其他补充信息①。

实际的审计活动分为两部分。第一部分，审计小组参观选定的每一所英国大学，并与高级领导会面，讨论这些大学在国际发展方面的战略意义。他们亦会与负责跨国高等教育的管理者，以及任何与推行跨国高等教育项目相关的教职员会面。对于学生需转到英国完成学业的情形（一些跨国高等教育项目要求学生在英国本土的大学就读1—2年），审计小组还与在英国参加跨国高等教育项目的学生交谈，听取他们对学习经历和转学安排的看法。同时，在对大学的访问过程中，审计小组也开展更详细的文件资料审查。

第二部分是对海外合作伙伴的访问。海外访问的目的在于评估这家英国大学在海外提供的跨国高等教育项目实践情况。审计小组将会见负责合作管理的工作人员、与行政部门打交道的人员、在该项目上授课的教职员工以及具有代表性的学生群体。QAA明确表示，这一过程的终点不是对合作机构的审计，而是了解这家英国大学如何确保给当地学生提供与英国相当的学位质量和标准。

最后，QAA发表有关海外审计的报告。报告由审计小组成员撰写，其中包括总结意见，确定对跨国高等教育质量和标准给予的信任程度；报告还确定了良好做法的具体特点，以及进一步发展空间。

QAA还负责对跨国高等教育不当行为的指控做出回应，并且具有原则上的权力对高等教育机构开展调查。例如，QAA在2000年回应了全国高等师范教师协会针对德比大学及其以色列机构合作伙伴机构提出的指控。这类质疑对QAA

---

① JACKSON S. The quality assurance of transnational education : the UK experience of QAA overseas audit[J]. Quality Audit and Assurance for Transnational Higher Education，2006：11-20.

而言是一种考验。尽管 QAA 将评估小组派往海外项目，以便进行与英国本土同等的质量评估。但是，与英国本土的机构评估不同，这种跨国高等教育的监督不是强制性的，英国大学和学院可以自愿并经过其海外合作伙伴的同意后接受 QAA 的海外审计。在这些自愿的评估中，QAA 发现了英国跨国高等教育在海外的学术标准变化，以及英国高等机构与其离岸合作伙伴之间在职责范围上的混淆[①]。

（二）合作办学审计阶段（2005年—2013年）

2005 年开始，QAA 对跨国高等教育的外部质量保障方案也进行了更新，将跨国高等教育的海外审计改为英国大学的合作办学审计（Collaborative Provision Audit），主要适用于英格兰和北爱尔兰，直到2014年新的海外评估方案出台后结束。

2005 年开始，跨国高等教育的质量保障问题开始受到重视，体现在三个层面：一是质量标准层面，QAA 明确并不断更新针对跨国高等教育的质量标准条款；二是实践监督层面，QAA 对跨国高等教育实行部分独立的合作办学审计；三是战略层面，第二个首相计划的发布表明政府开始从战略上重视跨国高等教育质量保障，英国文化协会等第三方组织也开始跨国高等教育的数据建设工作。总体上，英国致力于将跨国高等教育定位为"既是发展业务又是良好业务"[②]，不仅在规模上不断发展，在质量上也力求保持高水准。

在质量标准层面，随着英国高等教育质量标准的整体变迁，跨国高等教育的质量标准也越来越有针对性。这一时期，英国高等教育的质量标准由学术规范体系更新为《英国高等教育质量准则》（The UK Quality Code for Higher Education），而跨国高等教育的质量标准也由《合作提供和灵活分布式学习（包括电子学习）》和《基于工作的学习和安置学习》（Work-Based and Placement Learning）更新为《B10章：管理合作提供的高等教育》（Chapter B10 Managing Higher Education Provision with Others）。

---

① COLEMAN D. Quality assurance in transnational education[J]. Journal of Studies in International Education, 2003, 7（4）: 354-378.

② The Observatory on Borderless Higher Education. UK launches new international education strategy : what role is envisaged for higher education[EB/OL].（2004-11-22）[2020-03-18]. http : // www.obhe.ac.uk/ documents/view_details?id=417.

2007年，QAA颁布了第9节《基于工作的学习和安置学习》对跨国高等教育的质量标准进行了补充。2010年，QAA对《高等教育学术质量和标准保障实施准则》中的第2节《合作提供和灵活分布式学习（包括电子学习）》进行了更新。

之后，政府于2010年颁布的《布朗报告》和2011年颁布的白皮书《学生是系统的核心》，对QAA的工作产生了重大影响，人们更加关注如何管理和验证高等教育质量。在2011年至2013年之间，QAA与高等教育部门进行了磋商，于2013年开始实施一项修订的《英国高等教育质量准则2013—2018》（The UK Quality Code for Higher Education 2013—2018）以取代原先的整个学术规范体系。《质量准则2013—2018》包括三个部分，分别是《A部分：制定和维护学术标准》《B部分：确保和提高学术质量》《C部分：有关高等教育的信息》①。同时，QAA开发了一种适用于英格兰和北爱尔兰学位授予机构的新的机构评估（Institutional Review）方法。

在《质量准则2013—2018》中，针对跨国高等教育质量标准也发生了变化，《B10章：管理合作提供的高等教育》代替了第2节《合作提供和灵活分布式学习（包括电子学习）》和第9节《基于工作的学习和安置学习》，更加集中地明确了特别针对英国跨国高等教育的质量保障标准。尽管《质量准则2013—2018》一直在更新（最新版发布于2018年），但《B10章：管理合作提供的高等教育》沿用至今。这些质量标准为跨国高等教育的内部质量保障提供了参考基础，也是外部评估工作的依据。

在实践层面，QAA将海外审计纳入合作办学审计。合作办学（Collaborative Provision）指"与其他组织合作授予的学位、学分或学位授予机构"，合作办学审计通常考察具有学位授予权的院校在与其他院校或组织合作办学时，是否保持授予学位（学分）的高标准，因此其审计对象包括英国在海外的跨国高等教育。英国的跨国高等教育数目众多，一般由英国有学位授予权的院校在海外提供，尽管综合的机构评估已经包含了合作办学审计，但QAA认为，合作办学审计不能仅仅作为一般机构审计的一部分来考察。QAA选择两种方式，一是单独

---

① The Quality Assurance Agency for Higher Education. The UK quality code for higher education 2013—2018 [EB/OL]. [2020-03-18]. https://www.qaa.ac.uk/quality-code.

审计院校的合作办学项目，二是将合作办学审计放入院校审计中；至于最终选择哪种形式，需要视具体情况而定，如果有独立的合作办学审计，一般在院校审计的一年之前[①]。合作办学审计和机构评估类似，也包括三个阶段——准备阶段、审查阶段、报告阶段，该审计方案一直持续到2014年。

在战略层面，英国政府对跨国高等教育的意义有了新的认识，尤其重视质量保障问题。2004年，英国政府发布了《将世界融入世界一流的教育》（Putting the World into World–Class Education）国际战略，该文件提出了一种愿景，即"国际层面"是所有人的"学习经验中非常重要和真实的一部分"，关于所有层次的教育，采用了更广泛的"国际"概念。重点是英国机构与个人以及国外机构之间的伙伴关系，以及追求发展目标。这是教育与技能部或其前身首次发布明确的国际战略。该文件关于全球化及其含义进行了论述："认识到我们都是国际社会的一员，彼此负有责任，这不是浪漫的言论，而是现代的经济和社会现实。"战略不仅简单地敦促英国在全球舞台上竞争，还以三个目标的形式提出了更广阔的视野。目标一是"使我们的孩子，年轻人和成年人在全球社会中生活，并在全球经济中工作"；目标二是"与我们的国际伙伴合作以实现他们和我们的目标"；目标三是"最大限度地提高我们的教育和培训部门以及大学研究对海外贸易和对内投资的贡献"。目标一和目标三并不是新的观点，但目标二中国际发展第一次被定位为英国政府教育战略的一部分[②]。战略尤其重视英国高等教育的跨国交付，强调离岸的英国高等教育必须具有与英国相同的高质量，而QAA将证明此类课程在海外的质量，并且政府将鼓励学校更系统地应用QAA评估程序。尽管战略并没有指明具体的质量保障实践操作，但定下了跨国高等教育质量保障的基调，即由政府进行战略部署，QAA等第三方组织推进具体的质量保障实践。

英国文化协会认识到关于跨国高等教育的程度、性质和影响方面的数据很少，参加跨国高等教育的学生偏好调查也很欠缺，因此委托跨国教育营销公司

①　马健生. 高等教育质量保证体系的国际比较研究 [M]. 北京：北京师范大学出版社，2014：141.

②　The Observatory on Borderless Higher Education. UK launches new international education strategy：what role is envisaged for higher education[EB/OL].（2004-11-22）[2020-03-18]. http：//www.obhe.ac.uk/documents/view_details?id=417.

JWT Education对英国跨国学生的决策过程进行研究，该研究旨在收集跨国学生的详细资料（年龄、就业、收入、资金）及其期望（质量、学生支持、交付方式、成本、学位价值、所在国政府/雇主的观点）[①]。自此，英国开始进行跨国高等教育的数据建设工作。

2006年，英国首相托尼·布莱尔（Tony Blair）宣布了第二个首相计划（Prime Minister's Initiative 2，PMI 2），强调跨国高等教育对英国高等教育国际化的重要性，并将质量保障放在首位。第二个首相计划提出国际学生的招生目标："到2011年，吸引10万名国际学生到英国"。这是在第一个首相计划的成功基础上提出的宏伟目标。第一个首相计划（PMI）启动于1999年，目标是吸引5万名国际学生到英国；而在第一个首相计划实施后的5年内，赴英国学习的外国学生人数增加了7.5万人，超出该计划的目标近50%。第一个首相计划的成功使得英国政府对高等教育国际化更为雄心勃勃，同时，也开始将国际化的战略从招收国际学生扩展到其他方面。英国政府意识到在竞争日益加剧的情况下，不能过分依赖海外留学生招生，因此呼吁开展更多国际化活动，实现合作伙伴多样化。而跨国教育构成了英国的出口产业的重要部分，其预估价值超过100亿英镑（179亿美元），对英国而言是一项长期利益，并且能够帮助英国洞察国际学生市场的脆弱性。第二个首相计划（PMI 2）比第一个首相计划范围更广，目标更远大。第二个首相计划获得了将近2700万英镑（4800万美元）的资金来开展广泛的国际合作，旨在提高英国在国际舞台上的竞争力。合作对象包括英国与印度、中国、俄罗斯等，其中英国与印度的合作研究和教育计划预算为1700万英镑，英国与中国的伙伴关系计划预算为200万英镑[②]，英国与俄罗斯合作的总体目标是建立55个英俄伙伴关系（最后超额完成，总共建立了58个合作伙伴关系）[③]。

---

① The Observatory on Borderless Higher Education. UK launches new international education strategy : what role is envisaged for higher education[EB/OL].（2004-11-22）[2020-03-18]. http ://www.obhe.ac.uk/documents/view_details?id=417.

② The Observatory on Borderless Higher Education. Bigger, broader, better? UK launches the second phase of the Prime Minister's Initiative for international education[EB/OL].（2006-04-21）[2020-03-18]. http ://www.obhe.ac.uk/documents/view_details?id=242.

③ Department for Business Innovation & Skill. Evaluation of the UK-Russia BRIDGE programme : final report[R]. 2010：1.

第二个首相计划反映了英国政府对英国高等教育国际化战略做出了两大重要转变。第一个转变在于扩展了"国际化"概念。在1999年的第一个首相计划时期，"国际化"概念仅限于招收留学生，而计划也几乎只专注于招收国际学生的做法。第二个首相计划引入了更广泛的"国际"概念，将其扩展到不仅仅是从学生流动性中获得收益，而是着眼于巩固在英国和海外提供的英国教育的长期声誉。吸引国际学生的能力将越来越取决于教育的质量和价值，重点是确保学生体验的质量。随着国际学生流动性的增加和跨国高等教育市场越来越复杂和激烈的竞争，英国不能被描绘成"将海外的教育视为摇钱树"[①]，而应当是为致力于推动英国精神的高质量教育而开展合作。此后，英国正式开始重视跨国高等教育质量保障各项工作。

第二个转变是强调英国机构与国外机构之间建立合作伙伴关系。新首相计划认为跨国交付将发挥越来越大的作用。尽管计划没有明确提及创收，但提出了"建立新的关系，从而为未来建立更牢固的基础"的观点，强调与海外个人和机构建立战略伙伴关系和联盟。例如，新的英印教育研究计划（UKIERI）获得1200万英镑（2140万美元）的政府资金支持和近500万英镑（890万美元）私人投资。在计划实施的五年中，英印教育研究计划将资助一系列分散的博士课程、研究奖学金和学术交流，支持70个自然科学和社会科学领域的新双边研究项目，并启动40个英国和印度机构之间的新联合学位课程[②]。

作为新的国际教育战略，2006年的首相计划是英国政府的一次尝试，试图将重点从通过学生强流动性获取的短期创收转移到确保在英国和海外提供的英国跨国教育的长期声誉和质量上。同时期，澳大利亚修订了《国际留学生国际行为守则》，强调"可以提供优质教育的道德承诺"，并且已经着手为跨国高等

---

① 　The Observatory on Borderless Higher Education. Bigger，broader，better? UK launches the second phase of the Prime Minister's Initiative for International Education[EB/OL].（2006-04-21）[2020-03-18]. http：//www.obhe.ac.uk/documents/view_details?id=242.

② 　Universities UK. UK-India Education & Research Initiative（UKIERI）[EB/OL].（2008-10-16） [2020-03-18]. http：//www.obhe.ac.uk/documents/view_details?id=258.

教育引入国家质量战略①。尽管英国尚没有类似的方案，但第二个首相计划和其他组织的一系列举措，都是英国在跨国高等教育质量保障方面的早期创新尝试。

无国界高等教育观察站（The Observatory on Borderless Higher Education, OBHE）认为，竞争力的关键在于实现商业目标与发展目标的创造性契合，具体路径包括提供模式多样化（例如将离岸交付与传统学生流动性结合起来）、改善两者的数据收集（在岸和离岸）提供、质量保证和影响评估，以及加强与更多机构的协调。政府应当重视英国文化协会等组织在新首相计划中所扮演的角色，并研究改革将在何种程度上成功地将重点从1999年第一个首相计划的创收方向转移到更广泛的国际化和更长期的利益方向②。

（三）风险评估与合作阶段（2013年至今）

2013年起，英国跨国高等教育进入战略性、长期性发展阶段，英国跨国高等教育的质量保障也随之进入了新阶段。这一阶段的英国政府和第三方组织积极合作，通过确立英国质量标志、重视风险要素、完善数据库建设、开展国际合作等方式，全方位加强英国跨国高等教育质量保障。

2012年，伦敦大学学院前副教务长迈克尔·沃顿（Michael Worton）在《法国校园》文章中指出："只有少数英国大学将在海外设立校园，但所有大学都将进入新型校园与国外的大学、公司和企业、非政府组织和政府建立伙伴关系。"他认为，（英国与东道国）伙伴关系现在变得更具战略性、长期性和持续性，而不是像过去那样是机会主义和短期的③。英国大学采取更灵活、协作的方式为国外教育提供服务的努力，标志着跨国高等教育及其质量保障发展进入一个新的重要阶段。

第一，英国教育的质量风筝标志确立。2013年，英国文化协会提出与英国商业、创新与技能部（BIS）、英国贸易投资部［UK Trade & Investment, UKTI, 现为国际贸易部（Department for International Trade）］紧密合作，树立"英国教

---

① The Observatory on Borderless Higher Education. Australia considers a national quality strategy for transnational higher education—will this leave the competition behind?[EB/OL]. （2005-05-13）[2020-03-18]. http://www.obhe.ac.uk/documents/view_details?id=383.

② GARRETT R. Delivery by UK higher education, part 2: innovation & competitive advantage[R]. Redhill, Surrey: The Observatory on Borderless Higher Education, 2004: 17.

③ WORTON M. UK higher education today and place of internationalization[J]. Repéres 2012, 5（15）.

育"品牌，以进一步开拓离岸新市场。BIS也建立了一个新部门——Education UK，以实现离岸教育出口行业的"未开发"潜力。在质量保障方面，BC的教育与社会主任乔·比尔（Jo Beall）博士提出与BIS、UKTI协商，以"保护和增强……面向国际学生的英国教育的品牌影响力"，英国跨国高等教育教育提供者和相关的职业培训授予英国教育的质量标志——质量风筝（Quality Kitemark）①。

第二，由于规模的不断扩张和风险的日益复杂化，政府提出风险要素在跨国高等教育中的重要性。QAA积极推进跨国高等教育质量保障的新方案，重视建立数据库来进行风险分析，采取预期评估计划。英国跨国高等教育的风险要素首先由英国政府的战略报告提出。2013年7月，英国政府发布《国际教育：全球增长与繁荣》（International Education: Global Growth and Prosperity）战略报告。该战略认为，三个因素驱动跨国高等教育的质量保障：首先，英国跨国高等教育的需求增长，使英国维持并证明其教育出口的质量越来越重要；其次，英国跨国高等教育交付的不同模式以及遵守当地监管框架的需求，呈现出越来越复杂的风险；其次，尽管保障跨国高等教育的质量是每个机构的责任，但不进行外部质量保障可能会对每个机构产生负面影响。因此，该战略要求跨国高等教育的质量保障"大大加强基于风险的要素，以便将资源和关注集中在最需要的地方"②。这是英国官方文中第一次出现"基于风险"（Risks Based）的措辞，而后，风险要素被视为英国跨国高等教育质量保障的重要分析维度。

尽管这是英格兰的一项战略，但它为跨国高等教育带来的经济机会以及加强质量保障的推动力，同样适用于英国其他地区。参与跨国高等教育的学生重视英国的教育品牌和英国的教育经验，但在许多海外国家/地区，市场对个别英国机构的认识很有限。在高等教育的权力下放制度下，英国不同地区的机构评估程序具有灵活性，这是源自各地区教育政策的差异。但总体而言，所有程序均与英国高等教育质量准则保持一致，该准则是所有英国高等教育提供者的最终参考点。

---

① The Pie News. Amy Baker : British Council to work closely with new Education UK unit[EB/OL]. [2013-1-28]. https : //thepienews.com/news/british-council-to-work-closely-with-new-education-uk-unit/.

② HM Government. International education : global growth and prosperity[R]. London : HM Government，2013：33-47.

为回应政府的战略要求，QAA与英国高等教育国际部门（International Unit, IU）于2013年12月就跨国高等教育质量保障的方法进行了面向全社会的咨询。该咨询活动由来自QAA、IU、Guild HE、英格兰高等教育基金委员会和BIS的代表组成的咨询小组执行。咨询活动于2013年12月16日开始，2014年3月10日结束，持续12周，围绕主题——"加强跨国高等教育的质量保障需要什么"展开。咨询对象包括英国高等教育界的机构、学生和个人，也有其他对英国跨国高等教育质量保障感兴趣的组织或个人，包括英国以外的政府部门或质量保障机构[①]。

2014年，QAA和高等教育国际部发布了2013年咨询获得的结果报告，报告认为机构评估（Institutional Audit）仍然是一个整体过程，应按比例将跨国高等教育纳入。如此一来，机构评估小组的总结性判断就能反映对跨国高等教育的评估。报告提出，跨国高等教育评估（Overseas Reviews）和机构评估流程应相互补充，并紧密结合；跨国高等教育评估报告与机构评估过程之间的联系需要加强；由于跨国高等教育的多样性，其评估结果不应当导向一个粗略的价值判断，而应当以建议为主，并将优质的跨国高等教育项目作为案例，公开分享经验。此外，QAA从2014年度开始采用新的质量保障方法。在初步分析阶段，QAA通过对英国在各东道国家/地区的跨国高等教育风险分析制定未来三年的预期评估计划（Prospective Review Programme），并且事先公布该计划，以提高评估的透明性[②]。

风险分析有赖于强大的数据库支持。跨国高等教育呈现指数级增长趋势，这种增长不仅体现在新跨国高等教育的数量上，也体现在合作伙伴关系和交付模式的新形式上。然而，对这些新发展的研究和监测并未跟上变化的速度。英国意识到跨国高等教育的数据和信息较为缺乏，尤其是东道国的跨国高等教育办学信息。

自2015年开始，英国开始重视跨国高等教育的数据收集工作。过去，英国

---

① The Quality Assurance Agency for Higher Education. Strengthening the quality assurance of UK transnational education consultation[R]. Gloucester：QAA，2013：2-3.

② The Quality Assurance Agency for Higher Education. Strengthening the quality assurance of UK transnational education consultation Report[R]. 2014：1-25.

跨国高等教育的数据分为两个收集渠道，一是HESA根据每年的离岸总记录提供了一些总体信息，二是开展跨国高等教育的大学提供给QAA其他数据进行补充。QAA认为这两种渠道的信息不足以满足不断扩大的跨国高等教育规模，要求跨国高等教育运行机构按照统一的模板进行记录，以便建立统一的数据库。

为支持英国跨国高等教育的数据库发展，英国的第三方组织也积极开展跨国高等教育数据方面的相关研究。

2015年，英国高等教育国际部和英国文化协会联合发起的HE Global基于对所有2014/15年度交付TNE的英国跨国高等教育提供大学的详细调查，以及12个案例数据研究，为英国大学和该领域的政策制定者提供了证据，展示了英国跨国高等教育广泛而多样的模式和合作伙伴关系①。2017年，英国文化协会和DAAD于2017年委托约翰·麦克纳马拉和简·奈特调查10个东道国和3个提供国的跨国高等教育数据收集系统、特点和能力，倡导跨国高等教育的参与国家发起承诺和行动，以便统一跨国高等教育模式和计划的一系列共同定义，并采用更系统的方法来收集数据②。

随着英国高等教育质量准则的更新，英国跨国高等教育质量保障也开启了区域和国际合作，以便加强跨国高等教育的信息共享、合作交流，促进学位和专业资格的国际认可。

2018年以来，新《质量准则》（The Revised UK Quality Code for Higher Education）公布，包括建议与指导（Advice and Guidance）、学科基准说明（Subject Benchmark Statements）、资格和学分框架（Qualifications and Credit Frameworks）、支持资源（Supporting Resources）四个部分。而英格兰地区也推出新监管框架（Regulatory Framework for Higher Education in England）③，并且创建学生办公室（Office of Students），对跨国高等教育质量保障的方式产生了影响。2019年4月，学生事

---

① British Council, HE Global, International Unit. The scale and scope of UK higher education transnational education[R]. London：British Council，2016：6.

② British Council. Transnational education data collection systems[R]. London：British Council，2015：6-11.

③ Office for Students. The regulatory framework for higher education in England[EB/OL].（2018-04-02）[2020-03-18]. https：//www.officeforstudents.org.uk/advice-and-guidance/regulation/the-regulatory-framework-for-higher-education-in-england/.

务办公室（Office of Students, OfS）发布的2019—2020年商业计划（Business plan 2019—2020）为跨国高等教育开发了一种监管方法[①]，该方法保留了原先的质量评估框架（例如高等教育质量准则）内容，也采取了一些新措施，主要是大力推进英国跨国高等教育的国际合作质量保障。

例如，英国与主要合作伙伴国家/地区合作以实现学历的相互认可。BIS与英国国家学术认可信息中心（UK NARIC）合作，开展了多边协议、网络和倡议，以提高英国的学历的国际认可，包括欧洲区域相互承认高等教育学历的《里斯本公约》《博洛尼亚进程》，以及《亚欧会议》（欧洲联盟与亚太区域认可协议之间的一项倡议）。英国与包括阿拉伯联合酋长国、西班牙、俄罗斯、印度和智利在内的许多国家进行双边讨论，以解决有关相互承认资格的一些具体双边问题。

此外，HE Global提供综合咨询服务，主要是来自合作伙伴组织的专家建议、指导和情报，支持英国高等院校开展和扩展其海外跨国高等教育。其中，HE Global主要的合作伙伴包括高等教育国际部（the HE International Unit）、英国贸易投资总署（UKTI）、英国文化协会、科学与创新网络（the Science and Innovation Network）、英国出口融资（UK Export Finance）、高等教育质量保障署（the Quality Assurance Agency）和英国研究委员会（Research Councils UK）。HE Global将在未来继续促进跨国高等教育在国内和国际上具有战略性和持续性的高等教育出口，以提高其吸引力和发展潜力[②]。

总之，从海外审计到合作办学审计再到基于风险的评估，英国跨国高等教育质量保障是与时俱进的。在政府的战略重视、第三方组织的实践推进和英国高等教育机构的积极配合过程中，英国不仅在跨国高等教育的发展上占据世界市场的领导地位，而且在跨国高等教育的质量保障上受到国际认可，其主要的第三方组织QAA在多个跨国高等教育国际质量保障网络中扮演领导角色，指导各国开展跨国高等教育质量保障。

---

① Office for Students. Business plan 2019-2020[R]. London：Office for Students，2019：1-14.

② HM Government. International education：global growth and prosperity[R]. London：HM Government，2013：33-47.

第二节　英国跨国高等教育质量保障的现状挑战

在英国跨国高等教育需求增长的背景下，QAA多次启动加强英国跨国高等教育质量保障的咨询，与高等教育部门进行了关于挑战的探讨。本节将在分析英国跨国高等教育及其质量保障的现状基础上，以QAA的咨询报告和调研为基础，阐述英国跨国高等教育质量保障的发展现状和挑战。其中，外部质量保障的挑战是QAA在对跨国高等教育项目和机构的质量审查过程中面临的问题，内部质量保障的挑战则是跨国高等教育的提供者在内部质量保障过程中遇到的困难。

一、英国跨国高等教育的整体概况

本研究的英国跨国高等教育特指英国高校在东道国向别国学生提供有偿教育服务。英国通过多种交付模式为东道国学生提供跨国高等教育，主要可分为三类。

（一）在线/远程学习（Online/Distance Learning）

英国的大学向东道国的学生提供教育，没有一方实际跨越国界。伦敦大学从19世纪中期开始就通过函授（有本地支持）向境外学生提供远程学习；现在，网上或虚拟教育（无本地支持）也允许学生进行远程学习。

对于在线/远程学习的质量保障，主要由办学者通过适当的安全控制，例如确保提交作业或考试的学生身份等方式，使英国大学完全控制教育服务的交付过程。不过，开发在线课程的成本也因此可能很高。

（二）当地合作伙伴关系（Local Delivery Partnerships）

英国大学与东道国的高等教育机构开展合作伙伴关系，交付模式以特许经营项目（Franchised Delivery）和授证许可项目（Validation）为主，也包含联合学位、双学位或多学位等形式的项目。

其中，特许经营是指英国大学同意授权东道国当地的高等教育机构交付自己的部分或全部的项目，由英国大学保留一切评估与考察权限，对课程内容、教学与评估策略、评估制度以及质量保证负直接责任。经济上是一种进入新市场的廉价方法，但是如果英国大学和合作伙伴（通常是私立营利性大学）的目标各不相同（例如，学术质量与利润最大化），则经常会出现问题。

授证许可是指英国大学认可由开发和交付东道国当地的高等教育机构开发的项目，认证该项目具有适当的标准和质量。授证许可一定程度上是特许经营的一种变体形式，它不是由英国大学开发和许可课程，而是由东道国合作伙伴开发课程，并且通过英国大学的认证流程，该课程被认为与英国大学的课程相同，因此英国大学允许合作伙伴提供自己的大学学位课程。

（三）实体存在（Physical Presence）

实体存在是指英国大学在东道国通过建立海外分校（Branch Campus）、学习中心（Study Centre）、派遣飞行教师（Flying Faculty）等形式提供高等教育服务。其中，海外分校是实体存在的主要交付模式。英国大学在东道国建立的卫星校园成为海外分校，为当地学生提供教育。在大多数情况下，海外分校是相当于英国大学在东道国成立的一家新"公司"，与当地的企业伙伴合作，后者提供部分资本和其他当地资源来启动海外分校。从表面上看，英国大学在海外分校方面比授予许可获得更多的学术质量控制权，但是财政投资可能是巨大的，许多海外分校面临着大学的学术目标与合资伙伴更为公开的商业目标之间的紧张关系。

目前，英国跨国高等教育有通过在线/远程学习、当地伙伴关系和海外实体存在三种形式，几乎涵盖所有学术领域的本科、硕士和博士三个教育层次，不仅有全日制项目，还有在职学习项目。2019年，英国已经成为跨国高等教育的世界领导者。HESA的最新数据显示，仅在2018—2019年，英国的142所大学在海外提供了英国留学课程，近67万名学生在英国以外的英国高等教育跨国高等教育项目中注册。如表2-1所示，英国高等教育机构于2018—2019年海外招生共计666820名，与2017—2018年相比下降了4%。其中，参加在线/远程学习的学生有120365名，在海外分校注册的学生有28985名。在所有境外注册学生中，77.6%的学生正在通过其他形式（包括海外合作伙伴机构等）进行学习。

表2-1　英国高等教育机构海外招生数量和分布（2018—2019年）[1]

		学生人数	比例/%
在英国高等教育机构注册	海外分校	28985	4.35
	在线/远程学习	120365	18.05
	其他形式（例如合作伙伴关系）	164470	24.66
	在英国高等教育机构注册的学生总数	313820	
不在英国高等教育机构注册但获取学位	海外合作伙伴机构	347490	52.11
	其他形式	5510	0.83
	获取英国高等教育学位的学生总数	353000	
总计		666820	100.00

英国跨国高等教育有各种交付形式和规模，多元的跨国高等教育反映了英国的合作伙伴国家、潜在学生以及英国大学的规模、需求和兴趣。英国跨国高等教育针对不同国家/地区的办学环境，为学生量身定制课程项目，用不同的教学模式为那些无法前往英国攻读学位的学生提供英国的优质教育。

英国在海外提供跨国高等教育的大学中，招生数量前十位如表2-2所示。其中，在牛津布鲁克斯大学注册的学生占海外注册学生总记录的39%，大多数是在英国特许公认会计师公会（ACCA）项目的海外合作伙伴中注册的第一学位学生，ACCA项目是指学生在牛津布鲁克斯大学获得高级会计学位的入学申请[2]。该学位注册是在学生获得ACCA专业资格的三级证书后自动触发的，并且学生在10年内完成考核要求才能获得学位，因此这些学生中的许多人都不活跃，并且没有完成补足学位所需的论文。伦敦大学和开放大学都有大型的离岸课程，前者提供"外部"学位（当地授课但由伦敦大学审查），而开放大学则对离岸提供者的课程进行验证。诺丁汉大学、赫瑞-瓦特大学和米德尔塞克斯大学分别在中国、马来西亚、阿拉伯联合酋长国和毛里求斯拥有著名的国际分校。

---

[1]　Higher Education Statistics Agency. Higher education student statistics：UK，2018/19[R].2020：1.

[2]　Healey N. Why do English universities really franchise degrees to overseas providers?[J]. Higher Education Quarterly，2013，67（2）：180-200.

表2-2　英国大学海外招生人数排名（10所）①

	学术硕士	授课硕士	学士	其他本科生	总计
牛津布鲁克斯大学 Oxford Brookes University	0	750	289025	145	289920
伦敦大学 University of London	0	7455	31605	2605	41670
开放大学 The Open University	285	2820	26335	540	29980
考文垂大学 Coventry University	20	3880	12465	310	16675
利物浦大学 The University of Liverpool	515	5885	9545	0	15945
格林威治大学 The University of Greenwich	0	1370	14160	75	15605
诺丁汉大学 University of Nottingham	740	4105	8885	1160	14890
赫瑞-瓦特大学 Heriot-Watt University	370	8460	4115	550	13495
米德尔塞克斯大学 Middlesex University	370	3310	9490	0	13170
斯塔福德郡大学 Staffordshire University	65	1420	10230	455	12175

英国跨国高等教育的东道国遍布全球，除了15个国家/地区以外，其余国家/地区都有英国跨国高等教育，中国、马来西亚、新加坡、巴基斯坦和斯里兰卡是英国跨国高等教育就读学生人数最多的五个国家。表2-3列出了2018—2019年英国跨国高等教育的9个最大东道国招生人数。除了中国以外，可以看出前英国殖民地对英国跨国高等教育的重要性。值得注意的是，这些国家还是英国境内留学生的最重要来源国。不过，作为英国最大的前殖民地印度却不在其中，这是由于印度现行法规禁止外国高等教育机构在当地建立海外分校，并且对特许经营和许可有非常严格的控制②。

---

① HEALEY N M. The end of transnational education? The view from the UK[J]. Perspectives : Policy and Practice in Higher Education，2019：1-11.

② British Council. Transnational education : a guide for creating partnerships in India[R]. London : British Council，2015：22.

表 2-3　英国跨国高等教育的九大东道国招生数量（2018—2019 年）[1]

东道国	学生数量（人）
中国	78175
马来西亚	68290
新加坡	41540
巴基斯坦	35845
斯里兰卡	28315
尼日利亚	25420
埃及	20280
阿曼	18445
希腊	18315

　　总体而言，无论是多样化的交付模式，还是大规模的招生数量，以及大范围的东道国分布，均反映了英国的跨国高等教育在世界高等教育市场中占据重要位置。

　　英国跨国高等教育的繁荣发展是英国高等教育国际化的阶段变现之一。约翰逊（Johanson）和瓦尔内（Vahlne）提出，企业发展遵循乌普萨拉阶段模型，即企业在获得对国外市场的信心和信息后，会逐步实现国际化，从出口到许可再到外国直接投资[2]。希利认为，英国高等教育的国际化也遵循乌普萨拉阶段模型：第一阶段是出售英国高等教育，通过招收留学生到英国就读实现；第二阶段是许可合作伙伴在当地开设英国学位项目，例如在线/远程学习、各种合作伙伴关系；通过这种方式，英国大学叫以开拓海外新市场，但又不会使自己承受重大的财务风险；第三阶段是英国大学直接赴海外提供教育服务，即海外分校直接为学生提供教育。后两个阶段就是英国跨国高等教育的发展阶段[3]。

　　自2010年以来，英国对赴英留学生签证的限制越来越多，这变相鼓励了大

①　Higher Education Statistics Agency. Chart 5—transnational students studying wholly overseas for a UK higher education qualification 2014/15 to 2018/19[EB/OL].（2020-01-29）[2020-03-18]. https：//www. hesa.ac.uk/data-and-analysis/students/chart-5.

②　JOHANSON J，VAHLNE J E. The internationalization process of the firm—a model of knowledge development and increasing foreign market commitments[J]. Journal of international business studies，1977，8（1）：23-32.

③　HEALEY N M. The end of transnational education? The view from the UK[J]. Perspectives：Policy and Practice in Higher Education，2019：1-11.

学投资跨国高等教育，以促进其收入来源的增加和多样化。但是，相比直接招收留学生的第一阶段，英国大学对于第二阶段和第三阶段的国际化——跨国高等教育实际上并没有那么适应。出口教育只涉及招收留学生到本国校园，希望他们在英国与现有的学术文化相适应。而特许经营等合作伙伴关系、建立海外分校则更为繁琐，它涉及与动机迥异（通常是短期利润最大化）的外国合作伙伴的合作。这意味着要在陌生环境中开展工作，在该环境中，东道国的立法、商业惯例、政治制度和社会文化（包括宗教）非常不同，而外语工作也面临许多挑战。许多英国大学缺乏建立健全的业务案例和管理人员，以及资金跨界流动所必需的复杂业务功能。在合作伙伴关系中，有很多英国大学高估了入学人数和收入来源，低估了启动成本，没有预见到在陌生的商业环境中运营的困难。例如，雷丁大学（University of Reading）由于成本超支，其马来西亚校区的课程招生不足；中央兰开夏大学（The University of Central Lancashire）在泰国的海外分校由于当地合作伙伴退出而关闭。

二、英国跨国高等教育的外部质量保障挑战

跨国高等教育为英国大学及其合作伙伴提供了一系列好处和积极成果，英国政府已将跨国高等教育作为一个关键的增长领域。然而，无论是现有市场还是新市场，在海外开展工作都依然存在相当大的挑战。其中，外部质量保障的挑战主要在于QAA对海外跨国高等教育的评估上，包括规模扩张、有效利用资源、改善信息基础、吸引学生参与、实施新评估方法和获取资金支持等六大挑战[①]。

（一）规模扩张挑战

英国跨国高等教育的发展速度越来越快，其风险水平也呈现差异化的趋势，主要原因在于各个东道国之间的差异性，各类交付模式的差异性，各英国高等教育机构的管理差异性，同时，地理距离和文化差异更使得英国在海外交付的跨国高等教育质量保障工作远远难于英国国内的高等教育质量保障。

为此，QAA响应国际教育战略中提出的建议，在英国跨国高等教育质量保

---

① The Quality Assurance Agency for Higher Education. Quality assurance of cross-border higher education project UK Country Report[R]. Gloucester：QAA，2014：21-25.

障流程中引入了风险要素。基于风险因素的质量保障方法，帮助QAA将精力和资源转移到最需要的地方，即聚焦质量风险最高的国家及地区，对其项目和机构潜在的问题进行预判、评估并及时预防。此外，QAA还关注质量保障成果良好的示范案例，对那些表现较好的项目和机构的质量保障经验进行总结，以为其他项目和机构的改善提供借鉴；并且，这些示范案例也在总体上对英国跨国高等教育的声誉产生着积极影响。

但风险分析法也存在弊端。"基于风险"一词本身就是一个障碍，这一方法将重点放在被认为具有风险的跨国高等教育项目和机构上，可能会使那些关注质量评估过程的人认为，任何接受外部评估的项目和机构的质量风险一定都很大。

在这种情况下，跨国高等教育质量保障面临的主要挑战是，一方面要在关注风险与预防问题之间取得平衡，另一方面要在质量改进和案例示范之间取得平衡。英国是跨国高等教育的最大提供国之一，并且覆盖很多国家/地区，这是一个在资源和时间上平衡风险的问题。

（二）资源利用挑战

从成本控制的角度来说，在跨国高等教育的质量保障问题上，有必要保证资源的有效利用，即，在给定的预算范围内，通过更多依赖基于案头的电话来实现更大范围的评估。QAA的咨询报告表明，可以通过基于案头的分析在英国完成对低风险的跨国高等教育项目和机构的评估。但是，许多受访者仍然认为出国访问是必要的，以便全面了解如何在实践中实施跨国高等教育的管理和运行，并且，增加对学生学习经历相关问题的了解。此类访问增加了跨国高等教育质量保障过程的公开性和透明性，使外国政府和监管机构受益。在这个问题上，东道国的质量保障机构也一致认为进行国别访问对于提供完整和准确的情况至关重要。QAA认为寻找最有效的方式进行海外访问的挑战仍然存在，但同时尽可能使用基于案头的分析。

另一个问题是关于跨国高等教育的质量保障与QAA的常规机构评估程序的关系。在英国，QAA负责对所有的高等教育机构（各类高校）进行外部质量保障，主要的方式是评估（Review），分为专业评估（Subject Review）和机构评估（Institutional Review），还委托专业性学术团体（Professional Statutory Bodies）对高校进行评估。在常规的机构评估中，当院校在外国合作提供的项目——跨国高等教育项目作为被评估院校的重要部分时，QAA 也覆盖跨国高等教育的评估。多数情况下，跨国高等教育的评估被纳入 QAA 的常规机构评估程序中，但纳入的程度是一个有待明确的问题。

QAA 咨询报告认为，常规的机构评估应仍然是一个整体过程，并按比例将跨国高等教育的评估纳入其中。常规的机构评估结果能够反映出 QAA 对跨国高等教育的外部质量评估。但是，常规机构评估程序可能没有能力处理跨国高等教育，因此需要修改评估流程，将更长的评估访问和更大规模的评估小组纳入其中，这对那些拥有大量跨国高等教育项目的英国高等教育机构尤为重要。

此外，将访问海外交付站点作为机构评估的一部分，从控制成本角度来说，也是一个资源挑战。但海外评估和常规机构评估应是互补的过程，是必不可少的，应密切配合、加强各自的评估时间表、报告和建议之间的联系。

（三）信息基础挑战

跨国高等教育面临的第三个挑战是信息不足。HESA 根据每年的离岸总记录提供了一些信息，而跨国高等教育机构提供给 QAA 的数据则在此基础上进行补充，但范围仅限于海外的下一个目标国家或地区评估。目前，HESA 从高等教育机构收集在不同国家学习的学生（本科生和研究生）数量数据，并按照以下标准进行分类：包括学习层次（本科生与研究生）、注册地点（直接在英国院校还是在合作院校注册）、学习地点（在分校学习、合作项目还是远程学习），数据还扩展到在特定项目或机构学习特定课程的学生人数。

但这一数据收集方式还需要完善。HESA 的数据是每年定期收集的，其范围是全球性的，但详细程度有限；而 QAA 的调查仅在需要在特定国家/地区评估时进行，两者的数据并不完全并行。尽管 QAA 也可能从其他国家的对口组织获得信息，但这取决于是否存在信息共享的协议，因此 QAA 所获得的信息是不完整的。可以说，在一定期限内，英国跨国高等教育的"世界观"仅限于 HESA 年度数据反映的内容。

对于这个问题，QAA 提出在与合作伙伴达成正式协议的前提下，高校保留其跨国高等教育安排的记录。但这些的记录由各个机构自行安排，并不遵循任何规定的格式，也不适合跨机构的比较分析。QAA 认为个人对英国高等教育的声誉和公众信心在一定程度上取决于跨国高等教育相关机构是否愿意开展此类记录并提供丰富的信息，因此，跨国高校和项目层面的记录工作对跨国高等教育质量保障有着重要意义。尽管QAA在咨询报告中提供了一个通用的数据记录模型，但如何推广应用仍是一个难题。

（四）学生参与挑战

学生参与质量评估是让学生参与影响学生学习体验的质量保障过程，以期增强项目和机构在学生体验方面的建设能力。在英国，无论是在高等教育机构内部质量保障过程还是QAA的外部质量评估流程中，学生都起着关键作用，一到两名学生经过QAA的培训后，成为QAA评估小组的成员，学生的评估结论成为评估结果的一部分。

《质量准则》是这些评估过程的关键参考标准，其中一章专门介绍了学生参与评估，通过调查、学生代表等方式收集的学生声音，将反映从其他数据中可能看不到的定性元素，对于在英国跨国高等教育质量保障至关重要。

但是，东道国当地的文化与规范将影响学生参与的性质和程度。在英国以外的许多国家，学生作为评估的参与者这一观念并不那么普遍，因此让学生参与跨国高等教育的质量评估或成为专门的学生评估者，不一定符合当地的期望，实施起来可能很困难。迄今为止，只有英国学生才有可能成为QAA学生评估者。

（五）评估方法挑战

QAA就英国跨国高等教育质量保障的协商结果一般以概括性的原则来呈现，这些原则是确定的，并为引入新方法的形式设置了限制。这些原则还为实施质量保障的工作小组设定了细节，小组的成立由高等教育各个部门代表参加，以推进业务细节。该小组的主要任务是开发有关跨国高等教育的机构数据报告（涉及数据定义的澄清），并确定如何推进英国境内高等教育机构评估与跨国高等教育评估之间的关系。另外两项任务是考虑对分支机构的校园进行单独的机构评估，以及根据其内容和目标受众评估国家概况报告。

（六）资金支持挑战

在外部质量保障的资金支持上，QAA认为，跨国高等教育的评估将通过维护整个英国高等教育的声誉而使所有提供者受益，因此提出两个主张：一是每个高等教育机构都应出资，二是提供跨国高等教育的机构应按比例出资。当然，这两种方法不是互相排斥的，而且也有可能含有两部分的关税机制。当前，QAA需要更详细的工作来估算该过程的成本，从而为筹资提出具体建议。无论最终提出什么机制，透明和简单的操作都是至关重要的。

三、英国跨国高等教育的内部质量保障挑战

由于文化差异、跨国的地理距离、不同高等教育机构之间的能力差异、不同国家和地区之间的政策法规约束差异，英国跨国高等教育在实际办学中也面临一些内部质量保障的挑战[①]。

（一）文化差异挑战

由于合作伙伴机构对英国高等教育及其质量保障体系缺乏了解，而英国提供者对东道国的监管环境和当地习俗也缺乏了解，调和文化差异成为内部质量治理的首要挑战。这不仅对跨国高等教育项目的教学质量及其可持续性发展不利，也对跨国高等教育的外部质量保障造成影响。

合作伙伴机构可能难以理解英国质量保障方法的复杂性。例如，英国跨国高等教育的一些合作伙伴认为，英国的质量保障方法涉及外部评估人员，并且项目层次的评估是对教师自由的官僚主义式侵犯。而其他合作伙伴，特别是那些在项目运行中比英国更依赖国家认可的合作伙伴，可能会发现很难理解如何通过严格的质量保障来协调内部自治。

此外，海外合作伙伴并不完全赞同让学生参与质量保障评估工作。准确地说，要确保海外合作伙伴了解为学生和教师的需要而制定标准的重要性，以及这一原则与《质量准则》之间的关系，这是一个挑战。如果不能在这些不同观点之间进行处理和调解，可能会导致难以开展英国质量保障工作。

英国提供者要掌握他们运营所在地区的监管体系并及时了解其变化，也面临着类似的挑战，这对跨国高等教育的建立和运行会产生不必要的延误影响。因此，需要依靠当地合作伙伴来获得有关当地监管要求的信息，并与当地监管机构联系。这是一种动态的过程，并且毫不轻松。

英国工作人员对当地学术和更广泛的文化习俗缺乏了解，以及当地工作人

---

① The Quality Assurance Agency for Higher Education. Quality assurance of cross-border higher education project UK country report[R]. Gloucester : QAA，2014：25-27.

员对英国教学方法的不了解，也对跨国高等教育的顺利开展构成了挑战。在这种情况下，重要的是在跨国高等教育中确保学生学习体验的公平性，这并不是要复制与英国相同的教与学经验，而是需要根据当地情况调整课程和教学方法，以满足学生的学习需求。

QAA、英国高等教育国际部和英国文化协会等组织通过与国外机构的关系促进国际上对英国质量保障的理解，同时，在提供信息方面发挥重要作用，在东道国的监管框架和发展方面提供服务。例如，高等教育研究院（The Higher Education Academy, HEA）提供员工发展计划，协助英国提供者及其海外合作伙伴，提高项目和机构在学生学习和教师发展方面的质量。

文化差异有时会伴随语言问题，在欧洲以外地区更为普遍。欧洲通过通用的政策框架（例如博洛尼亚进程建立的政策框架、欧洲标准和指南以及QF-EHEA）、欧盟委员会的指令（例如关于认可专业资格的2005/36指令）来增进合作。但是，在欧洲的质量保障工作也并不容易，因为不同的欧洲国家以不同的方式和速度发展了自己的高等教育质量保障体系。而一些非欧洲国家也可能对英国的高等教育体系非常熟悉，尤其是在一些东亚国家/地区，许多高等教育机构与英国存在历史渊源，因此与多个英国跨国高等教育提供机构建立了合作伙伴关系。

（二）地理距离挑战

地理距离以及文化距离也被视为障碍。远程工作带来的挑战，在于跨国高等教育的提供机构需要克服地理位置和时区不同，与合作伙伴建立有效合作的机制。跨国高等教育的提供者在视频会议上投入了大量资金，虽然它不能弥补实地访问的不足，但意味着可以进行快速的"见面"会议讨论特定问题。

（三）能力差异挑战

第三个挑战是建立和管理跨国高等教育项目所需的内部能力。在跨国高等教育项目和机构的建立阶段，其启动工作需要投入足够的专业资源，需要耗费较长的时间和进行全面的调查，其中涉及的风险包括学术、财务、法律、声誉等；在跨国高等教育项目和机构的运行阶段，其维持和监督工作也需要一定的资源，例如定期的内部评估（评估机制），合作伙伴以及和合作伙伴对接的员工（人力资源）。

能力也可能会受到英国提供机构自身组织结构的影响。例如有的机构内部进行合作，这些机构负责建立和促进跨国高等教育，而负责质量保障的人也投入其中。如果一些机构将建立和促进合作伙伴关系的责任与质量保障区分开来，则可能会导致冲突。

（四）政策法规挑战

东道国和提供国的政策法规差异也是跨国高等教育的挑战之一，包括批准程序的复杂性（例如中国政策），资格认证的障碍（例如希腊对私立机构的跨国高等教育资格认可、中国对在线学习的资格认可），移民和签证法规的变化性，专业机构（PSRB）对跨国高等教育项目的认可（例如某些专业机构由于不了解跨国高等教育而不愿进行认证），提供国和东道国专业机构认可的差异性等。因此，跨国高等教育有待开发出一套能够满足各方认证机构的多种要求的流程，同时保持课程的差异化，遵守大学的规章制度并忠实于教育①。

第三节　本章小结

英国跨国高等教育的质量保障起始于20世纪90年代，作为英国高等教育质量保障的一部分，随着后者的发展逐步建立，至今仍然在不断完善的过程中。英国高等教育及其质量保障的变化是英国跨国高等教育质量保障发展的重要历史环境。立足英国高等教育市场化和大众化的背景，首先，英国大学形成了自由竞争、注重质量和市场声誉、对学生负责的质量文化；其次，在实践上，英国大学为促进创收，积极开拓海外市场，跨国高等教育成为拓展国际市场的重要形式，得到了持续发展；最后，英国政府则逐步加强了对高等教育质量保障的重视，跨国高等教育的质量保障也不再只是办学机构内部事务，须接受来自政府和第三方组织的共同监督。在这一历史发展过程中，英国跨国高等教育质量保障经历了海外审计、合作办学审计、风险评估与合作三个阶段，质量保障的方式逐渐得到完善，不仅融入综合性的机构评估中，也具有针对性的质量标准和海外评估。

---

① HARRISON I, BOND K. Transnational education and engineering accreditation[J]. Engineering Education, 2012, 7（2）: 24-28.

　　尽管英国是最早开展跨国高等教育的国家，也是如今跨国高等教育质量保障体系建设最为完善的国家之一，但是，随着时代的发展，跨国高等教育依然面临来自内部和外部的各种挑战。跨国高等教育有着传统高等教育不具备的跨国合作特性，作为跨国高等教育的提供国，英国巨大的跨国高等教育办学规模也给质量保障带来资源利用、信息收集，以及与东道国在文化、地理、能力和法规上的差异等挑战。作为高等教育资源强国，英国有着丰富的高等教育治理经验，它仍然在不断探索跨国高等教育的质量保障建设，以应对挑战。

　　尽管面对种种挑战，英国跨国高等教育继承了英国高等教育体系中以质量保障为核心的理念，其质量保障的理念和目标一直都是确保英国大学在海外提供的跨国高等教育质量与英国本土的高等教育质量相同，围绕这一核心理念，英国从20世纪90年代开始的质量保障探索及其高等教育发展的历史基础，使得英国跨国高等教育在世界高等教育市场中始终颇受认可。

第三章 英国跨国高等教育外部质量保障

英国高等教育质量保障以英国大学自治为主，以政府和QAA等第三方组织的外部质量保障为辅。英国跨国高等教育质量保障分为内外两个层次。英国跨国高等教育的外部质量保障的主体有着多元性，多元主体作为英国跨国高等教育的利益相关者，通过学位授予权审核、战略引导、外部评估、专业认证、市场监督、理论研究等方式参与质量保障的共同治理。本章先对英国跨国高等教育外部质量保障的多元主体进行角色分析，再深入探析其在外部质量保障过程中的分工与合作。

第一节 英国跨国高等教育外部质量保障的主体

英国跨国高等教育的外部治理保障主体指的是提供跨国高等教育提供机构（英国大学）外部的治理主体，可以分为政府和第三方组织两个类别。其中，政府除了保留学位授予权的审批外，也对跨国高等教育进行战略引导；而第三方组织则有着丰富的多元性，包括学生事务办公室、QAA、专业机构、消费者的代表组织、高等教育学术研究机构等。

一、政府

英国政府在英国跨国高等教育外部质量保障中负责保障司法正确，即在法律上给予英国高等教育机构合法的学位授予权，在具体的办学经营上给予英国高等教育机构较大的自治权。英国高等教育机构获得学位授予权后可自主开展跨国高等教育及其质量保障。政府在英国跨国高等教育外部质量保障中的宏观监督可以分为两个部分：一方面，政府对高校学位授予权和大学称号进行审批和后续监控，形成基本的国家框架；另一方面，政府发布宏观的战略引导高等教育的发展方向，而政府的其他职能则转移到非政府机构。

国家框架主要指学位授予权（Degree Awarding Power）的审批制度。高等教育机构的合法性审批一直由枢密院（Privy Council）负责，形式从皇家特许状（Royal Charter）发展到高等教育机构治理文件。2018年起，英格兰地区的高等教育机构学位授予权则不再由枢密院审批，而是由新成立的非政府机构——学生事务办公室负责。获得学位授予权的高等教育机构可以自主开展各类学位项目，例如跨国高等教育项目。（图3–1）

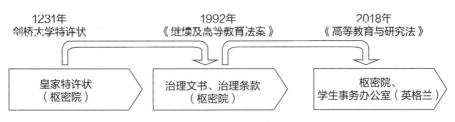

图3–1 英国高等教育机构学位授予权的审批发展

历史上，英国的大学合法性通过枢密院（君主的正式顾问机构）授予皇家特许状认可。皇家特许状是君主授予的一种文书，赋予组织独立的法人资格，并定义了组织的目标、宪法和管理自己事务的权力，英国君主在枢密院的建议下授予组织皇家特许状。英格兰、威尔士和北爱尔兰的许多较老的大学都是特许机构[1]，其历史可以追溯到13世纪。1231年，剑桥大学成为第一个获得皇家特许状的大学，牛津大学于1248年获得了特许状[2]。苏格兰圣安德鲁斯大学、格拉斯哥大学和阿伯丁大学在15世纪获得特许状。特许状阐明了大学的总体构成和章程，详细规定了大学应如何运行。特许状可以被修改，一般由枢密院负责反

---

[1] Privy Council Office. Royal Charters [EB/OL]. [2020-03-18]. https：//privycouncil.independent.gov.uk/royal-charters/.

[2] Privy Council Office. List of Charters granted [EB/OL]. [2020-03-18]. https：//privycouncil.independent.gov.uk/royal-charters/list-of-charters-granted/.

馈大学的修改建议，提交给英国女王，以批准对章程的修正①。

1992年的《继续及高等教育法案》（Further and Higher Education Act 1992）和《苏格兰继续及高等教育法案》[Further and Higher Education (Scotland) Act 1992] 颁布，对于英国创建的许多新的大学，枢密院依然负责颁发学位授予权给高等教育机构，但不是以特许状的形式。首先，新大学和其他高等教育机构都要根据枢密院批准的治理文书（Instrument of Government）和治理条款（Articles of Government）建立和运行，这些文件的任何修改均需枢密院的批准；其次，枢密院批准高等教育机构在名称中使用"大学"（University）[（包括"大学学院"（University College）] 一词，1992年后获得"大学"称号的叫"新大学"，1992年英国共有35所多科技术学院转为大学②；最后，特许大学的治理机构(Governing Bodies) 成员也由枢密院任命，适当考虑候选人中包括妇女和少数民族，以期在整个治理机构中保持代表平衡。但是，枢密院也表示预计在未来几年内将与大学协商逐步取消枢密院的任命。根据迪林报告（Dearing Report）在1997年提出的建议，政府在1998年发表了对策，大学的办学方式发生了一些变化，例如成立规模较小且清晰明了的理事机构。此外，"大学学院"的名称不仅适用于完全属于大学的学院，而且适用于有权授予学位的其他高等教育机构③。

在苏格兰，较老的大学依然根据皇家特许状运作，而某些较新的高等教育机构拥有治理文件，这些文件的主要内容来自法规文件。枢密院批准对两种模式进行变更。古老的苏格兰大学也由枢密院根据《苏格兰大学法》批准。

在1992年到2018年期间，英国的所有高等教育机构由枢密院颁发治理文书和治理条款后，才被英国的国家主管部门认可为合法的注册机构（Recognised Bodies），合法注册机构的完整名单由BIS发布。BIS是英国政府的国家部门，于2009年6月创建，合并了创新、大学和技能部（Department for Innovation, Universities and Skills，DIUS）和商业、企业和管理改革部（Department for

---

① Privy Council Office. Higher education [EB/OL]. [2020-03-18]. https://privycouncil.independent.gov.uk/privy-council-office/higher-education/.

② 范文曜，沃森. 高等教育治理的国家政策——中英合作研究项目文集[M]. 北京：高等教育出版社，2009：10.

③ Privy Council Office. Privy Council Office [EB/OL]. [2020-03-18]. https://privycouncil.independent.gov.uk/privy-council-office/.

Business, Enterprise and Regulatory Reform, BERR）的职能，于2016年被商业、能源和工业战略部（BEIS）取代。2018年以后，枢密院只对威尔士、苏格兰和北爱尔兰的学位授予权进行审批，英格兰的高等教育机构则向新成立的非政府机构学生事务办公室申请学位授予权和"大学"称号①。

从学位授予权的审批来看，学生事务办公室虽然是非政府机构，但承担了原先枢密院在英格兰地区的工作。2017年，《高等教育与研究法》（Higher Education and Research Act 2017）规定学生事务办公室在英格兰拥有明确的权力来改变或撤销学位授予权，包括最初皇家特许状授予的学位授予权（但须经议会同意），因此，对于英格兰，学位授予权不再由枢密院批准②。从2018年4月开始，英格兰的所有机构都必须在学生事务办公室注册，以便申请学位授予权并保持授予学位的权利。学生事务办公室还接手了英格兰高等教育基金委员会和高等教育公平入学办公室（Office for Fair Access, OFFA）的工作，旨在维护学生利益，确保学生作为高等教育消费者的每一笔投入都物有所值③，对英格兰地区的高等教育质量负责。原本，英格兰高等教育基金委员会负责对英格兰地区的高等教育进行资助，而威尔士、苏格兰和北爱尔兰的基金委员会则为威尔士高等教育基金会（HEFCW）、苏格兰基金委员会（SFC）和北爱尔兰教育与就业技能部（DEL）。

英格兰地区的高等教育机构学位授予权由枢密院移交给学生事务办公室，合法注册的高等教育机构名单仍然由政府网站公布。自2018年起，学生事务办公室与枢密院分别负责在英格兰和其他地区的学位授予权审批，构成整个质量保障的国家框架。获得学位授予权的高等教育机构才能得到官方承认，但不代表这些机构是国家所有。大多数高等教育机构都从英格兰、威尔士、苏格兰和北爱尔兰各自的拨款机构获得公共资助，这些拨款机构则与QAA签约，委托QAA对高等教育办学质量进行监督。即便如此，高等教育机构仍然是自治的。高等教育机构获得学位授予权后，可以自由授予学位和资格，也可以自由地在

①　Office of Students. Degree awarding powers and university title [EB/OL]. [2020-03-18]. https：//www.officeforstudents.org.uk/advice-and-guidance/regulation/degree-awarding-powers-and-university-title/.

②　The Quality Assurance Agency for Higher Education. The right to award UK degrees[R]. Gloucester：QAA，2018：2.

③　中国科学报. 英国学生事务办公室备受争议 [EB/OL]. (2018-03-27) [2020-03-18]. http：//www.ict.edu.cn/world/w3/n20180327_48810.shtml.

英国境外交付课程。

政府给予高等教育机构极大的自治权，意味着他们对所授予学位和学历的学术标准和质量负有最终责任。并且，此责任扩展到所有项目，无论这些项目在何处、如何交付，包括跨国高等教育项目。这意味着，开展跨国高等教育的高等教育机构无需事先获得英国政府的批准即可在英国境外开展业务，并且在跨国高等教育课程学习的学生获得的学历和学位等同于各高等教育机构在英国所授予的学历和学位。

在战略引导方面，英国政府并不直接参与跨国高等教育的质量保障，而是将许多职能转移到非政府机构，定期与非政府机构商谈，政府本身则将重心放在战略引导上，以各类针对跨国高等教育优质发展的战略来引导英国跨国高等教育的质量保障方向。

英国政府的高等教育部门负责颁发英国高等教育国际化和跨国高等教育相关战略。2009年以来，政府高等教育部门经历了几次变更。2009—2016年，商业、创新和技能部（BIS）负责英国跨国高等教育扩展战略，该部门于2009年6月创建，合并了创新、大学和技能部（DIUS）和商业、企业和管理改革部（BERR）的职责。尽管商业、创新和技能部的职能于2016年被商业、能源和工业战略部（BEIS）取代，但此前BIS一直负责实现英国雄心勃勃的跨国高等教育扩张目标，并成立了专门的部门——英国教育（Education UK），帮助英国大学开展新的跨国高等教育。

二、第三方组织

英国政府除了保留对学位授予权的审批和监管权力，发布教育战略引导方向外，其他职能均被转移至非政府机构——第三方组织。英国有着大量专业的第三方组织，在政府和大学之间形成了完善的中间缓冲机制。针对跨国高等教育质量保障，涉及的第三方组织包括学生事务办公室，高等教育质量保障署（QAA），专业、法定和监管机构（Professional, Statutory and Regulatory Bodies, PSRBs），消费者的代表组织以及高等教育学术研究机构等。

（一）学生事务办公室

学生事务办公室帮助英国政府发挥间接的监督作用。学生事务办公室承接了英格兰高等教育基金委员会的管理职能。在英国，英格兰、威尔士、苏格兰均设有高等教育的拨款机构对高等教育质量进行外部监督，依据英国高等教育机构的办学质量对其进行财政拨款，分别是英格兰高等教育基金委员会、威尔士高等教育基金会（HEFCW）、苏格兰基金委员会（SFC）；北爱尔兰的拨款则由北爱尔兰教育与就业技能部（DEL）负责。各地区的基金委员会与QAA签约，监督英国大学的办学质量，并将其与政府的高等教育财政支持挂钩。2018年起，英格兰高等教育基金委员会被英国研究与创新部门（UKRI）和学生事务办公室取代，分别负责英格兰地区科研和教学的管理与资助。

学生事务办公室是由教育部（Department for Education）发起的独立公共部门，即第三方组织，其通过教育部向议会负责。学生事务办公室是一个比较特殊的部门，枢密院将英格兰地区高等教育机构学位授予权的审批工作移交给学生事务办公室（如前文所述）；同时，学生事务办公室也负责对英格兰地区高等教育的监督工作，保障学生的权益。

教育部每年向学生事务办公室发布年度指导信，其中列出了来年的优先事项，以及拨给高等教育机构的资助金额。学生事务办公室的运营资金也来自教育部，从2019年8月1日起，运营资金中的一部分来自注册高等教育机构的费用，学生事务办公室对这笔钱负责①。学生事务办公室由学生、企业、产业部门以及不同类型高校的代表组成，其职能除了对英格兰地区高等教育机构学位授予权进行审批，还包括维护高校的组织自治、提升高等教育质量，为学生提供更多的选择和机会，鼓励高校竞争、确保竞争符合学生和企业的利益、提高高等教育的经济效益，促进学生入学和参与的机会平等②。

值得注意的是，学生事务办公室在英国高校中备受争议，一些大学管理者将学生事务办公室视为"政府管控办公室"（Office for State Control）③，认为学生事务办公室仅以"为学生服务"为名，行"政府剥夺学生权利"之实，政府打

---

① Office of Students. How we are run [EB/OL]. [2020-03-18]. https : //www.officeforstudents.org.uk/about/how-we-are-run/.

② 王雁琳. 英国大学治理现代化和教育中介组织的变迁 [J]. 比较教育研究，2019（11）: 27-33.

③ The Guardian. University regulator is "Office for State Control", say critics[EB/OL].（2018-03-20）[2020-03-18]. https : //www.theguardian.com/education/2018/mar/20/university-regulator-control-toby-young-office-for-students.

着民主的旗号，借助单一的高等教育管理机制，希望操控学生投票、发声、发起运动的自由和权利。可以看出，虽然学生事务办公室的定位是独立的第三方法人组织，但是其与政府的关系使其独立性受到质疑。

（二）高等教育质量保障署（QAA）

英国高等教育质量保障署（以下简称QAA）在英国跨国高等教育外部质量保障中负责保障程序正确。英国四个地区的基金委员会将高等教育外部质量保障工作委托给QAA，由QAA制定一套质量准则，以此为依据对英国大学进行评估（review），判断高校如何有效履行各自的标准和质量责任，并以评估报告（report）形式将评估结果向社会公示，跨国高等教育的质量保障也属于QAA的受委托范围。

QAA成立于1997年，旨在对英国高等教育的标准和质量进行监督并提供建议，其宗旨是建立世界领先的并有独立保障的高等教育。QAA是一个独立的组织，也是一家注册公益机构，其资金来自高校的订阅费用以及与高等教育基金委员会的合同。QAA致力于确保获得英国学位的学生获得了他们应得的高等教育学习经历，同时，也确保学生参与质量保障的各个方面。QAA在英国的四个地区开展工作，同时也建立国际合作伙伴关系（如表3-1所示），以提升英国高等教育在世界范围内的声誉。

表3-1　QAA在不同区域的工作 [①]

地区	QAA工作
英格兰	2018年4月，QAA在新的监管框架下成为指定的质量机构，负责评估英格兰高等教育的质量和标准； 与学生事务办公室合作，为希望向学生事务办公室注册的高等教育机构设计和实施审核方法，也负责审查学位授予权的申请
苏格兰	QAA将其质量责任下放给苏格兰，QAA的工作与质量增强框架（QEF）相一致，支持高等教育机构管理教学质量，并提高公众对学术水平的信心； QAA与苏格兰高等教育机构、拨款机构和学生组织紧密合作，包括苏格兰政府（Scottish Government）、苏格兰基金委员会（Scottish Funding Council）、苏格兰大学联盟（Universities Scotland）、苏格兰学生联合会（NUS Scotland）、优质苏格兰学生合作伙伴（Student Partnerships in Quality Scotland，SPARQS）和高等教育促进机构（Advance HE）

---

① The Quality Assurance Agency for Higher Education. Our reviewers[EB/OL]. [2020-03-18]. https：//www.qaa.ac.uk/reviewing-higher-education/our-reviewers.

地区	QAA工作
威尔士	QAA在加的夫设有办事处，可为订阅者和赞助者提供快速响应的服务； QAA与威尔士高等教育基金委员会（HEFCW）、威尔士大学联盟（Universities Wales）、威尔士高等教育机构紧密合作。QAA的威尔士战略咨询委员会由威尔士大学部门的董事会成员担任主席，该委员会为QAA的工作提供战略建议，并确保董事会时刻了解威尔士的具体相关事项
北爱尔兰	QAA与北爱尔兰经济部（Department for the Economy）、高等教育机构合作，以保持北爱尔兰高等教育部门的质量和学术水平
国际层面	在国际战略的推动下，QAA在高等教育标准和质量的国际发展中发挥领导作用：确保英国在国际市场的高等教育学术水准；成为国际质量保障和改进方面的权威；将QAA在国际质量保障发展中的影响力最大化； 通过加入ENQA和国际高等教育质量保障组织在内的许多组织和网络，QAA在国际上代表英国高等教育，与全球许多质量保障机构保持着密切的关系

对于跨国高等教育而言，QAA致力于让所有学生（无论是在英国还是其他国家学习）获得最佳的学习体验。QAA主要负责的监管领域包括：对英国高等教育提供机构进行评估（Review），发布高等教育部门的参考和指导意见，参与英国国际化政策的讨论，鼓励学生参与学术质量和标准的保障。

QAA的评估团队共计400多人，包括来自英国各地的大学、私立学院和私立大学以及主要学科的专家和学者，他们大多具有博士学位，有的担任校长或副校长等高级职务，有的从大学或学院退休，具有丰富的高等教育知识和经验。同行评审的原则能够使得高等教育机构确信那些具有高等教育管理经验和知识的评估团队可以做出正确判断。此外，QAA认为学生是质量保障中的重要合作伙伴，因此每个英国本土的机构评估小组都有一名学生作为正式成员[①]。

（三）专业、法定和监管机构（PSRB）

专业、法定和监管机构（下文简称专业机构）在英国跨国高等教育外部质量保障中负责保障内容正确。在英国，高等教育课程没有外部认证（除了某些特殊情况），出于专业许可目的，相关的专业机构负责进行专业认证，例如医务委员会（General Medical Council）、工程委员会（Engineering Council）、建筑师注册委员会（Architects Registration Board）、英国艺术治疗师协会（British Association of Art Therapists）等。

---

① The Quality Assurance Agency for Higher Education. Our reviewers[EB/OL]. [2020-03-18]. https：//www.qaa.ac.uk/reviewing-higher-education/our-reviewers.

专业机构是由专业和雇主团体、监管机构以及对某一专业或一组专业人士组成的具有法定授权的机构，是一个非常多样化的群体。作为外部机构，专业机构的职能如下：一是与高等教育机构合作，提供会员服务，促进专业人士的利益；二是对符合专业标准的课程进行认证或认可，为特定专业行业制定准入的标准并监管其标准，提供通向该专业之路或得到雇主认可的课程。专业机构的这种参与是一种促使大学保持专业标准和质量、确保学生获得雇主所要求的技能和知识的方式。项目通常在指定的时间段内获得认证，而专业机构将在后续时间内对项目进行再次审核并重新认证①。此外，专业机构也与QAA合作。例如，QAA每年两次的专业机构论坛使参与专业教育的人员能够考虑关键问题，分享良好做法并及时了解高等教育政策，活动一般有来自多个不同专业机构的代表参加，包括教育部、英国文化协会和HESA，形式则以专业机构的演讲以及与政府和其他部门的讨论会为主②。

（四）消费者的代表组织

消费者代表参与的第三方组织，在英国跨国高等教育外部质量保障中负责保障市场监督。在英国高等教育市场化导向的发展下，对消费者负责是高等教育质量保障的重要理念之一，学生作为消费者参与高等教育的内部和外部质量保障，已经成为英国高等教育质量保障的传统。QAA在对一些东道国的跨国高等教育学生满意度调查中明确指出，在英国的高等教育和质量保障背景下，学生作为消费者不仅参与内部质量保障，也参与外部质量保障。对于外部质量保障，学生主要是依托消费者的代表组织——全国学生联合会（National Union of Students）和QAA间接参与，这些都是代表学生的第三方独立组织。

全国学生联合会在全英国范围内代表学生的利益，并开展影响国家政策的研究，处理影响学生现在和将来生活的所有问题。对于跨国高等教育，由于地理距离和文化差异，跨国高等教育学生在参与中面临一些挑战，例如跨国高等教育学生对学生代表制度的生疏、无法参与英国境内的学生运动等。全国学生

---

① The Quality Assurance Agency for Higher Education. Professional Statutory and Regulatory Bodies [EB/OL]. [2020-03-18]. https：//www.qaa.ac.uk/about-us/who-we-work-with/professional-statutory-and-regulatory-bodies.

② The Quality Assurance Agency for Higher Education. Quality in action 2017—2018[R]. Gloucester：QAA，2019：13.

联合会的报告《跨国教育：全球背景下的伙伴关系和代表制挑战》提出加强跨国高等教育学生与英国本土学生的交流，了解跨国高等教育项目中学生会情况和学生学习体验，同时就跨国高等教育中的学生参与提供了一系列指导①。

QAA董事会有两名学生成员（英国本土学生），并且成立了一个学生战略咨询委员会（Student Strategic Advisory Committee），该委员会是学生积极参与政策制定、质量保障等高等教育事务的组织。例如，学生战略咨询委员会为卓越教学框架（Teaching Excellence Framework, TEF）、高等教育和资助评估、国家学生调查（National Student Survey, NSS）以及学生保护等提供外部建议。

英国致力于在跨国高等教育中传承英国本土高等教育的学生参与环节。值得注意的是，学生作为消费者参与跨国高等教育质量保障是英国特色，而东道国并不一定存在让学生参与外部质量保障的传统，由于政治、文化等差异，学生参与跨国高等教育外部质量保障并没有完全实现。当前，学生主要通过QAA的外部评估间接参与跨国高等教育的质量保障。例如，英国国内的全国学生满意度调查并不涵盖跨国高等教育学生，因此英国在新加坡和迪拜与当地的高等教育质量保障机构合作开展满意度调查，鼓励跨国高等教育学生反馈意见，发挥监督作用。QAA始终认为，学生是跨国高等教育质量保障必不可少的主体，将在未来尽量让跨国高等教育的学生参与到外部质量保障中。

（五）高等教育学术研究机构

除了QAA和专业机构这类在英国跨国高等教育质量保障实践中具有重要作用的第三方组织，英国还有诸多对跨国高等教育展开研究的学术机构。这些机构由英国高等教育界的专家组成，对英国高等教育和跨国高等教育进行研究，发布前瞻性的学术报告，供政府、高等教育机构和其他机构参考，例如英国文化协会、英国大学联盟等，其中，较为典型的是高等教育学院（HEA）和无国界高等教育观察站（OBHE）。这些研究机构对英国跨国高等教育质量保障展开了丰富的研究，不仅服务于英国跨国高等教育实践，也使得良好案例以理论的形式向世界共享，为世界跨国高等教育质量保障研究做出了重要贡献。

①　The Higher Education Academy. Transnational education : The challenges of partnership and representation in a global context [R]. London : NUS Connect，2015：10-22.

第二节　英国跨国高等教育外部质量保障的方式

英国跨国高等教育外部质量保障的方式指的是跨国高等教育提供机构（英国大学）外部的治理主体（政府、第三方组织）共同参与治理的方式，包括政府的宏观监督、QAA的外部评估、专业机构的专业认证、消费者的市场监督，以及学术机构的理论研究。

一、政府的宏观监督

对于跨国高等教育，英国政府主要从国家框架（学位授予权审核）和教育战略引导两个方面对其质量保障进行宏观控制和支持。

由于学生事务办公室对于跨国高等教育质量保障发挥间接监督作用，主要在于持续考察高等教育机构在获得学位授予权后是否持续符合授权资格，其本质也是围绕学位授予权的间接监督。因此，本节将学生事务办公室这一中介部门的间接监督方式也置于学位授予权审核中论述。

（一）学位授予权审核

英国的高等院校一旦获得了学位授予权，就成为合法注册的高等教育机构（Registered Providers），可以自行开设跨国高等教育项目，不需要进行额外的资格审核。英国政府规定，只有获得学位授予权的院校才能够提供跨国高等教育项目。而跨国高等教育的资格审核不仅包括对英国高等教育机构的学位授予权审核（枢密院等负责），也包括对已经获得学位授予权的高等教育机构进行持续的监管（学生事务办公室负责）。

学位授予权一旦获得批准，就无法轻易取消，因此需要一个稳健的流程来确保获得学位授予权特权的机构是符合标准的。枢密院负责英国机构的学位授予权审批，但在2018年4月1日之后，英格兰地区的学位授予权由学生事务办公室负责审批。截至2020年2月，英国已有394个合法注册的高等教育机构[①]。

另外，在高等教育机构申请学位授予权的过程中，第三方机构QAA也扮演

---

① Office for Students. The OfS register [EB/OL].（2020-02-20）[2020-03-18]. https://www.officeforstudents.org.uk/advice-and-guidance/the-register/the-ofs-register/.

了中介角色。QAA非常重视确保英国高等教育学术水平的责任。一方面，QAA向有关政府机构提供谁应有权获得英国学位授予权的建议。QAA的咨询角色使其对维持英国高等教育的国际地位负责。通过设置较高的标准、确保严格的审查程序，保护学生和公众的利益。英国学位只能由对资格标准和质量全面符合要求的学位授予机构（大学）授予[1]。另一方面，在英格兰地区，QAA也与学生事务办公室合作，为希望向学生事务办公室申请学位授予权的高等教育机构提供申请相关的咨询服务。

对于已经获得学位授予权的注册机构，政府对其进行跟踪监管，以确保其在后续的办学过程中始终符合注册的基础质量标准。下面，以英格兰的学生事务办公室为例来分析英格兰地区的监管过程。

2018年起，学生事务办公室接手枢密院在英格兰地区的学位授予权审批工作。《高等教育与研究法》规定，学生事务办公室在英格兰具有明确的权力来更改或撤销学位授予权，包括最初根据皇家特许状进行的授权，但须经议会同意。除了对学位授予权的严格审批，学生事务办公室也对已经获得学位授予权的高等教育机构——注册机构进行监管，以确保其一直符合注册要求。

学生事务办公室于2018年出台了新的监管框架《保障学生的成功：英格兰高等教育监管框架》，新的监管框架致力于确保所有学生都享有高质量的高等教育，为学生提供创新而有意义的数据集和高质量信息，以使他们能够做出明智的选择，最终目标是保障学生获得卓越成绩[2]。该框架明确了监管的六个原则。

● 以学生为中心。法规的设计主要是为了保护学生的短期、中期和长期（尤其是处境最不利的学生）的利益，而不是高等教育提供者的利益。

● 明确性。所有注册机构主要由一个机构（学生事务办公室）监管，为新进入者提供明确的途径。

● 问责制。学生事务办公室将对其决定负责，并接受公众审查。

● 一致性。只有一个机构注册名单，学生可根据名单了解每个机构都能交

---

[1]　The Quality Assurance Agency for Higher Education. The right to award UK degrees[R]. Gloucester：QAA，2018：1.

[2]　Office of Students. Securing student success：regulatory framework for higher education in England[R]. London：Office for Students，2018：14-15.

付的高等教育最低质量标准，并且注册机构在公平的竞争环境中竞争。

- 比例和针对性。对学生构成低风险的学位项目将受到较少的监管，而较不安全的学位项目将面临更大的监管审查。

- 竞争性。学生事务办公室将对市场进行监管，但尽可能尊重市场的选择和竞争以便推动创新性、多样性和改进性。在市场机制不足以达到预期结果的情况下，学生事务办公室将对注册机构进行直接监管。

学生事务办公室的监管方法以学生的知情权、选择权和机构自治为核心，从学生事务办公室和高等教育机构两个层面展开监管措施。学生事务办公室认为，高等教育机构响应知情的学生选择是推动质量和改进的最佳机制，并在学生事务办公室部门层面进行监管以实现这一目标。学生事务办公室在机构层面进行监管，以确保为所有学生和纳税人提供质量基准的保护。在质量基准的基础上，学生事务办公室鼓励机构实现自治、多样性和创新性。此外，学生事务办公室的监管方法还试图在市场机制未必成功的领域实现政策目标。例如，学生和社会参与治理要求不能仅靠市场来实现，这意味着学生事务办公室将采取直接的监管措施来推动这些方面的改进，这一点是超出保持基础质量基准范围的监管的[①]。

在这一层面，学生事务办公室集中精力创造条件促进学生的明智选择、机构的自由竞争和持续改进。包括以下措施。

- 让学生参与规章制度的制定。

- 与指定的数据机构（Designated Data Body, DDB）合作并对其进行监督，以协调、收集和传播面向学生的信息，以帮助他们做出最佳选择。同时，学生事务办公室发布学生的学习成绩以及当前和将来的雇主需求，激发对学生成绩的关注，并支持学生转学机制。

- 推行卓越教学和学生成果框架（Teaching Excellence and Student Outcomes Framework, TEF），激励整个高等教育的教学质量提高，并向学生提供有关在哪里可以找到优秀的教学和成果的信息。

- 消除不必要的市场进入障碍，帮助优质的新高等教育机构进行注册，为

---

① Office of Students. Securing student success : regulatory framework for higher education in England[R]. London : Office for Students, 2018 : 17.

学生的利益和高等教育增加多样性和竞争性。

- 为所有高质量的高等教育机构消除不必要的监管障碍，确保对学生和纳税人构成低风险的注册机构可以承担较轻的监管负担。

- 在确保满足质量和其他风险领域的基线要求的同时，为注册机构提供包括教学在内的创新空间。

- 鼓励学生不必惧怕反馈，学生事务办公室为其分享有效和创新实践实例，代表学生质疑，保障"物有所值"（Value for Money），公开监管不平等现象。

- 使用一系列指标、定性方法等来了解和评估高等教育的状况。根据政府的优先事项，策略性地使用教学奖励资金，例如支持产业战略中的优先事项，为代表性最弱的人和处境不利的学生提供参与的机会。

在高等教育机构层面，学生事务办公室进行监管并在必要时进行干预，以保护所有学生的利益，具体分为三个步骤，即注册和初步风险评估、对注册机构的监督、干预和制裁①。

第一步，注册和初步风险评估。学生事务办公室采取五个方面的措施。

- 所有注册的机构都列入通过单个网关访问的单个注册名单中。机构可以在两个注册类别中选择。每种类别均允许机构获得一系列独特的利益，其监管要求与学生和纳税人利益的风险成比例。

- 要进行注册的机构必须证明他们满足一系列初始注册条件，以确保他们能够为学生提供高质量的高等教育。他们将接受风险评估，以确定是否能够持续满足其条件。风险评估将考虑他们是否可以实现特定的结果，而不是其过程是否符合预定的规范。

- 学生事务办公室与指定的质量机构（Designated Quality Body, DQB）合作并对其进行监督，以评估拟注册机构的高等教育质量，确定其适用的标准。

- 注册条件是学生事务办公室用来监管各个机构的主要工具，学生事务办公室根据风险评估来决定对机构应适用哪些一般和特定的持续条件要求，这些条件确保机构继续满足质量基准要求，而不是推动持续改进。

- 学生事务办公室使用风险评估来决定是否需要进一步加强监控，以进一

---

① Office of Students. Securing student success : regulatory framework for higher education in England[R]. London : Office for Students, 2018 : 18.

步减轻个别机构的风险。

第二步，对注册机构的监督。学生事务办公室使用一些核心指标、可报告的事件和其他情报（例如投诉）对所有注册机构进行监管，识别早期和实时的警告，警告注册机构可能无法满足其某个注册条件。这些指标用以确定学生事务办公室需要进一步评估的领域。如果有必要，学生事务办公室将迅速采取第三步的干预措施（包括制裁措施）；另外，学生事务办公室还将每年随机抽样评估一部分注册机构（例如5%的机构），以更广泛地评估它们是否继续满足注册的总体条件。这种方法将用于确认学生事务办公室监控系统的有效性，并进一步激励注册机构满足其正在进行的注册条件。

第三步，干预和制裁。如果确定存在违反一个或多个注册条件的风险，学生事务办公室将考虑是否应为注册机构施加其他特定的持续注册条件，以保护学生和纳税人的利益。同时，学生事务办公室还将考虑是否加强监督；如果发现违反了特定或一般的持续性条件，学生事务办公室将考虑采用正式的制裁措施，即罚款、暂停或取消注册资格。

学位授予权的审批在2018年以前一直是政府机构——枢密院负责，而现在学生事务办公室作为第三方机构也参与其中（针对英格兰地区）。另外，QAA也在高等教育机构和枢密院、学生事务办公室之间发挥了重要的桥梁作用，为双方提供咨询服务。可以看出，英国政府在对跨国高等教育提供者的资格审核和监管中，越来越依赖与第三方机构的合作。从第三方机构来看，提供服务的界限和尺度极为重要，需要审慎处理与政府的密切关系，以免引起争议。

（二）教育战略引导

跨国高等教育是英国高等教育在国际上的重要增长领域[1]，越来越多的英国高等教育机构正在通过项目和机构的流动性策略作为对英国的国际学生招生策略的补充，以促进其本地区乃至本国的国际学生招生[2]。

2013年7月，为更好促进跨国高等教育的优质发展，政府发布了《国际教

---

[1] BASKERVILLE S, MACLEOD F, SAUNDERS N. A guide to UK higher education and partnerships for overseas universities[J]. UK：Higher Education International and Europe Unit. Research Series/9, 2011：27-32.

[2] LAWTON W, AHMED M, ANGULO T, et al. Horizon scanning：what will higher education look like in 2020[J]. Observatory on Borderless Higher Education, 2013.

育：全球增长和繁荣战略》（下文简称国际教育战略）。在教育全球化日益发展的背景下，该战略提出了许多优先领域，以发挥英国在优质教育方面的声誉优势。国际教育战略着重于支持英国高等教育机构吸引更多国际学生到英国，以及支持英国跨国高等教育的发展，包括通过加强质量保障等。国际教育战略明确提出英国跨国高等教育是要优先发展的领域之一，要使国际学生"有机会在自己的国家中接受广泛的英国教育选择，并充满信心地获得优质的产品和公认的资格"[①]。

具体而言，该战略承认"英国跨国高等教育提供的全球增长，特别是交付的不同模式以及遵守当地监管框架的需求，呈现出越来越高的质量保障复杂性和风险性"，这使得"英国维持并证明其教育出口的质量变得更为重要"。政府意识到个别跨国高等教育的提供者未能履行其对海外项目质量和标准的责任，可能会影响整个英国高等教育的声誉，因此政府要求高等教育各个部门认真考虑保证跨国高等教育的质量。例如政府要求QAA和英国高等教育国际部门（UK Higher Education International Unit，2016年更名为"英国大学联盟国际部门"，Universities UK International, UUKi）合作，就加强跨国高等教育的质量保障所需采取的措施进行咨询，并提出"可能的模型和机制，以证明各个英国跨国高等教育提供者对提供高质量服务的承诺并保护了英国部门的声誉"[②]。

自2013年战略启动以来，英国政府一直在英国教育领域与国际利益相关者和英国文化协会合作，支持教育研究者对主要的跨国高等教育输入地区进行专门的研究，以加强在全球已建立和新兴市场推广英国的全球教育服务。

在国际教育战略指导下，QAA开展了跨国高等教育质量保障咨询及改进工作。2013—2014年冬季，QAA和英国高等教育国际部启动面向社会的咨询工作，并于2014年5月发布了咨询报告。咨询所涉及的问题及其结果就是与英国跨国高等教育的增长相关的质量保障方面的挑战，对咨询结果的分析有助于制定关于英国跨国高等教育质量保障方法的计划。来自四个地区的高等教育机构以及

---

① HM Government. International education : global growth and prosperity[R]. London : HM Government，2013：4-8.

② HM Government. International education : global growth and prosperity[R]. London : HM Government，2013：37-47.

其他有关方面的代表组成了一个专门的实施小组，基于咨询中的一些固定原则制定了具体计划。

2019年，英国政府发布了新的国际教育战略——《国际教育战略：全球潜力、全球增长》（International Education Strategy: Global Potential, Global Growth），提出到2030年，英国教育出口收益目标是每年350亿英镑，其中跨国教育的收益超过18亿英镑，并强调跨国高等教育是其国际化教育战略的支柱之一，公布了与支持跨国高等教育的增长和多样化相关联的三个行动[①]。这些行动直接支持高等教育机构在现有的和新的市场开展跨国高等教育项目，有助于增加英国跨国高等教育的注册学生数量。

第一，教育部和国际贸易部将和高等教育相关部门、英国文化协会合作，更准确地确定跨国高等教育对英国经济的整体价值，为现有的和新的高等教育机构提供更好的潜在市场信息，并围绕跨国高等教育的最佳实践案例及其影响来完善整体的跨国高等教育信息基础。

第二，国际贸易部将在2019年任命一名国际教育倡导者（International Education Champion）。他的任务是为英国部门提供国际机会，与具有出口潜力的国家进行对话，努力解决跨国高等教育的监管难题，鼓励其发展跨国高等教育，确保这些国际合作协议包括承认英国学位，包括在线和混合学习项目。国际教育倡导者负责对跨国高等教育的优先区域建立网络，并与海外政府和教育部门的有影响力人士建立个人联系，即在已有的和新的市场中建立牢固的国际伙伴关系，并帮助应对挑战和障碍。国际教育倡导者在海外代表英国，并将英国推广为首选的国际教育合作伙伴。国际教育倡导者将率领英国海外教育提供机构代表团，也在英国接待国际代表团，以补充英国部长和贸易使节的工作。战略性年度活动计划将利用教育部的咨询小组和正式的国际教育指导小组来指导国际教育倡导者的活动；通过咨询小组，国际教育倡导者也将向教育部门报告教育出口机会和解决壁垒方面的进展。

第三，国际贸易部将与英国大学联盟国际部门、英国文化协会合作，通过展览、网络研讨会和参与会议等方式向英国相关部门公告关于跨国高等教育的

---

① HM Government. International education strategy : global potential, global growth[R]. London : HM Government, 2019: 6.

全球机会。国际贸易部将编制针对具体国家的指南，支持发展有针对性的合作伙伴关系，并积极促进英国跨国高等教育提供者和潜在国际合作者之间的合作伙伴配对，支持跨国高等教育活动。这些指南将于2020年编写，重点放在对跨国高等教育特别感兴趣和具有发展机会的国家。

二、高等教育质量保障署的外部评估

QAA是英国跨国高等教育外部评估的主要机构，其使命是维护英国高等教育的标准并提高英国高等教育在世界各地交付的质量[①]。首先，QAA与高等教育部门一起制定了高等教育质量标准指南，其中包括了针对跨国高等教育的质量准则，供所有开展跨国高等教育的英国大学使用。在质量准则的基础上，QAA对大学进行评估，评估的内容是英国大学的内部质量保障体系，考察英国大学为保障其质量采取的质量保障方式是否有效，对于跨国高等教育，QAA既在对英国大学的综合性机构评估中将其作为一部分来评估，也开展专门的跨国高等教育评估。其中，专门的跨国高等教育评估过程包括QAA对海外交付点的访问，以评估跨国高等教育质量和标准的保障政策及其过程的执行情况，并加深对跨国高等教育学生体验的了解。最后，QAA负责发布质量评估报告，详细说明对跨国高等教育的评估结果[②]。

值得注意的是，QAA仅进行跨国高等教育的外部评估工作，不进行项目认证（Programme Accreditation）。此外在英格兰跨国高等教育的外部质量评估方式正在不断变化。随着学生办公室（学生事务办公室）的建立，QAA在英格兰的周期性机构审查已经结束。学生事务办公室现在通过对照指标的年度分析来监督现有的英格兰大学，并且正在与HESA合作开发跨国高等教育提供机构的数据库。同时，学生事务办公室发起一次面向全社会的咨询以支持QAA对跨国高等教育进行持续的评估[③]。

---

① The Quality Assurance Agency for Higher Education. QAA Strategy 2017—20[R]. Gloucester：QAA，2017：2.

② The Quality Assurance Agency for Higher Education. Transnational education review handbook[R]. Gloucester：QAA，2019：4-11.

③ TRIFIRO F. The importance of cross-border cooperation in the quality assurance of TNE[J]. Higher Education Evaluation and Development，2019.

下面将从制定质量标准、开展评估活动两个方面来论述QAA跨国高等教育外部评估及其质量保障所做的努力。

（一）制定质量标准

从2013年起，QAA对跨国高等教育的评估参照的质量标准文件为《英国高等教育质量准则2013—2018》（以下简称《质量准则2013—2018》），由QAA通过与高等教育相关部门的广泛咨询制定，这些协商和咨询部门包括学位授予机构（Higher Education Providers）及其代表部门、全国学生联合会、专业机构（PSRB）以及其他利益相关主体。学位授予机构（通常为英国大学）还应负责满足法律要求以及基金委员会的其他监管要求。《质量准则2013—2018》不解释法律，也没有纳入法定要求，学位授予机构决定如何使用这些标准及资源并对其负责。

《质量准则2013—2018》包括三个部分，分别是A部分：制定和维护学术标准、B部分：确保和提高学术质量、C部分：有关高等教育的信息。另外，QAA还发布了学科基准说明和其他资源作为补充。

A部分主要是高等教育资格框架（The Frameworks for Higher Education Qualifications of UK Degree-Awarding Bodies）阐明了学术标准是授予学分和资格的基准，而具有学位授予权的提供者——学位授予机构必须设置并维护这些标准。A部分是对英国学位授予机构（英国大学）的办学期望（Expectation），没有具体指标，而是以解释性文字支持每个期望，确定了相关的英国和欧洲框架、说明和参考标准，解释了标准之间如何相互联系以及如何为标准的考察提供环境。期望是英国高等教育的关键原则，是英国高等教育学术水平和质量的关键。所有由QAA评估的大学必须满足所有期望，这是大学责任；QAA进行外部评估，主要评估大学是否满足期望。

B部分和C部分的每一章的期望都带有一系列反映良好实践的指标，通过这些指标，大学可以证明他们正在满足相关要求期望。指标并非强制，而是旨在帮助机构反思并发展其规范、流程和实践，以证明其已达到《质量准则2013—2018》中的期望。每个指标均特别标明并附有解释性注释，注释提供了有关该指标的更多信息，以及有关如何在实践中解释该指标的示例。B部分包括11个主题，分别是B1：课程设计、开发和批准，B2：高等教育的招生、选择和录取，

B3：教学，B4：促进学生的发展和成就，B5：学生的参与，B6：对学生的评估和对学生过去学习经历的认可，B7：外部评价，B8：项目的监控和评估，B9：学术申诉和学生投诉，B10：管理合作提供的高等教育，B11：研究学位。C部分规定了对大学提供有关高等教育信息的有效性、可靠性、有用性和访问性的期望。

《质量准则2013—2018》是所有英国大学的权威质量标准，它明确了要求大学做什么、它们的自我要求以及公众对它们的要求，涵盖了英国的四个地区以及在海外的跨国高等教育，无论学生在哪里学习、如何学习，《质量准则2013—2018》都保护他们的利益。跨国高等教育和其他高等教育项目一样，要遵循《质量准则2013—2018》的规定，其中，与跨国高等教育特别相关的是"B10：管理合作提供的高等教育"。

表3-2　《英国高等教育质量准则2013—2018》[①]

A部分：制定和维护学术标准 A1：英国和欧洲的学术标准 A2：学位授予机构的学术标准 A3：确保学术标准和结果导向的学位授予原则	B部分：确保和提高学术质量 B1：课程设计、开发和批准 B2：高等教育的招生、选择和录取 B3：教学
C部分：有关高等教育的信息	B4：促进学生的发展和成就 B5：学生的参与 B6：对学生的评估和对学生过去学习经历的认可 B7：外部评价
总体介绍	B8：项目的监控和评估 B9：学术申诉和学生投诉 B10：管理合作提供的高等教育 B11：研究学位

《质量准则2013—2018》的核心是"无论学生在何处、如何参与学习，必须确保有健全的流程来保障学生学习的质量"。"B10：管理合作提供的高等教育"的基本原则也响应了质量准则的核心原则，即无论在何处、由谁提供项目，学位授予机构对学术标准和学习机会的质量负有最终责任。特别是，学位授予机构有责任确保自己达到质量准则的要求，并且直接提供或支持学习机会的人员

---

① The Quality Assurance Agency for Higher Education. The UK quality code for higher education 2013—2018 [EB/OL]. [2020-03-18]. https：//www.qaa.ac.uk/quality-code/UK-Quality-Code-for-Higher-Education-2013-18.

也满足相应良好指标。

QAA对跨国高等教育的评估是以整个质量准则为指导依据的，跨国高等教育提供机构也参照质量准则中规定的要求进行内部质量保障。同时，跨国高等教育也属于B10章的规定范围，因此，需要特别参考B10章的内容。

B10章关注合作办学项目，指由学位授予机构与其他的一个或多个组织合作提供、评估或支持的授予学分、学历的学习项目，其中包括各种类型的跨国高等教育，例如特许经营和认证的项目、联合学位、双学位或多学位以及分校等。B10章认为跨国高等教育存在各种不同模式，不建议在制定、批准和管理此类高等教育项目时采取"一刀切"的方法。相反，它鼓励大学根据实际情况，因地制宜，考虑合作的风险比例，制定一系列不同的实践和程序。因此，B10章的总体建议是采用基于风险和比例化风险的方法来实施其核心要求和指标。指标分为多个主题，着眼于建立和管理合作办学的六个方面：战略和治理；制定、批准和管理合作办学；学术标准的责任及对标；质量保障；信息公开（面向学生、交付组织、合作办学各方）；证书和记录研究。对跨国高等教育的评估报告也是以这六个方面为框架展开的，评估小组在进行案头分析和评估访问时，也将严格参考B10章的指标①。

2016年，英国质量评估常务委员会（The UK Standing Committee for Quality Assessment, UKSCQA）成立，其成员来自公立大学和学院以及英格兰国务卿指定为学生提供支持的高等教育机构，英国的四个高等教育拨款机构、各部门机构和监管合作伙伴，学生利益由全国学生联合会和学生个人成员代表。英国质量评估常务委员会是一个咨询机构，其职能是对在英国范围内共享的质量和标准以及该部门与出资者/监管者的利益相关领域提供监督和战略指导，其领导的质量监督包括但不限于跨国高等教育的质量保障、学术诚信以及学位标准的可靠性和可比性等方面②。2017年11—12月，在英国质量评估常务委员会领导下，QAA开展了为期一个月的重建英国高等教育质量标准咨询活动，并于2018年公

---

① The Quality Assurance Agency for Higher Education. Chapter B10: managing higher education provision with others[R]. Gloucester: QAA, 2011: 10-36.

② UKSCQA. International strategic engagement and review of transnational education[EB/OL]. [2020-03-18]. https://ukscqa.org.uk/what-we-do/transnational-education/.

布了新的英国高等教育质量准则[①]。

新《质量准则》由QAA代表英国质量评估常务委员会与高等教育部门协商后开发，作为英国高等教育的关键参考依据，使大学能够了解他们必须达到的期望，保护公众和学生的利益，并维护英国高等教育在质量方面的世界领先声誉。

从要求贯彻的强制程度来看，新《质量准则》从结构上对旧版进行了调整。按照强制程度不同，可以将新《质量准则》分为包括期望（Expectation）、核心实践（Core Practices）、通用实践（Common Practices）、建议与指导（Advice and Guidance）等四种类型（如图3-2所示）。这四种类型的要求围绕高等教育的实践（Practice）设置，代表在英国的四个地区中强制程度不同的要求。

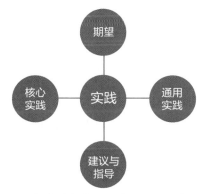

图3-2　新高等教育质量准则（2018年后）[②]

期望是新《质量准则》对《质量准则2013—2018》的延续，规定了大学在设定和维持学位标准以及管理其提供的质量方面应取得的成果，属于对所有英国大学的强制性要求，使得四个地区的高等教育质量标准在这一总体水平上趋于一致。

新《质量准则》详细阐述了核心和通用两种实践要求。核心实践是指有效

①　UKSCQA. UK Standing Committee for Quality Assessment launches consultation on review of Quality Code[EB/OL]. [2020-03-18]. https：//ukscqa.org.uk/2017/10/11/additional-40-million-for-heif-in-support-of-the-industrial-strategy/.

②　The Quality Assurance Agency for Higher Education. UK quality code for higher education[EB/OL]. [2020-03-18]. https：//www.qaa.ac.uk/quality-code.

的工作方式，是实现期望并为学生带来积极成果的基础，属于对所有英国大学的强制性要求；通用实践是指注重质量增强的工作方式，是对苏格兰、威尔士和北爱尔兰的所有大学的强制性要求。但英格兰的大学从2018年起受学生事务办公室监管，通用实践不是学生事务办公室监管框架的一部分，因此在英格兰不属于强制性要求。

最后，新《质量准则》也包括非强制性的建议和指导，旨在支持大学制定和维护有效的质量保障实践。对于大学而言，这并不是强制性的，而是以12个主题说明了一系列质量保障实践中可能的参考意见。

从内容来看，新《质量准则》分为建议与指导（Advice and Guidance）、学科基准说明（Subject Benchmark Statements）、资格和学分框架（Qualifications and Credit Frameworks）、支持资源（Supporting Resources）四个部分。

建议和指导的内容是对《英国高等教育质量准则2013—2018》中的B部分更新而成，分为与英国的高等教育（包括跨国高等教育）相关的12个主题：入学、招生和拓宽路径，评价，投诉和申诉，课程设计与开发，学生支持，外部专家，教学，监测与评估，合作办学，研究学位，学生参与，基于工作的学习。其中与跨国高等教育特别相关的一个主题是合作办学。这些建议和指导旨在支持新的和现有的大学满足外部评估的时的强制性要求，是QAA与高等教育部门合作开发的，包括指导原则、实践建议和更多资源。

学科基准说明描述了学习的性质以及特定学科领域的毕业生学术标准，显示了毕业生在学习结束时需要合理地知道、了解和理解的内容。学科基准说明是由学科专家编写的，是大学设计、交付和审查学术课程的参考标准[①]。但学科基准说明只提供一般指导，无意代表国家课程或项目的既定方法，相反，它允许大学的灵活性和创新。

资格和学分框架对原先的"A部分：制定和维护学术标准"进行整合，包括三个文本，即《高等教育资格框架》《资格分类说明》和《高等教育学分框架》，规定了不同级别的高等教育资格以及对每个资格的要求。英格兰、威尔士和北爱尔兰共享一个框架，苏格兰则有一个单独框架。学分框架为大学在设计

---

① The Quality Assurance Agency for Higher Education. Subject benchmark statement[R]. Gloucester : QAA，2019: 1-3.

具有高等教育学历的课程时如何使用学分提供了指导。

值得一提的是，新《质量准则》关注学生参与，提出在实现期望和核心实践方面应该有更多的空间来反映学生的声音或利益诉求。学生参与是所有质量框架的关键要素。QAA认为，简化学生参与流程是实现有效性以及确保敏捷性、内部沟通便利性的先决条件。因此，新《质量准则》也在内容上进行了精简，以一种学生以及包括非传统学生团体在内的新受众更容易接受的方式来制定期望要求。精简的新《质量准则》及其随附的指南对更多的高等教育利益相关者、学生代表和广大公众更加友好①。

英国各个地区采用新的《质量准则》作为质量评估参考的过渡安排有所不同。到2019年8月为止，苏格兰、威尔士或北爱尔兰的英国大学仍然参考旧的质量准则。英格兰的大学中，由国务卿指定但尚未在学生事务办公室注册的机构，于2019年7月31日之前，在年度监督和其他与评估相关的活动中仍然参考旧的质量准则，而已经在学生事务办公室注册的所有大学则都将使用新的质量准则。

（二）开展评估活动

QAA在2018年的新质量准则发布后尚未开展新的跨国高等教育质量评估。因此，本研究以《质量准则2013—2018》为参考标准，分析QAA以《质量准则2013—2018》为基础的跨国高等教育评估活动。QAA是英国跨国高等教育外部评估的主要机构，外部评估并不涉及跨国高等教育本身如何管理，而是对照《质量准则2013—2018》，尤其是"B10：管理合作提供的高等教育"，审查跨国高等教育项目在运行过程中是否按照质量标准开展了相应的质量保障工作，即外部评估重在考察项目的内部质量保障工作。

QAA主要以两种方式评估英国跨国高等教育——对英国大学开展的综合性机构评估和专门的跨国高等教育评估。

QAA在英国国内对大学进行的机构评估是一个综合评估过程，旨在考察大

---

① WONKHE. Getting the UK Quality Code just right[EB/OL].（2017-12-11）[2020-03-18]. https：// wonkhe.com/blogs/getting-the-uk-quality-code-right/.

学提供的全部高等教育项目，包括其在海外交付的跨国高等教育项目①。但是，在机构评估中，QAA对跨国高等教育的关注只能限于大学的政策和流程的文件。QAA认为评估小组仅仅将远在海外交付的跨国高等教育视为机构评估的一部分是不可行的。因此，QAA还通过专门的跨国高等教育评估流程来补充机构评估，其中包括访问跨国高等教育项目的海外交付点等形式。

对于英国跨国高等教育庞大的数量和广阔的范围而言，QAA致力于最大程度地提高英国跨国高等教育外部评估的效率和有效性②。专门的跨国高等教育评估旨在弥补综合的机构评估中不适合和不能满足跨国高等教育评估的方面，尤其是加强对评估政策和流程实施的评估，以维护标准和提高跨国高等教育的质量，同时，也深入了解跨国高等教育学生的学习体验。

与综合的机构评估不同，QAA针对跨国高等教育的评估采用基于国家的评估方式（Country-based Approach）：时间上，QAA每年选择一个国家进行一次评估；国家选择上，QAA一般选择一个英国跨国高等教育开展最多或者对英国高等教育具有重要战略意义的国家，由评估小组（包括实地访问等形式）来评估跨国高等教育项目。

QAA每年都会选择一个英国跨国高等教育项目较多的区域，从中确定多个交付项目进行外部评估，以此代表该地的跨国高等教育项目质量水平。在过去的几年中，QAA对印度（2009年）、马来西亚（2010年）、新加坡（2011年）、中国（2012年）、阿拉伯联合酋长国（UAE）（2013年）、加勒比海地区（2014年）、希腊和塞浦路斯（2015年）、爱尔兰（2017年）做了评估③。QAA的跨国高等教育评估方法是针对提供其所在的国家/地区所涵盖的项目类型而量身定制的。例如，对于在中国的英国跨国高等教育，QAA主要对合作伙伴关系进行评估；对于在阿联酋的项目，QAA的评估则侧重于分支机构的校园；而对于在加勒比海地区的项目，评估则侧重于远程学习方法。跨国高等教育评估通常都遵循四个关键阶段（如图3-3所示），在具体的评估阶段中，QAA遵循以数据库为基础的

---

① The Quality Assurance Agency for Higher Education. Types of review[EB/OL]. [2020-03-18]. https：//www.qaa.ac.uk/en/reviewing-higher-education/types-of-review.

②③ The Quality Assurance Agency for Higher Education. Transnational education review[EB/OL]. [2020-03-18]. https：//www.qaa.ac.uk/international/transnational-education-review.

风险分析原则，对跨国高等教育进行有效评估（如图3-4所示）。

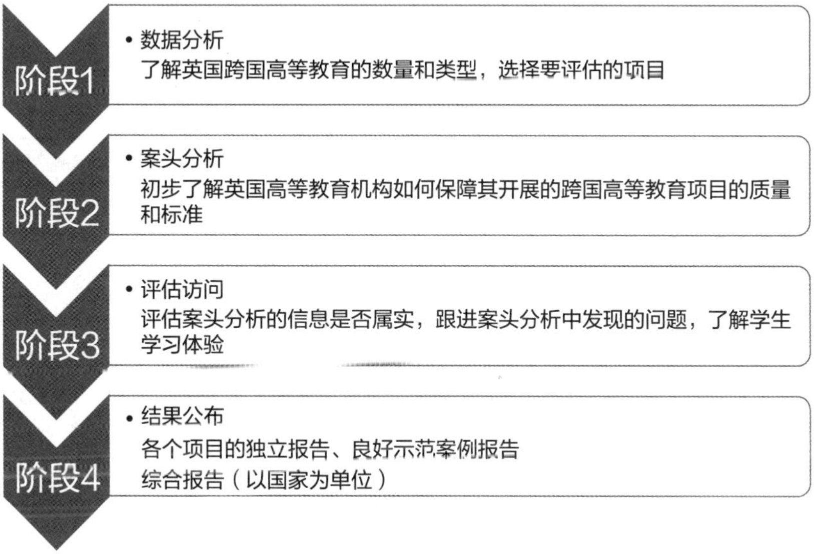

阶段1	• 数据分析 了解英国跨国高等教育的数量和类型，选择要评估的项目
阶段2	• 案头分析 初步了解英国高等教育机构如何保障其开展的跨国高等教育项目的质量和标准
阶段3	• 评估访问 评估案头分析的信息是否属实，跟进案头分析中发现的问题，了解学生学习体验
阶段4	• 结果公布 各个项目的独立报告、良好示范案例报告 综合报告（以国家为单位）

图3-3　QAA的跨国高等教育评估阶段①

---

① The Quality Assurance Agency for Higher Education. Quality assurance of cross-border higher education project uk country report[R]. Gloucester：QAA，2014：13.

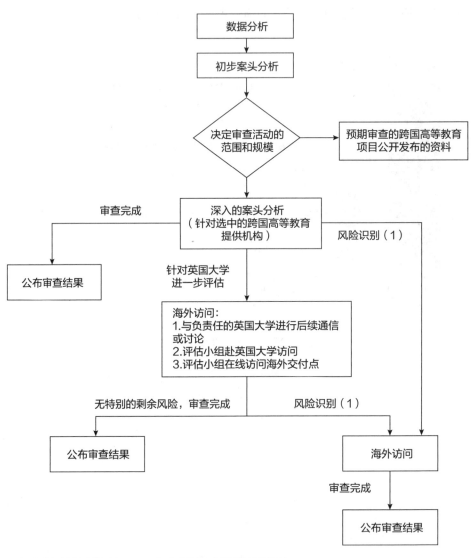

1.风险（包括但不限于）：　　2.审查结果（包括但不限于）：
　学术标准与质量；　　　　　　有关特定项目的独立评估报告；
　声誉损害；　　　　　　　　　有关选定项目或主题的案例研究；
　对英国规章的认知；　　　　　对过去国家评估报告的更新；
　对英国系统的误解。　　　　　单个国家的审查概述报告；
　　　　　　　　　　　　　　　英国跨国高等教育的质量保障年度报告。

图3-4　QAA的跨国高等教育评估流程图①

① The Quality Assurance Agency for Higher Education. Strengthening the quality assurance of UK transnational education consultation[R]. Gloucester：QAA，2013：16.

第一阶段是数据分析（Data Analysis）。QAA对所选国家或地区的英国跨国高等教育数据进行初步的数据分析，数据主要来自HESA总离岸记录，也包括东道国提供的可用数据。作为对数据的补充，QAA也对英国大学进行调查，以便更详细地了解他们在所选国家/地区的活动。HESA数据涵盖了各种类型的英国跨国高等教育，有助于QAA从中识别大规模的跨国高等教育提供机构，但HESA数据并未对特定的合作伙伴机构、海外分校或特定课程的学生人数进行细分。

随着英国跨国高等教育的规模化发展，HESA的宏观数据与QAA的微观调查数据无法覆盖所有跨国高等教育的普遍细节。目前，HESA从高等教育机构收集在不同国家学习的学生（本科生和研究生）数量数据，并按照以下标准进行分类：学习层次（本科生与研究生）、注册地点（直接在英国院校还是在合作院校注册）、学习地点（在分校学习、合作项目还是远程学习），数据还扩展到在特定项目或机构学习特定课程的学生人数。

但这一数据收集方式还需要完善。HESA数据是每年定期收集的，其范围是全球性的，但详细程度有限；而QAA的调查仅需要在特定国家或地区评估时进行，因此两者的数据并不完全并行。尽管QAA也可能从其他国家的对口组织获得信息，但这要取决于是否存在信息共享的协议，因此QAA所获得的信息是不完整的。可以说，在一定期限内，英国跨国高等教育的数据仅限于HESA年度数据反映的内容。

对于这个问题，QAA提出，在与合作伙伴达成正式协议的前提下，高等教育提供机构保留其跨国高等教育信息的记录。但原先各个机构的记录由各个跨国高等教育提供机构自行安排，并不遵循任何规定的格式，也不适合跨机构的比较分析。个人对英国高等教育的声誉和公众信心在一定程度上取决于跨国高等教育提供机构是否愿意对数据记录保持开放态度并提供丰富的信息，因此，记录工作有着重要意义。

QAA提出定期以通用格式收集足以支撑跨国高等教育质量保障的基础数据库。从中期来看，这可能涉及修改HESA在年度总记录中收集的数据；从短期来看，需要对跨国高等教育进行全面调查。QAA向跨国高等教育的相关机构提供基础数据库模板，针对每个英国高等教育机构、每种跨国高等教育类型、每个跨国高等教育交付点进行数据记录工作（如表3-3）。

表3-3　英国跨国高等教育提供机构数据库模板 [①]

要求数据	
每个英国高等教育机构	跨国高等教育活动的类型（按HESA分类）： • 英国大学的海外分支 • 海外合作伙伴：在英国大学注册的学生 • 海外合作伙伴：在伙伴机构注册的学生 • 远程学习（可能涉及国内支持中心）
每类跨国高等教育项目	跨国高等教育交付点信息： • 名称（网络链接）和位置（城镇，国家/地区） • 首次入学的日期（确定跨国高等教育的开始日期）
每个跨国高等教育交付点	跨国高等教育项目信息 • 项目名称 • 学位级别 • 学位类型（单一学位、联合学位、双学位或多个学位） • 学科领域 • 学生编号（没有实地支持中心参与的远程学习将按国家分组，并分别列出）

第二阶段是案头分析（Desk-based Analysis）。QAA收集更详细的信息进行案头分析，以便选定重点评估的跨国高等教育。2014年起，QAA要求每个提供跨国高等教育的英国大学建立各自的基础数据库，进行详细的基于案头的分析。这些数据库并不是像综合性机构评估中的详细自我评估文件，而是由文本文件组成，例如战略文件、内部报告、项目信息和会议记录，按照QAA给予的通用格式，由跨国高等教育提供机构记录。通过机构层面的数据库，QAA评估小组以"B10：管理合作提供的高等教育"为参考标准，了解英国大学采取了哪些战略和政策来建立和保障各个海外跨国高等教育项目的质量。

在案头分析环节，QAA给予数据分析，开展基于风险要素的初步分析和深入分析。风险要素是英国政府在2013年的国际教育战略中首次提出的，该战略总结跨国高等教育可能存在以下风险。

• 学术标准和质量的风险：跨国高等教育可能不符合英国所要求的学术标准或教育质量要求。

---

① The Quality Assurance Agency for Higher Education. Strengthening the quality assurance of UK transnational education consultation[R]. Gloucester：QAA，2013：11.

● 名誉受损的风险：一所跨国高等教育提供大学的质量不佳，可能会对其他英国大学造成不利影响。

● 英国质量保障的海外认可风险：如果QAA质量保障工作没有得到海外国家相关部门的足够关注，他们可能会对QAA的严格性表示怀疑，这意味着QAA需要在国外具有一定的知名度，以增强海外国家对英国跨国高等教育及其质量保障工作的信心。

● 误解英国体系的风险：海外国家可能无法正确理解英国质量保障体系的基本方面，尤其是英国大学的自主权以及缺乏国家或州认证体系（英国给予大学极大的自主权），对英国系统的太多误解可能会导致人们对英国跨国高等教育的评价不高。

QAA认为，由于跨国高等教育正在迅速发展并呈现出多种模式，回顾性的总结、以机构为中心的方法可能不适用于跨国高等教育。虽然大学的过往办学记录可能仍会影响跨国高等教育的风险分析，但其他风险可能是针对特定国家或针对跨国高等教育的特定形式。因此，跨国高等教育的质量保障应当坚持具体问题具体分析，不能忽视各跨国高等教育的特殊性。一方面，分析的重点应从机构的风险转移到如何以及在何处开展跨国教育的风险；另一方面，重点应从对过往风险的总结转移到对未来风险的预判，基于风险的质量保障要素可以被用作一种方法，来预测可能会出现的问题，以便尽早预防。

在英国跨国高等教育的外部评估中采用基于风险的方法将需要确定某些风险参数。QAA认为这些参数是非常简单的，可以基于易获得的信息总结。并且，这些风险参数是质量保障活动范围的指南，而不是僵化治理过程的驱动力。随着可用信息的更新和风险评估的经验，风险参数也需要随之发展。表3-4是QAA总结的跨国高等教育提供机构在建立和运行跨国高等教育时应重点关注的因素，其中包括跨国高等教育的类型、发展阶段、运行背景以及英方机构的管理方式。

表3-4 英国跨国高等教育风险要素总结 ①

与跨国高等教育提供机构相关的风险要素		与质量保障相关的风险要素
QAA从统计、调查和已发布的报告中收集的信息		
初步分析（所有的英国跨国高等教育）	• 英国大学在东道国开展业务的经验 • 英国大学在东道国提供跨国高等教育的经验 • 英国大学的质量记录 • 与东道国合作伙伴的关系持续时间 • 相关跨国高等教育的学生人数 • 学生人数的增长率	• QAA在东道国审查访问的时间间隔 • QAA审查的时间间隔 • 相关QAA发布活动的程度 • QAA与东道国相应组织的关系及其所提出的任何问题 • 在相关国家关注的项目
英国机构从现有文档中向QAA提供的信息		
深入分析（选定的英国跨国高等教育提供机构）	• 相关国家对英国海外业务监管的复杂性 • 英国大学与海外业务之间的联系频率 • 英国大学对海外业务监控的有效性 • 英国大学为跨国高等教育提供资源的充足性 • 跨国高等教育交付点的人员配备 • 对海外工作人员的培训和支持 • 英国提供课程的比例和水平 • 英国大学的参与情况：学生录取、课程提供、评估等方面 • 英语语言要求和支持安排（如果适用） • 学生成绩数据 • 学生满意度	• 东道国质量保障机构的认可 • 英国或全球认可机构的认可 •（QAA也可以通过信息共享协议获得相关报告）

　　QAA强调对跨国高等教育质量保障的任何风险要素都要有正确的认知并谨慎应用。第一，更好地了解与跨国高等教育活动相关的风险的性质，在可能的情况下减轻风险，并鼓励良好实践，而不是灌输对冒险的恐惧，以至于扼杀健康的创新；第二，要提供一些易于测量的参数，这些参数可以用作指导进行其他质量保障工作的指南，而不是要开发一个复杂的风险模型，复杂模型需要繁重的信息收集工作；第三，不仅要关注质量最好的项目，还要重点展示这些良好实例，从而将注意力集中在质量保障和改善他人的做法上，以对英国跨国高等教育的声誉产生积极影响；第四，英国质量保障体系在海外缺乏知名度也是一种风险，如果基于表格中的风险因素，考虑审查的成本较高而不给予海外访问审查活动应有的资源支持，则这种风险可能会增加，因此，需要在成本效益

---

① The Quality Assurance Agency for Higher Education. Strengthening the quality assurance of UK transnational education consultation[R]. Gloucester：QAA，2013：13.

和实际质量保障流程之间取得平衡。

在明确风险要素的基础上，QAA首先开展初步分析。初步的案头分析是一种经济有效的方式，无需花费差旅费。分析的起点是第一阶段的数据库，再加上任何可用的已发布报告、与QAA有信息共享协议的组织辅助，在共享信息时，QAA会考虑其他国家的标准和质量概念可能与英国不同。QAA的初步分析有助于其及时了解跨国高等教育的发展情况，例如英国跨国高等教育在哪些区域增长或下降，突出跨国高等教育类型的趋势和各个大学办学实践的变化。

结合简单的风险因素（如表3-4英国跨国高等教育风险要素总结），初步分析将为有关评估活动的规模和范围提供决策依据：后续的评估活动应该集中在哪些特定国家、特定跨国高等教育类型还是其他学科上，哪些评估可以在英国进行，哪些可能需要出国访问等。

这种定期分析信息、应用风险因素和项目评估活动的过程，有助于QAA发布跨国高等教育的评估计划。QAA每年出版一份涵盖未来三年的项目评估计划（表3-5）。

表3-5　英国跨国高等教育三年评估计划[①]

三年评估计划	
第一年	• 案头分析：英国跨国高等教育的最新全球调查、发布报告和其他共享信息 • 海外评估访问国家/地区 [A] —关注 [A] 中英国跨国高等教育的数量迅速增加的地区 • 确定评估的主题（可能基于案头分析和海外访问）
第二年	• 案头分析：英国跨国高等教育的最新全球调查、发布报告和合作伙伴的信息 • 海外评估访问国家/地区 [B] —关注东道国质量管理机构提出问题的地区 —关注 QAA 对 [B] 进行评估访问的时间间隔较长的地区 • 确定评估的主题（可能基于案头分析和海外访问）
第三年	• 案头分析：英国跨国高等教育的最新全球调查、发布报告和合作伙伴的信息 • 海外评估访问国家/地区 [C] —关注 [C] 中质量监管环境发展最新变化的地区 • 确定评估的主题（可能基于案头分析和海外访问）

之后，QAA开展深入的案头分析。QAA在初步分析的基础上，基于英国相

---

① The Quality Assurance Agency for Higher Education. Strengthening the quality assurance of UK transnational education consultation[R]. Gloucester : QAA，2013：15.

关大学提供的文件，将对评估计划中选定的跨国高等教育项目进行更详细的案头分析，深入的分析以风险因素作为参考点。这一工作本身可能足以完成评估流程，也可能还需要进一步调查。进一步调查指QAA先在英国国内对提供跨国高等教育的大学进行访问，或者在线访问海外交付点，进行进一步风险识别，决定结束评估还是开展海外访问。

第三阶段是海外评估访问（Review Visit）。在案头分析的基础上，QAA确定评估访问期间待解决的具体问题。通过评估访问，QAA评估案头分析的信息是否属实，跟进案头分析中发现的问题，更直接地了解学生的学习经历以及各个大学在实践中如何管理海外活动。访问涉及与英国和本地的职员（高级管理人员、学术人员和行政人员）以及学生的面谈会议。对特定机构的海外评估访问通常持续一到两天，具体取决于所评估的跨国高等教育项目规模。例如，对于在多学科领域提供多种课程的海外校园项目，QAA通常需要两天的时间进行评估；但涉及小规模的跨国高等教育项目，访问评估通常不会超过一天。

与所有QAA评估程序一样，海外评估访问由同行评估员进行，评估小组通常由两个评估员和一个QAA官员组成。海外访问评估所涉及的人数会根据整个评估时间表的要求而有所不同。在组建海外评估小组时，QAA利用在英国国内进行评估的同行评估员群体，挑选的依据主要是评估员的兴趣和相关专业知识，例如对评估的东道国家或地区的了解和工作经验。此外，尽管英国国内综合性机构评估的成员通常包括学生，但关注跨国高等教育的评估小组尚未包括学生评估员。目前，跨国高等教育的学生以满意度调查、座谈等形式参与QAA的外部评估。

东道国的质量保障机构相关人员也渐渐以观察员身份加入QAA评估小组，这是QAA与特定机构达成谅解备忘录的结果。在进行海外评估时，QAA寻求在每个阶段与东道国的质量保障机构紧密联系。他们可能会提供数据或其他信息，并向评估小组介绍当地的法规和高等教育系统，从而为QAA提供帮助。在评估访问期间，他们也会提供有用的说明，解释文化差异等问题。在评估结果发布之前，他们还可以通过检查QAA的报告中是否存在事实错误来参与评估过程的后期阶段。

第四阶段是结果公布。QAA发布海外评估的结果，包括评估的跨国高等教育项目的独立评估报告；以特定主题（例如科研合作等）为中心的良好示范案例研究报告；以前的评估报告中所涵盖的最新信息（如果过去有评估记录）；评估的东道国家/地区的英国跨国高等教育总体报告。其中，对于独立评估报告，QAA强调报告仅基于一个或几个跨国高等教育示例的评估，并不意味着对大学管理跨国高等教育能力的正式判断，而是只能给出建议并强调积极的特点。这与英国国内的综合性机构评估相反，综合性机构评估必须形成总结性的判断结果。而对于东道国家/地区的英国跨国高等教育总体报告则是概述QAA对英国跨国高等教育项目在目标国家/地区开展评估的范围，并借鉴独立的评估报告和案例研究，重点介绍评估中出现的关键主题。

另外，由于英国大学本身要接受QAA对其开展的定期机构评估，针对跨国高等教育的评估如何融入机构评估一直是QAA在探索的事务。总体上，机构评估包括了英国大学的海外合作项目，但针对性不强。基于跨国高等教育的风险复杂性，QAA对其进行特别的评估，而评估流程实质上也参考了机构评估。QAA对跨国高等教育的评估是在对英国大学进行综合性的机构评估基础上进行的补充评估，下面，本研究将对机构评估和跨国高等教育评估进行辨析（如表3-6所示）。

表3-6　英国机构评估和跨国高等教育评估辨析

	机构评估（综合性）	跨国高等教育评估
范围	海外项目是整个大学的一部分，跨国高等教育项目被视为评估的一部分，但评估不包括对海外交付点的访问	特别关注跨国高等教育，包括访问海外交付点。在每个国家/地区进行调查，查看所选国家/地区中英国跨国高等教育的样本
周期	每个机构都会定期进行评估，通常是4—6年一次	评估大约每年进行一次，每年针对特定国家/地区，可以连续几年对机构进行评估
评估小组	评估小组的规模可能会根据所评估机构的规模而有所不同，一个团队可能包括多达六名评估员和一名QAA官员，其中包括一名学生评估员，英格兰的机构评估小组还包括一名国际评估员	评估小组则相对精简，通常包括两名评估员和一名QAA官员，可能有多个小组被派往关注的国家/地区，评估小组的规模可能也会根据所评估规定的范围而有所不同
参考标准	机构根据《质量准则》进行评估	根据《质量准则》对跨国高等教育运行情况进行评估，尤其着重于B10：管理合作提供的高等教育

续表

	机构评估（综合性）	跨国高等教育评估
信息库	大学提交详细的自我评估文件以及证明材料	大学不提交自我评估文件，而仅提供现有文件，以证明如何保障跨国高等教育质量，重点放在选择进行评估的特定项目上
结果	最终报告除了建议和良好实践案例之外，还包含总结性的判断，即"可信""在一定程度内可信""不可信"	最终报告不包含总结性的判断，但是包含建议和良好实践的案例总结。QAA还制作另一份报告，概述所选国家/地区的英国跨国高等教育的状况，并突出显示由评估访问的专业
行动计划	在评估报告之后，要求英国大学概述一项针对评估小组建议的行动计划	英国大学无须制定针对评估小组建议的行动计划。但是，在综合性机构评估过程中会考虑在跨国高等教育评估中提出的建议

在评估范围上，跨国高等教育作为英国大学在海外的合作办学项目，是QAA的综合性机构评估中的一部分，机构评估的周期是4—6年一次，QAA也不会特别针对跨国高等教育的海外交付点进行访问；而跨国高等教育评估则包括QAA赴海外对跨国高等教育交付点的实地访问，周期为1年一次，选定一个东道国进行针对性评估。

在评估小组组建上，对于综合性的机构评估，评估小组的规模可能会根据所评估机构的规模而有所不同，一个团队可能包括多达六名评估员和一名QAA官员，其中包括一名学生评估员，英格兰的机构评估小组还包括一名国际评估员；跨国高等教育的评估小组则相对精简，通常包括两名评估员和一名QAA官员，可能有多个小组被派往关注的国家/地区，评估小组的规模可能也会根据所评估规定的范围而有所不同。

评估小组依据的质量标准均是QAA公布的《质量准则》，对跨国高等教育，QAA在评估时尤其着重对照"B10：管理合作提供的高等教育"的规定。英国大学在机构评估中须提交详细的自我评估文件以及证明材料。大学在跨国高等教育评估中则不必再提交自我评估文件，而仅提供现有文件，以证明如何保障跨国高等教育质量，重点放在选择进行评估的特定项目上。

在评估结果上，QAA对于机构评估给出一份最终报告，除了建议和良好实践案例，还包含总结性的判断，即"可信""在一定程度内可信""不可信"；对于跨国高等教育，QAA的最终评估报告也提出建议和良好实践案例，但不包含总结性的判断，另外，QAA还制作一份报告，概述所选国家/地区的英国跨国高等教育状况，并突出显示评估访问的主题。

针对评估结果，QAA要求英国大学在机构评估后概述一项针对评估小组建议的行动计划。对于跨国高等教育评估，英国大学无须制定针对评估小组建议的行动计划。但是，在综合性机构评估过程中，英国大学一般会考虑在跨国高等教育评估中提出的建议。

（三）进行国际合作

由于质量保障体系的不同，跨国高等教育面临着特殊的挑战：各国有着不同的质量保障参考标准或不同的评估过程，高等教育的自治程度不尽相同，公立高等教育和私立高等教育的政策不同，学术、技术和专业教育之间也存在差异，这些都会增加跨国合作的复杂性，增加跨国高等教育提供者的监管负担。

QAA的质量保障专家法布里佐·特里菲罗（Fabrizio Trifiro）提出，一方面，要促进各个国家有关跨国高等教育项目质量保障方案的信息共享和政策对话，从而增进相互了解并在机构之间建立互信；另一方面，需要找到可行的方式，使输出国和东道国的质量保障机构可以合作并分担责任，以促进跨国高等教育项目的质量保证并最终避免监管方面的差距或重复[①]。对此，QAA设法让利益相关者参与对话，以确定具体的行动领域，特别是跨国高等教育机构的参与，帮助输出和东道国的机构确定哪里可能存在不必要的重复监管。本着这种精神，QAA加强与国际伙伴和其他部门机构的合作。加强国际合作有利于切实有效地维持、提高和促进英国高等教育国际声誉，并支持英国高等教育机构的国际化。

QAA加强国际合作的第一步是分享英国跨国高等教育的质量保障方案。QAA积极发布英国的跨国高等教育质量保障国家报告，概述英国跨国高等教育的规模和质量保障的方式。这些报告由QAA与当地合作伙伴以及其他高等教育部门、研究机构（英国文化协会、UUKi、高等教育研究院等）合作完成，不仅为英国的战略合作伙伴提供了权威的公开信息，增强国际合作伙伴对英国跨国高等教育的质量保障的信心，而且也为其他跨国高等教育提供大国提供了一个良好示范。例如，2014年，英国参与跨境高等教育质量保障项目并发布英国的报告（Quality Assurance of Cross-border Higher Education Project UK Country

---

① TRIFIRO F. Inter-agency cooperation in the quality assurance of transnational education：challenges and opportunities[J]. Quality in Higher Education，2018，24（2）：136-153.

Report），报告由QAA编写，详细阐述了英国的跨境高等教育、国家监管环境、跨境高等教育质量保证的标准和准则、跨境高等教育及其质量保障的主要障碍、挑战和良好实践的案例。

其次，QAA也与跨国高等教育的合作伙伴及竞争对手的高等教育质量保障部门进行交流，既加深各自的信息分享和理解，了解各个国家及其质量保障体系差异背后的原因，也分担彼此在跨国高等教育合作中的责任。QAA多年来与英国跨国高等教育相关区域建立了战略合作伙伴关系，并与其相应机构进行接触，以期提高对彼此的高等教育和质量体系保障的相互理解，探索QAA在具体项目中进行合作的方式。例如，QAA与中国香港学术及职业资历评审局（Hong Kong Council for the Accreditation of Academic and Vocational Qualifications, HKCAAVQ）开展联合评估活动和基准程序，并且认可HKCAAVQ的认证决定[①]。

下面，结合QAA与迪拜知识和人类发展局（Knowledge and Human Development Authority of Dubai, KHDA）、新加坡私立教育委员会（Committee for Private Education, CPE）联合举办的跨国高等教育学生调查和论坛来分析QAA是如何开展质量保障的合作行动的。

2018年，QAA与迪拜知识和人类发展局、新加坡私立教育委员会就跨国高等教育的质量保障开展了第一次合作，这是质量保障机构之间跨境合作以确保跨国高等教育学生获得最佳学习体验的创新实践的一个范例，这次合作探索了通过调查和讨论论坛来了解英国跨国高等教育学生体验和学生观点的更多方式，提供了在英国跨国高等教育的两个战略地点（迪拜和新加坡）的跨国高等教育学生观点，也说明质量保障机构和跨国高等教育提供者可以协同合作以产生有价值的成果和情报[②]。

英国、迪拜和新加坡都缺乏针对跨国高等教育学生的意见反馈机制，英国每年会进行一次全国学生调查，收集最后一年的本科生对高等教育时间的看法，但是，全国学生调查只针对在英国本土学习的学生，并不涵盖跨国高等教育学

---

① The Quality Assurance Agency for Higher Education. Country report : Hong Kong（special administrative region of the People's Republic of China）[R]. Gloucester : QAA, 2018: 20.

② The Quality Assurance Agency for Higher Education（QAA）, the Knowledge and Human Development Authority（KHDA）of Dubai, the Committee for Private Education（CPE）. Enhancing the UK TNE student experience in Dubai and Singapore : a case study in cross-border cooperation in quality assurance[R]. London : The Quality Assurance Agency for Higher Education, 2018: 24-25.

生。迪拜知识和人类发展局定期举办学生焦点小组以收集他们对学习体验的看法，并针对所有学生进行年度学生满意度调查，但不会定期收集有关跨国高等教育学生的学习经历的信息。同样，新加坡私立教育委员会进行一系列学生调查，但这些调查的目的不是专门收集有关跨国高等教育学生的经历的信息。因此，英国、迪拜、新加坡的三个高等教育质量保障机构首次组织针对跨国高等教育学生的学生论坛和满意度调查，作为一项试点项目，其目的在于确定英国跨国教育学生（那些在英国境外接受英国高等教育的学生）最看重的是什么，以及他们希望在哪里推动进一步的发展。

调查以问卷和学生论坛的形式开展，其结果显示，两个地区的英国跨国高等教育学生通常对他们的学习经历感到满意。但是，两个地区的学生都认为，在工作经验、与行业和就业能力的互动以及更广泛的学生体验等方面，还需要更多的改进。就后者而言，由于迪拜的英国跨国高等教育主要以海外校园的形式存在，对于在英国大学分校就读的迪拜学生而言，改善学生体验意味着要拥有与在英国主校园就读的学生相当的体验，包括广泛的学生服务和课外活动等其他服务。由于新加坡的英国跨国高等教育主要以两国高等教育机构合作形式存在，新加坡学生普遍意识到，他们无法获得海外校园式的学生体验，他们对英国本土大学的归属感有待加强。

对于QAA而言，英国跨国高等教育的地理分布广泛、数量庞大，QAA一直在寻找评估之外的其他方法，监测英国跨国高等教育学生的学习体验。除了定期共享信息和情报外，与东道国家/地区的高等教育质量保障机构合作，通过满意度调查和论坛收集跨国高等教育学生对他们的经验的看法不失为一种可取的方法。

对于迪拜知识和人类发展局和新加坡私立教育委员会而言，因为英国跨国高等教育项目在迪拜和新加坡的跨国高等教育项目数量中占有较大比例，与英国跨国高等教育学生进行交流也是非常有价值的。迪拜知识和人类发展局和新加坡私立教育委员会可以进一步发展类似的调查和论坛，将其扩展到境内的其他跨国高等教育项目，从而使新加坡私立教育委员会和迪拜知识和人类发展局可以定期地监控本地跨国高等教育学生的经历，确保满足学生的期望和本地教育需求。

因此，这样的合作使三个机构能够更好地了解与跨国高等教育提供相关的挑战是如何通过不同的监管环境和不同的跨国高等教育方法来形成的，这就是合作的优越之处——信息的共享和良好示范案例的借鉴。

此外，QAA加入了多个国际网络，以便与各国的相关机构建立信任关系。QAA加入的国际网络包括欧洲的欧洲高等教育质量保障协会（European Association for Quality Assurance in Higher Education, ENQA）、远东地区的亚太质量网络（Asia-Pacific Quality Network）、美国的高等教育认证委员会/国际质量组织（Council for Higher Education Accreditation/International Quality Group）、国际高等教育质量保障组织，以及高等教育认证理事会国际质量小组（the Council for Higher Education Accreditation International Quality Group, CHEA-IQG）。QAA在各个国际网络中都发挥了重要作用，推动跨境质量保障网络（Cross-Border Quality Assurance Network, CBQAN）、质量超越边界集团（the Quality Beyond Borders Group, QBBG）开展质量保障合作，为跨国高等教育主要输出国和东道国之间建立对话平台。

得益于英国跨国高等教育的庞大规模和丰富经验，QAA在国际网络中往往起着领导作用，引领了一系列备受瞩目的国际项目，旨在讨论和促进质量保障机构在当前高等教育国际化背景下的跨境合作。特别是作为ENQA管理的QACHE项目的一部分，QAA不仅提供了英国方案，成为项目最终报告的重要部分，还领导开发了质量保障机构跨境高等教育合作工具包（the Toolkit for Quality Assurance Agencies Cooperation in Cross-border Higher Education）。

QACHE项目是由目前在跨国高等教育质量保障方面影响力较大的国际高等教育质量保障组织于2008年发起的。QACHE项目认为，跨国高等教育质量保障的国际合作面临三大挑战：首先，亚洲、欧洲和中东三个区域内部和跨区域的跨国高等教育监管方法和框架极其多样化，为合作与认证带来一定难度；第二，缺乏关于不同机构的方法和国家框架的信息和知识，输出国与东道国家/地区之间关于跨国高等教育质量存在信任差距，特别是东道国家/地区一般比输出国对质量更加怀疑；第三，各国的高等教育质量保障机构在跨国高等教育质量保障方面缺乏合作。这些方面是严格相互关联的，形成一个恶性循环，彼此缺乏信息共享，导致机构之间缺乏信任，进而阻碍合作，最终导致跨国高等教育的质量保障效率和有效性都不足。得益于欧盟 Erasmus Mundus 计划的支持，QACHE 项目的合作伙伴致力于改善和加强国家和国际对跨境高等教育质量保证的监督，通过采取更多共同努力、共享良好做法、合作开展国际合作来改善和提高欧洲提供的跨国教育声誉，共同支持高质量的跨境服务。在与国际同事进行研究和讨论之后，他们为各国的高等教育质量保障机构提供工具包，为国家和欧洲政策制定者提供建议、良好实践的实例以及进行进一步研究的试点调查，为改善跨国高等教育水平做出了贡献。

其中，合作工具包是 QAA 参与和领导 QACHE 项目的重要成果，该工具包提出信息共享、质量保障合作、机构网络等三个原则，并给出了具体指导建议，为跨国高等教育的质量保障合作指明了方向①。

首先，信息共享是指输出国和东道国家/地区的质量保障机构应共享有关各自质量保障体系的信息以及提供跨国高等教育的机构信息，以促进相互理解和建立互信。为此，工具包建议各国的高等教育保障机构做到以下几点：对入境和出境 CBHE（Cross-border Higher Education）的质量保证有明确且容易获得的政策；可轻松获取有质量保障认可的机构名单，包括任何入境或出境跨国高等教育的最终清单以及相关报告；寻求建立正常的沟通渠道，促进信息共享，增进相互理解，探索跨国高等教育质量保障合作的途径。

其次，质量保障合作是指输出国和东道国家/地区的质量保障机构应寻求协调和合作的评估活动，以避免监管方面的差异和重复，并减轻跨国高等教育提供机构的监管负担。为此，工具包建议各国的高等教育保障机构做到以下几点：在进行跨国高等教育入境或出境评估时联系对方机构；寻求利用或依赖彼此收集的信息或质量保障政策的方式；寻求共同开展跨国高等教育评估活动的方式。

最后，机构网络是指促进机构间合作和实施合作工具包的高等教育质量保障机构之间的网络。为此，工具包建议各国的高等教育保障机构做到以下几点：促进其成员机构和国家的质量保障和高等教育系统的信息共享；加强与其他网络的合作，促进跨国高等教育质量保障的政策对话、信息共享和良好实践传播；开展旨在支持各机构执行本工具包中所载建议的项目和举措。

---

① TRIFIRO F. The QACHE toolkit for quality assurance agencies : cooperation in cross-border higher education[J]. The Observatory on Borderless Higher Education，News Analysis，2015：9.

为了跟进与QACHE工具包实施相关的一些问题，QAA提出了一项研究计划，并获得国际高等教育质量保障组织的资助，该计划致力于研究更广泛的国家和监管机构参与跨境合作所面临的挑战和限制，以期帮助各国机构制定可行的机构间合作战略。QAA对覆盖跨国高等教育一些重要国家（包括输出国和东道国家/地区）的机构进行调查，收集关于其在跨国高等教育质量保障方面的经验和对机构间合作认知的信息，于2016年发布了相关研究报告。研究结果突出了一些针对希望实施QACHE工具包的质量保障机构的战略建议，其中包括需要参与有关跨国高等教育和机构间质量保障合作的对话，对话须面向所有主要利益相关者，特别是政府、跨国高等教育提供机构和学生。

本着QACHE工具包的实施精神和国际高等教育质量保障组织资助研究的结果，QAA考虑进一步推进与国际伙伴的合作，以有效和高效的方式提供其在英国范围内的质量保障，提升英国高等教育国际声誉。具体举措包括四个方面：首先，打造良好的英国跨国高等教育项目运营环境，与英国文化协会等部门机构合作，通过全球联合倡议，使海外高等教育市场能够更好地获取和传播英国跨国高等教育；第二，与海外合作伙伴机构探讨，利用彼此收集的信息和质量保障政策，避免重复监管工作；第三，与海外合作伙伴机构开展项目，旨在就跨国高等教育及其质量保障的具体方面达成共识，例如清晰的信息和学生体验的等效性；最后，加强与英国跨国高等教育的主要东道国——中国的质量保障合作[①]。

总之，英国在跨国高等教育教育监管方面的国际合作主要是QAA在发挥着领导作用。作为其国际战略的一部分，QAA有三个目标：其一，确保国际交付的英国高等教育或跨国教育的学术水平；其二，成为国际质量保障和改进事务上的权威，通过共享专业知识、情报和信息来提高对QAA作为权威性建议提供者的认可；其三，最大化QAA在国际质量保障发展中的影响力。英国跨国高等教育仍将进一步扩展，通过国际合作，QAA将继续支持英国高等教育的全球声誉，无论学生所在的位置如何，都要确保其接受英国高等教育的质量和标准。

---

① TRIFIRO F. Making QA collaborative for TNE[EB/OL].[2016-06-05]. https：//www.universitiesuk.ac.uk/International/heglobal/Pages/making-qa-collaborative-for-TNE.aspx.

三、专业机构的专业认证

英国高等教育的专业认证主要由各行各业的专业机构负责，跨国高等教育没有独立的专门认证，部分优质的跨国高等教育学位项目也受到英国各专业机构的监管和认证。专业机构代表着不同的机构群体，包括各类专业机构、监管机构以及其他对某一专业或专业人士具有法定认证权限的机构[①]。专业机构可以提供会员服务，持有专业人士的注册权限、项目的认证权限[②]。

对于某些专业，法律规定必须通过认证，毕业生才能在其所在领域从事专业工作；而对于其他专业，认证是一项自愿性活动，旨在证明高等教育提供的项目与工商业需求和专业标准的相关性。例如，获得医学总会或医学总会课程认证是医学和药学专业的法定要求，而工程理事会或英国心理学会的认证不是法定要求，但项目获得认证代表其是符合工程或心理学专业标准的。如果高等教育机构选择提供满足专业机构要求的项目，相关专业机构将影响项目中的课程设计，甚至参与课程的批准、监督和审查环节，而对学术标准的责任仍由高等教育机构来承担[③]。

有的专业机构为有志于在英国执业的非英国毕业生做出单独认证，包括签署国际互认协议等方式，例如英国工程理事会（ECUK）加入了国际工程联盟（IEA），国际工程联盟作为一个全球性的非营利组织，由来自29个国家/地区的41个辖区的成员组成，共同努力提高教育质量，并增强工程专业领域的全球流动性。当前，国际工程联盟（IEA）涉及七个国际协议，对工程学学历和专业能力进行认可。而英国工程理事会（ECUK）已经加入华盛顿、悉尼和都柏林协定，作为国际工程联盟的成员制定并执行国际基准的工程教育标准和预期的工程实践能力[④]。一些英国的专业机构也需要遵守欧洲关于专业资格互认方面

---

①　The Quality Assurance Agency for Higher Education. Professional, statutory and regulatory bodies[EB/OL]. [2020-03-18]. https://www.qaa.ac.uk/about-us/who-we-work-with/professional-statutory-and-regulatory-bodies.

②　The Higher Education Better Regulation Group. Professional, statutory and regulatory bodies : an exploration of their engagement with higher education [R]. 2011 : 8.

③　The Quality Assurance Agency for Higher Education. The UK quality code for higher education, part A : setting and maintaining academic standards[R]. Gloucester : QAA, 2018 : 5.

④　International Engineering Alliance. Accords[EB/OL]. [2020-03-18]. https : //www.ieagreements.org.

的法规。

对于跨国高等教育，只有部分专业机构将其列入认证范围。就读认证范围内的跨国高等教育项目，学生在完成学习后有资格在英国的相关专业领域中执业。可见，专业机构的认证不仅是对跨国高等教育质量的认可，也是对学生未来就业和发展的一种保障。下面是两个专业机构——通用制药委员会（GPhC）和工程技术学会（IET）对跨国高等教育项目进行认证的案例。

（一）通用制药委员会（GPhC）的认证

通用制药委员会（General Pharmaceutical Council, GPhC）是根据《2010年药品法令》（Pharmacy Order 2010）设立的，是英国药学专业的法定监管机构，它的职能包括对教育和培训的监管、对药剂师和药学技术员的注册和认证。

在英国，对药剂师的初始教育和培训包括一个为期四年的药学硕士学位（MPharm）[①]。由于药剂师专业属于欧洲专业资格互认的专业范畴，而欧盟关于药剂师专业资格互认的相关法规要求至少两年的欧洲学习经历，该学位课程只允许学生在前两年通过海外交付的形式参加。

GPhC规定，英方高等教育机构要在跨国高等教育中提供2＋2的药学硕士学位，必须先在英国境内获得GPhC对药学硕士学位课程的认证。认证是指GPhC出于质量保障目的对课程的所有过程进行审查，以确保教育或培训课程符合相关的GPhC认证标准和培训政策。认证过程包括高等教育机构提交有证明材料的自我评估文件，然后由GPhC认证团队参加认证活动，最终给予正式的认证决定，而该决定可能是有条件的认证，也可能是无条件的认证。根据获得认证的教育和培训课程的不同，GPhC认证活动可能涉及以下内容：实地考察，与研究、教学和实践人员的会议，与高级管理层的会议，与学生的会议，查看教学设施等。

申请药学硕士学位认证的提供机构可以持有两种类型的认证——临时认证或完全认证。

临时认证是指一所大学计划首次提供药学硕士学位，正在逐步通过认证的程序以获得全面认证的情况。药学硕士学位认证过程分为7个步骤，每个步骤相

---

① General Pharmaceutical Council. MPharm degree [EB/OL]. [2020-03-18]. https：//www.pharmacyregulation.org/education/pharmacist/MPharm.

隔一年。因此，最初的认证过程至少需要七年的时间才能完成。其中，前面三年为准备期，大学一旦成功完成三年准备期，就可以招收学生，注册为其新的药学硕士学位的一年级。接下来的四年对应剩下的第4步骤至第7步骤。成功完成第7步骤后，第一批学生将毕业并获得全面认证。为更加准确地公布信息，提供临时认证药学硕士学位的大学在公开的高等教育信息网站上被标识为"正在被GPhC认证"状态[①]。

当大学成功完成临时认证过程的所有步骤时，GPhC将授予药学硕士学位的完全认证。一旦获得完全认证，大学将从临时认证过程转移到再次认证过程。在对现有的药学硕士学位进行再次认证中，GPhC每六年进行一次全面的再认证访问，每三年进行一次临时访问[②]。

GPhC药学硕士学位的海外合作伙伴必须是依法成立、并有权提供高等教育课程的机构。无论在哪里交付，英方高等教育机构对其药学硕士学位的学术标准负责，并确保参加跨国高等教育项目的学生在总体学习经历上与在英国境内的学生体验相当[③]。

目前，GPhC认可三所英国大学跨国高等教育项目授予的2+2药学硕士学位，东道国均为马来西亚，分别是诺丁汉大学（University of Nottingham）与马来西亚诺丁汉大学校园（University of Nottingham Malaysia Campus）合作、斯特拉斯克莱德大学（University of Strathclyde）与马来西亚国际医科大学（International Medical University, IMU）合作、雷丁大学（University of Reading）与马来西亚柔佛雷丁大学马来西亚校区（University of Reading Malaysia Campus）合作[③]。

学生要申请进入英国跨国高等教育的药学硕士学位项目，必须通过海外合作伙伴大学（马来西亚方）的申请流程而不是通过英国大学和学业入学服务

①　General Pharmaceutical Council. Approval process for education and training providers[EB/OL]. [2020-03-18]. www.pharmacyregulation.org/education/approval-courses.

②③　General Pharmaceutical Council. The accreditation of GB MPharm degrees delivered in part overseas（2+2 degrees）[EB/OL]. [2020-03-18]. chrome-extension：//cdonnmffkdaoajfknoeeecmchibpmk mg/assets/pdf/web/viewer.html?file=https%3A%2F%2Fwww.pharmacyregulation.org%2Fsites%2Fdefault %2Ffiles%2Fdocument%2Fgphc_accreditation_methodology_-_22_mpharm_degrees.pdf.

③　General Pharmaceutical Council. Accredited 2+2 MPharm degrees[EB/OL]. [2020-03-18]. https：// www.pharmacyregulation.org/accredited-2-plus-2-mpharm-degrees.

（Universities and Colleges Admissions Service, UCAS）进行申请。参加跨国高等教育的药学硕士学位课程（通常称为2＋2课程），学生先在马来西亚完成该学位课程的第1年和第2年课程，再赴英国完成药学硕士学位的第3年和第4年课程。学生毕业后有资格在英国参加药剂师预注册培训，可以按照英国的注册流程，在英国从事药剂师的工作①。

在认证程序上，GPhC认证部分海外交付的药学硕士学位，方法等同英国国内的学位认证程序，保持了海内外的一致性。认证程序包括：高等教育机构提交自我评估文件，并附书面证明；之后，由认证小组进行实地访问，最终以发布报告的形式做出正式的认证决定。认证程序中的实地访问分为临时访问和全面访问，每一次全面访问的间隔是六年，中间（即第三年）则是采取临时访问的形式②。

2＋2药学硕士学位的认证过程也有一定的灵活性，以适应当地的变化，例如围绕资格和教学人员的信息、英方高等教育机构与海外合作伙伴之间的合作运行，确保海外合作伙伴的合法性以及学生对当地法规的了解。

在认证区别上，跨国高等教育中的2＋2药学硕士学位的初次认证是单独进行的，但其再认证的周期与英国境内的药学硕士学位再认证周期相一致。此外，为保护英国境内药学硕士学位课程中的学生利益，2＋2药学硕士学位的头两年认证结果与英国境内的药学硕士学位认证结果是有区别的。

在认证合作上，在对海外交付的课程进行认证时，GPhC寻求与东道国的同等认证组织建立联系，以加强了解。GPhC还考虑其他监管机构（包括QAA）的质量保障结果，实现QAA的机构评估流程与GPhC的认证流程互补。

在认证标准上，GPhC的认证遵循其自己的一套标准。GPhC在制定这些标准时会考虑其他国家和国际标准，例如《质量准则》和OECD／UNESCO准则，在对跨国高等教育课程的认可中，GPhC通常会参考《质量准则》的B10章。

---

① University of Nottingham. Malaysia pharmacy MPharm（Hons）[EB/OL]. [2020-03-18]. https：//www.nottingham.edu.my/Study/Undergraduate-courses/Pharmacy/Pharmacy-MPharm-Hons.aspx.

② General Pharmaceutical Council. The accreditation of GB MPharm degrees delivered in part overseas（2+2 degrees）[EB/OL]. [2020-03-18]. chrome-extension：//cdonnmffkdaoajfknoeeecmchibpmkmg/assets/pdf/web/viewer.html?file=https%3A%2F%2Fwww.pharmacyregulation.org%2Fsites%2Fdefault%2Ffiles%2Fdocument%2Fgphc_accreditation_methodology_-_22_mpharm_degrees.pdf.

（二）工程技术学会（IET）的认证

工程技术学会（Institution of Engineering and Technology, IET）是英国工程委员会（Engineering Council）的许可机构、英国工程专业监管机构，是工程师和技术员的全球领先专业协会之一，其认证涵盖了电气、电子、制造、机械、系统和软件工程等各个领域，也包括生物工程，纳米技术和可再生能源。通过国际工程联盟（IEA）监管的华盛顿和悉尼协定，它已被全球公认为质量指标。获得认可后，学位课程将列在IET认可课程列表中，高等教育机构有资格申请由欧洲工程教育认证网络（ENAEE）授予的EUR–ACE标签[1]。

英国工程委员会负责制定并维护工程专业的标准、确定专业认证的总体要求，工程专业的机构则按照这些要求，对工程专业学位进行认证，同时，也负责批准和认可注册的高等教育项目[2]。IET已制定了自己的认证程序，以执行工程委员会制定的标准和规定。这些程序适用于在英国境内和境外交付的所有项目，包括跨国高等教育项目在内。IET认证程序规定，认证与交付地点相对应，通常在认证团队实地访问过的地点进行认证。IET在印度和中国均设有办事处，以支持其在两国的跨国高等教育认证活动。

IET的认证过程包括提交自我评估文件和证明文件，进行认证访问并发布最终报告，以确定是否对项目进行认证以及认证时间。报告不会公开发布，但IET在其网站上公布了哪些项目获得认证，以及在何处提供这些认证项目的信息。

IET认证不同类型的跨国高等教育学位项目，包括海外校园（例如在马来西亚的诺丁汉大学校园）和其他合作办学（例如由玛丽皇后学院、伦敦大学和中国北京邮电大学合作的项目）。对于2＋2项目（2年在东道国学习，2年在英国学习），IET不对前2年和后2年的课程进行区分和单独认证，前提是最后两年本身是IET认可项目的一部分。对于仅在英国交付最后一年的2＋1项目，IET将进行小规模的海外审查。

项目认证和向工程委员会注册不是强制性的，而是对毕业生的知识、理解和能力标准的正式认可。这些标准在《英国专业工程能力标准》（UK Standard for

---

① Institution of Engineering and Technology. Academic accreditation[EB/OL]. [2020-03-18]. https：//www.theiet.org/career/accreditation/academic-accreditation/.

② Engineer Council. About us[EB/OL]. [2020-03-18]. https：//www.engc.org.uk/about-us/.

Professional Engineering Competence, UK-SPEC）中有详细说明①，QAA自2006年以来就将其用作工程学的学科基准说明，以便减轻高等教育提供机构的监管负担。但无论是在英国国内还是国际上，越来越多的雇主将此作为最低要求。工程委员会与华盛顿工程协定、悉尼协定和都柏林协定等海外工程组织签署了三份国际互认协议②。尽管这些协定相互认可项目课程，但它们并没有促进对跨国高等教育项目课程的认可。实际上，这些协定仅适用于"签字国在其各自国家或地区边界内进行的认可"③。因此，许多跨国高等教育项目的专业认证仍然有待推进。

四、消费者的市场监督

英国高等教育重视学生作为消费者参与质量保障，学生参与（Student Engagement）是消费者发挥市场监督作用的重要方式，也一直是英国高等教育和质量保障的核心。从质量保障的角度来看，即使跨国高等教育是在海外交付，学生参与仍然是应该跨国高等教育至关重要的一环。在许多国家的高等教育体系中，学生往往作为高等教育内部质量保障的主体参与意见反馈，但在英国高等教育质量保障中，学生被视为消费者，不仅参与内部质量保障，也参与外部质量保障。2018年，QAA与迪拜、新加坡的高等教育机构针对两个国家/地区的英国跨国高等教育学生开展满意度调查。调查报告明确指出，在英国的高等教育和质量保障背景下，学生作为消费者参与英国跨国高等教育的内外部质量保障，主要涉及以下三个方面：第一，学生自身的独立学习保障学习质量；第二，学生参与跨国高等教育机构的内部质量保障过程；第三，学生参与跨国高等教育的外部质量保障过程④。

---

① Engineer Council. UK-SPEC[EB/OL]. [2020-03-18]. https：//www.engc.org.uk/ukspec.aspx.

② International Engineering Alliance. Quality checker[EB/OL]. [2020-03-18]. https：//www.ieagreements.org.

③ Harrison I, Bond K. Transnational education and engineering accreditation[J]. Engineering Education，2012，7（2）：24-28.

④ The Quality Assurance Agency for Higher Education（QAA），the Knowledge and Human Development Authority of Dubai（KHDA），the Committee for Private Education（CPE）. Enhancing the UK TNE student experience in Dubai and Singapore：a case study in cross-border cooperation in quality assurance[R]. London：The Quality Assurance Agency for Higher Education，2018：3.

第一个方面，高等教育机构将学生培养为独立的学习者，学生独立的学习能力本身就是跨国高等教育培养质量的结果，同时也培养学生成为知识和学习过程的共同生产者。QAA的跨国高等教育评估（包括与学生会面）结果表明，英国的跨国高等教育提供机构通常在吸引跨国高等教育学生进行独立学习方面做得很好，但地理和文化距离对确保学生与英方高等教育机构之间的互动质量提出了更高的要求：要确保学生与飞入/飞离东道国的英国教师之间的定期联系；当地工作人员需要熟悉英国的教学和质量保证方法；研究计划要根据具体情况而定，并与当地情况相关；要确保跨国高等教育学生可以使用重要的基础设施，例如图书馆和虚拟学习环境，以及其他支持服务（学习技能、英语和职业建议等）。

第二个方面，跨国高等教育机构内部的质量保障过程，意味着跨国高等教育管理者给学生提供反馈意见的机会，例如在培养模块（Module）和课程层面引入学生评价，由学生代表反馈集体意见，并确保听取、重视和实现学生的要求。学生参与是英国和欧洲广泛采用的质量保障方式，体现了以学生为中心的特色，其背后的价值理念是"学生的个人和集体的想法应影响质量系统，以改善当前和未来的学生学习体验"[①]。但是，在跨国高等教育方面，这种参与更具挑战性。由于英方高等教育机构对跨国高等教育项目的学生缺乏认识和了解，跨国高等教育学生对自己如何参与并表达声音，乃至成为英国大学生协会的会员也缺乏认识和了解，加上文化和政治差异，一定程度上影响了跨国高等教育中的学生参与的能力。

第三个方面，学生作为消费者代表参与跨国高等教育的外部质量保障。QAA是跨国高等教育外部质量保障的主要机构，与英国遵循的学生参与做法相同，QAA以不同方式吸引学生参与跨国高等教育的外部质量保障。英国一直以来遵循的学生参与方式是将学生纳入QAA的管理体系中，其董事会中有两名学生成员，还有一个学生咨询委员会（Student Advisory Committee）为高等教育发展提供战略性意见。不足的是，在QAA决策机构中的学生大多没有跨国高等教育的经历，主要代表英国本土高等教育机构的学生，对跨国高等教育学生而言

---

① European Association for Quality Assurance in Higher Education. Standards and guidelines for quality assurance in the european higher education area[R]. Helsinki：ENQA，2009：7-10.

典型性不够强。这是由于英国跨国高等教育学生主要在东道国，学生背景以及东道国文化差异、地理距离是不小的挑战。

QAA定期聘用学生作为评估小组成员，每个评估小组中都有一名学生评估员。而学生评估员参与跨国高等教育评估的资格是有限的。因为QAA跨国高等教育评估小组规模较小，在选择评估员时必须优先考虑跨国高等教育或国际运营环境的专业知识，但学生未必具备这些知识。QAA的评估小组会在跨国高等教育的评估访问中与跨国高等教育学生进行交流，QAA的跨国高等教育评估的关键也是更好了解跨国高等教育学生的学习体验。

当前，英国跨国高等教育学生在学习中扮演着被动的角色，依靠教师来领导，在跨国高等教育（尤其是质量保障）中促进学生的参与还有很大的空间。学者对印度、新加坡和阿拉伯联合酋长国的三所苏格兰大学跨国教育项目展开研究，通过对学生的深度访谈发现，跨国高等教育学生对自我最认同的身份是伙伴或消费者[①]。大多数学生认为学生体验是跨国高等教育的教职工领导的，而不是学生领导。为了使有效的学生体验对学生和工作人员都有利，需要跨国高等教育的提供机构促进并支持学生参与。鉴于英国大学与其提供的跨国高等教育交付点之间通常相距遥远，机构和员工需要更加关注如何使跨国高等教育学生作为一个独特的学生团体参与到跨国高等教育的方方面面，包括质量保障。所有开展跨国高等教育的大学都必须继续寻求与满足跨国高等教育学生需求的方式，并且有必要在利益相关者之间进行持续对话以保持这种方式的合适性。

五、学术机构的理论研究

英国不仅在跨国高等教育的实践上走在前沿，其学术研究机构在理论研究上也积极探索跨国高等教育的各个方面，在跨国高等教育的优质发展中提供了治理基础，也促进了英国向世界分享跨国高等教育质量保障的治理经验，增强英国在高等教育全球治理中的话语权。

下面，笔者以高等教育学院和无国界高等教育观察站为例，论述跨国高等教育研究机构的主要成果。其中，高等教育研究院于2018年改组为 Advance HE，

---

① MAXWELL-STUART R，Huisman J. An exploratory study of student engagement at transnational education initiatives[J]. International Journal of Educational Management，2018.

由于改组时间尚短，本节主要分析高等教育研究院存续期间的研究。

高等教育学院是促进英国高等教育学习和教学卓越的专业机构。高等教育研究院隶属于英国的两个高等教育代表机构——英国大学联盟和Guild HE，其中，英国大学联盟是英格兰、苏格兰、威尔士和北爱尔兰的136所大学代表机构，其核心宗旨是通过教学、研究和奖学金，最大限度地发挥其对英国乃至全球学生和公众的积极影响；而Guild HE是英国高等教育的官方认可代表机构，其成员包括来自传统和私营（"非营利"和"营利"）的大学、学院、继续教育学院和专业机构，其会员机构众多，包括各专业领域的主要高等教育提供者，来自艺术、设计和媒体、音乐和表演艺术、农业和粮食、教育、商业和法律、建筑环境、健康和体育等领域。

高等教育研究院通过一系列举措帮助高校改善教学的条件，其中包括对教学的认可，持续的专业发展计划以及对卓越教学的奖励。高等教育研究院与英国行业标准协会一起，代表英国行业制定了一套全面的专业标准和指南[1]，以支持教学质量和学生的学习经验，构成了专业认可和教学认可的基础课程。从2014—2015年度开始，高等教育研究院的质量改进工作集中在四个不同部分，分别是课程设计、创新教学、学生过渡和人员过渡。在每个部分中，高等教育研究院将提供包括工具包、框架和研究在内的广泛资源，以支持机构、部门、个人和整体。

高等教育研究院建立了一个研究和实践网络，以促进整个部门参与跨国高等教育质量保障，特别确定和发展针对跨国高等教育项目的质量改进机制。该网络包括来自英国各地的100多名从业人员，为跨国高等教育制定示范的实践指南。跨国高等教育的工作包含在高等教育研究院发布的《国际化高等教育框架》中。该框架是专门为跨国高等教育制定的，旨在为跨国高等教育提供帮助，"不论地理位置或背景，为所有学习英国课程的学生提供高质量、公平的和全球的学习经验"[2]。

---

[1] Advance HE. UK Professional Standards Framework（PSF）[EB/OL]. [2020-03-18]. https：//www.advance-he.ac.uk/guidance/teaching-and-learning/ukpsf.

[2] MAY H, SPALDING N. Internationalising higher education framework[J]. Higher Education Academy, 2014.

　　高等教育研究院对跨国高等教育质量保障的关注主要在教学方面。2015年，高等教育研究院发表的报告《加强跨国教育中的学生学习和教师发展》探讨了英国跨国高等教育提供机构可以确保跨国学习中的学生学习体验和卓越教学质量的当前和未来方式。在有关跨国高等教育的现有文献中，报告发现与全球化、贸易、质量和法规等领域相比，教学没有那么突出。实证研究强调了交付跨国高等教育所涉及的具体运营问题以及当前解决这些问题的方式。报告建议强化整个高等教育机构对跨国高等教育使命的理解；为跨国高等教育项目的环境提供量身定制的培训；清楚了解学生的期望，并在国内外机构之间分享良好实践[①]。

　　2017年，高等教育研究院发布了跨国高等教育工具包，为跨国高等教育项目的利益相关者提供建议。工具包特别关注质量保障和增强，跨国高等教育的交付、学习教学和评估，并就每个方面都提供了建议清单，激发参与主体对跨国高等教育的反思[②]。工具包对于跨国高等教育的质量保障和增强部分，阐述了英国的高等教育通过QAA的《质量准则》及其对高等教育的要求得到了很好的监管，这些要求也涵盖了跨国高等教育。此外，QAA开展国际工作，并针对跨国高等教育项目所在地进行全面评估。工具包认为，跨国高等教育可以而且应该整合到现有的质量保障机制中，并且，跨国高等教育合作伙伴有权获得专业发展机会。对于合作伙伴的专业发展，工具包建议通过在线学习、与英国本土的高等教育机构互相访问、外部机构（例如高等教育研究院）的监督和认证方式来实现。对于教师和职员，工具包提议可以从专业发展研讨会和个人/集体反思中受益，发展其作为跨国高等教育教师的技能。此外，高等教育研究院也探索国际学生的流动性、国际高等教育如何发展就业技能、毕业生就业如何产生积极影响等问题。

　　2018年3月，高等教育研究院与领导力基础（Leadership Foundation）、平等挑战部（Equality Challenge Unit）融合组成了Advance HE。此后，由Advance HE继续开展高等教育研究院的工作。

---

① O'MAHONY J. Enhancing student learning and teacher development in transnational education[R]. York : Higher Education Academy，2014.

② SMITH K. Transnational education toolkit[J]. Higher Education Academy，2017：1.

另一个对跨国高等教育进行研究的组织是无国界高等教育观察站。无国界高等教育观察站最初是英联邦大学协会（ACU）与英国大学联盟之间的一项合作计划，于2010年8月加入了国际研究生观察小组（I-graduate）。无国界高等教育观察站目前由30多个国家的160多个组织成员组成。作为一个高等教育智囊团，无国界高等教育观察站的成员职责是在全球范围内开展"无边界"高等教育的颠覆性创新活动，例如在线学习、各种形式的国际化、商业竞争和合作伙伴关系。无国界高等教育观察站提供趋势、模式和政策框架的分析，目的是为那些试图抓住无国界高等教育机会的教育领导者和决策者提供战略咨询[①]。

全球信息经济中的高等教育正在成为各国间的重要服务和交易商品，无国界高等教育观察站的研究范围广阔，包括大学领导人、企业高管、政府部长、教职员工、学生以及其他利益相关者的跨国高等教育观点；位于中国、马来西亚和阿拉伯联合酋长国等国家的海外分校园模式；美国、英国、德国、法国和澳大利亚等国家的国际学生流动趋势，国际的质量保障标准以及国际远程学习的最新趋势；南非、印度、墨西哥、越南和巴西的最新教育变革；跨国高等教育中的新公私合作伙伴关系以及新兴的无国界高等教育监管框架。

无国界高等教育观察站是全球范围内无国界高等教育发展的原始思想库，还提供许多其他服务，从定制研讨会到会议顾问、会议演讲以及建立战略性全球合作伙伴关系。无国界高等教育观察站的主要目的是为机构/组织领导者和决策者提供战略研究、数据和信息，以做出与其当前和将来的跨国高等教育计划相关的明智决定。

第三节　本章小结

共同治理是社会各方为实现共同目的开展的合作，在合作过程中，各主体的身份和自主性起着重要作用[②]。英国跨国高等教育的外部质量保障就是多元主

---

① The Observatory on Borderless Higher Education. Who we are[EB/OL]. [2020-03-18]. http：//www.obhe.ac.uk/who_we_are/who_we_are.

② KOOIMAN J，JENTOFT S. Meta - governance：values，norms and principles，and the making of hard choices[J]. Public Administration，2009，87（4）：818-836.

体共同参与的治理过程，由政府和第三方机构代表国家和社会、市场，从司法、程序、内容、市场等多个方面对跨国高等教育提供机构（大学）进行外部监督。

英国跨国高等教育外部质量保障的治理主体是多元的，各个主体围绕跨国高等教育的质量保障工作进行分权治理。政府负责对大学的学位授予权进行审核，获得学位授予权的英国大学才能合法开展跨国高等教育项目，枢密院和学生事务办公室通过直接审批学位授予权和间接监督高等教育机构的办学实践发展，保障了司法正确；QAA制定了跨国高等教育的质量标准并开展评估活动、国际合作，保障了程序正确；专业机构对一些跨国高等教育项目进行专业认证，确保学生所接受的跨国高等教育质量水平符合专业要求，保障了内容正确；消费者（学生）通过独立法人性质的学生会和QAA的评估活动，参加满意度调查，参与QAA评估工作，反馈其对跨国高等教育提供机构的满意度，保障了市场监督。此外，英国相关研究机构致力于发布跨国高等教育质量保障的相关研究成果，积极向社会及国际市场分享和探讨英国跨国高等教育质量保障的经验与挑战，保障了智力基础。英国跨国高等教育外部质量保障结构如图3-5所示。

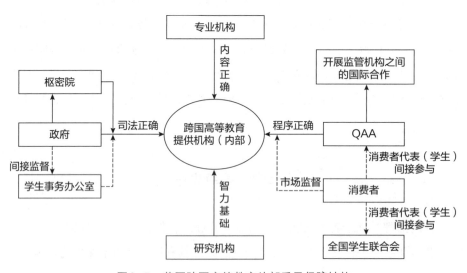

图3-5 英国跨国高等教育外部质量保障结构

英国跨国高等教育外部质量保障的治理方式是合作的，同时又注重过程性和透明性，其中，第三方组织发挥了重要的协调作用。在政府主导的学位授予权审批环节，QAA既为枢密院、学生事务办公室提供审批建议，也为拟申请学位授予权的高等教育机构提供咨询服务，以便更高效地推进学位授予权的审批工作；QAA在制定英国跨国高等教育质量评估方案的过程中，面向国内外各领域进行公开咨询，让专业机构、研究机构、跨国高等教育的利益相关者等参与到政策制定过程中，以便后续更好地理解和执行政策；而全国学生联合会则通过学生代表制度，反馈学生作为消费者的意见。

此外，QAA在国际高等教育质量保障合作网络中承担了重要角色，及时分享英国跨国高等教育的质量保障方案，对消费者（学生）、国际合作伙伴以及世界高等教育市场负责。正是英国跨国高等教育外部质量保障的多元合作、过程性、透明性与责任感，使其赢得世界高等教育市场的认可。

第四章 英国跨国高等教育内部质量保障

内部质量保障（Internal Quality Assurance, IQA）是一个通用术语，指高等教育机构（大学）内部以审查、评估或其他方式对其所提供的教育或开展的研究质量进行检查和确保的过程。在这方面，不同国家使用了不同的术语，例如内部质量监控、内部审核，内部质量审核、大学质量审核等。根据国际高等教育质量保障组织的权威术语，IQA被定义为"在政策和制度的支持下，机构用来维持和提高学生所经历的教育质量和员工所进行的研究质量的过程"[①]。尽管此定义相对宽泛，但它使IQA与其他管理任务区别开来，并着重于维护和提高质量。

尽管不同的英国大学在内部质量保障的细节上有所区别，但是其在英国跨国高等教育内部质量保障中的目标是一致的，即保障跨国高等教育的学生能够在海外接受与英国境内同等质量的高等教育。而东道国则有着差异化的内部质量保障体系，即使在同一个国家，合作办学模式也较为多样，东道国高等教育机构在其与英国合作的跨国高等教育内部质量保障中的参与程度也是不同的。本研究围绕英国大学在跨国高等教育内部质量保障中的主体，不涉及东道国高等教育机构。

英国所有公立大学都建立了内部质量保障部门，并在各利益相关者的参与下制定了广泛的框架。英国每个大学均在自己特定背景下开发内部质量保障机制，政府并不对其下达任何严格的指令或指示，而是通过QAA发布质量准则，供大学参考。这一原则促使每个大学能够开发最适合自身环境和独特性的自主

---

① Quality Research International. Analytic quality glossary[EB/OL]. [2020-03-18]. http://www.qualityresearchinternational.com/glossary/.

系统。内部质量保障将同一机构的工作人员聚集在一起，互相交流和学习，宣传良好做法，并欣赏彼此的成就和贡献。此外，实施内部质量保障机制也将在整个机构内营造一种责任感和对内部管理的新认识。内部质量保障机制的最终目标是在机构内部建立获得内部主体广泛认同的质量文化，这种文化须基于可持续的内部质量机制，该机制能够通过日常的系统性的方式提供高质量的教育。

英国跨国高等教育内部质量保障既沿袭了英国高等教育的内部质量保障优势，也有着自身的特点。沿袭的部分是指跨国高等教育的内部质量保障属于英国大学内部质量保障的一部分，通常包括在英国大学的内部质量框架或手册中，以海外项目（Overseas Programme）指代。在经历了高等教育市场化和大众化后，英国高等教育质量保障的理念是对消费者负责，使高等教育物有所值。对于跨国高等教育，英国大学也坚持保障跨国高等教育项目质量与本土高等教育项目质量一致，对消费者（学生）负责。

当然，英国跨国高等教育不同于普通的英国高等教育，由于跨国高等教育往往涉及跨国交付、合作办学，政治、经济、历史文化的差异使得跨国高等教育质量保障比英国本土高等教育质量保障更为复杂。

首先，英国跨国高等教育往往涉及英国高等教育机构和东道国的高等教育机构，其内部质量保障至少包括两个层面：一是合作伙伴机构层面的内部质量保障，即英国大学与东道国高等教育机构的内部质量保障角色，主要在于跨国高等教育项目的审批和持续监督；二是跨国高等教育项目实际运行层面的内部质量保障，指不同的利益相关者在课程、学科、内部管理、学生学业成绩等方面共同参与质量保障的过程。因此，机构层面和项目运行层面的权力与责任分配成为跨国高等教育内部质量保障的一个首要问题。

其次，英国跨国高等教育往往是英国大学在不同东道国提供的教育服务，每个国家/地区的高等教育办学环境不同，经济发展、法律法规、文化观念均有差异。加之由于交付模式的多样化和政治地缘的差异化，英国跨国高等教育内部质量保障面临因地制宜的挑战。例如，由于中国对跨国高等教育的定位是能力发展，引进优质的境外高等教育资源以促进本国高等教育发展，中国的《中外合作办学条例》和《中外合作办学条例实施办法》规定，"中外合作办学的方式必须是合作办学，既不是合资办学，也不允许外国教育机构、其他组织或者个人单独办学"。这意味着英国大学在中国开展的跨国高等教育项目和机构必须与中国的高等教育机构合作，中国高等教育机构得以参与英国在华的跨国高等教育实践运行，包括内部质量保障。而在马来西亚、阿拉伯联合酋长国等地，跨国高等教育被视为对东道国高等教育资源的一种补充，因此，这类国家/地区没有规定外国教育机构必须与当地高等教育机构进行合作来开展跨国高等教育，其内部质量保障则不涉及当地高等教育机构。

因此，英国跨国高等教育合作双方在内部质量保障中的分工与合作、实际运行部门的内部质量方式等都不尽相同。本章将先对英国跨国高等教育内部质量保障的主体和方式进行概述，再结合英国在亚太、中东和欧洲的案例论述英国跨国高等教育内部质量保障的细节，对比和分析英国如何针对各个不同区域开展因地制宜的质量保障方式。

第一节　英国跨国高等教育内部质量保障的主体

英国跨国高等教育内部质量保障的主体分为两个层面，一是英国高等教育机构层面，二是英国跨国高等教育项目运行层面。机构层面的主体包括英国大学内部负责跨国高等教育项目质量的相关部门和人员，一般是合作办学委员会及其下属部门、成员；项目层面的主体则是负责跨国高等教育项目运行的相关部门和人员，包括内部管理委员会、学生代表和外部考官。

一、机构层面：合作办学委员会

英国大学在获得学位授予权后，有充分的办学自主权，可以自主开设跨国高等教育项目，自行对其项目负责。英国大学对跨国高等教育的内部质量保障责任包括质量标准和质量保障行动两大方面。其中，质量标准是英国大学内部质量框架，由英国大学内部的学术质量与标准委员会（Academic Quality and Standards Committee）参照QAA的质量准则制定，英国大学通常单独对海外合作办学内部质量标准做出具体的规定，也有一些大学将其纳入大学与海内外合作伙伴的合作办学（Collaborative Provision）质量标准中；质量保障行动则由大学评议会授权合作办学委员会（Collaborative Provision Committee）负责。英国大学的合作办学委员会对大学在海外的跨国高等教育项目负有重要责任，包括新项目的审批以及后续的项目认证和定期评估。

合作办学委员会遵循英国大学内部质量保障框架。内部质量保障框架由英国大学的学术质量和标准委员会制定，其成员由副校长、学院学术代表、行政管理代表和两名学生代表组成，每学年开展若干次会议，向大学评议会负责，报告的问题在必要时反馈给教学委员会。学术质量和标准委员会制定的内部质量框架往往是针对整个大学内部，而跨国高等教育作为英国大学内部所有学位与课程项目的一个部分，也遵循内部质量框架。

合作办学委员会成员由副校长、院系代表、负责合作办学的相关代表组成，每学年开展若干次会议，向大学评议会负责。合作办学委员会的职责包括：监督整个内部质量保障，监督和审查合作办学；将责任授权给院系、研究所或其他部门；就续约和终止合作向大学评议会提出建议；批准国际交流合作伙伴关系；向大学评议会提供有关制定质量保证程序的建议；负责合作办学事项，尤其是对外部指导的回应；就研究生合作研究安排的发展情况，向研究生委员会报告并酌情与之联系。

二、项目层面：学术及行政管理委员会

以英国在中国的跨国高等教育项目（中外合作办学）为例，项目层面的学术及行政管理委员会由分管不同事务的委员会组成，通常为管理委员会、专业委员会和教学委员会。各委员会授权下属部门对项目运行层面的内部质量保障负责。

管理层面，管理委员会可分为联合管理委员会和一般管理委员会。其中，联合管理委员会是跨国高等教育机构的最高决策部门，由中外双方高等教育机构委派校级代表构成。联合管理委员会代表英国高等教育机构、中国高等教育机构及跨国高等教育机构三方利益，主要行使行政管理、预算规划、人员聘用等职责，并协商解决中外双方提出的与学位项目相关事宜。一般管理委员会则由跨国高等教育的负责人领导，成员由英国教学负责人、跨国高等教育相关的各级领导和英国质量监控官员构成，其主要职责是执行联合管理委员会的决策，负责机构的日常运作和管理，并定期向联合管理委员会汇报教育教学质量管理

工作；专业层面，专业委员会通常是联合专业委员会，由英国高等教育机构教学负责人领导，成员由来自中英双方的专业负责人、中英双方教学人员、英国质量监控官员及各年级学生代表构成，其主要职责是保障各专业的教学质量，定期向教学委员会、英国质量保障认定小组和中国教务相关部门就教学情况和教学质量汇报工作；教学层面，教学委员会由英国高等教育机构教学负责人领导，成员由来自中英双方的专业负责人、中英双方教学人员、英国质量监控官员、IT等教学辅助部门人员及各年级学生代表构成，其主要职责是监督各专业的教学质量，确保中英双方协定的质量准则得以妥善实施。教学委员会负责向联合管理委员会、英国质量保障认定小组和中国教务相关部门就教学情况和教学质量汇报工作[①]。

三、项目层面：学生代表

《质量准则》的B5章对学生参与进行了说明，学生可以就学生体验的各个方面提供意见，包括申请和录取、教学交付、课程内容、支持和指导评估。跨国高等教育学生一样能够对为其提供项目的英国高等教育机构提供这些意见，并且结合本地导师的评估进行反馈，这些意见可以支持强大的质量程序并最终改善学生的学习体验。大多数机构都使用项目的评估调查表，以期学生能够提供有关其项目的反馈。这些问卷有时是标准化的，即在所有项目上所有学生的问卷都是相同的；它们也可以针对不同的项目进行单独设计；或者是两者的混合，以标准的问题为主，辅以更多针对具体情况的问题。

英国拥有悠久的学生代表历史，传统的英国学生代表制度在内部质量保障中包括个人、课程和机构三个层面的学生参与。跨国高等教育学生可以通过学生代表系统在提高质量中发挥重要作用，个人层面的学生参与在于学生自我的学习参与，课程和机构层面的学生参与则需要跨国高等教育内部环境的支持。当前，许多跨国高等教育项目在课程层面的学生代表参与建设较为完善，学生代表负责收集学生对课程方面的反馈，并通过正式会议将其反馈给课程模块的负责人；在机构层面的学生代表则尚未建立，例如，学生在英国国内大学政策、

---

① 刘文慧，WILLIAMS M . 高校中外合作办学机构内部质量保障体系构建研究[J]. 教育评论，2018（5）：58-62.

制度的决策层面具有合法席位，但在东道国往往没有，因此，跨国高等教育项目运行层面鼓励学生以学生向内部各级管理委员会反馈意见的形式间接参与决策。

总体上，跨国高等教育中的学生代表制度和学生参与尚不完善。尽管世界各地都有良好实践的例子，但在某些领域还需要做更多的工作，以确保跨国高等教育学生与在英国学习的学生一样享有平等的学习和参与体验。

四、项目层面：外部考官

外部考官（External Examiners）在英国高等教育的学位水平考试中扮演重要的角色。外部考官制度始于1832年成立的杜伦大学（Durham University）。作为600年前剑桥大学成立以后英国的首个大学，杜伦大学聘请牛津大学的考官向公众保证，其学位与牛津大学的学位相当。从20世纪80年代开始，英格兰建立了越来越多的新大学，这些大学同时要求由内部和外部考官参与组织考试。英国所有学位课程的考试要求大学考试委员会成员必须包括从校外聘请的专家，外部考官和内部考官一起参与大学学位水平考试的整个过程，并针对其中的问题，以书面报告的形式提出意见与建议。这既适用于本科生考试，也适用于包括博士在内的研究生考试。

外部考官制度是英国高等教育最古老的质量保障制度之一，跨国高等教育也不例外，即使跨国高等教育项目的交付地点远在东道国，英国大学坚持由英国的外部考官参与内部质量保障。外部考官来自校外，但在相似的环境中工作，并且对跨国高等教育的评估具有特定的专业知识和知识，一般是来自其他大学的学术同行和学科专家，也有来自专业机构、行业及相关雇主团体的代表。

第二节　英国跨国高等教育内部质量保障的方式

英国跨国高等教育的内部质量保障方式主要包括：机构层面的合作办学委员会对跨国高等教育项目进行审批、认证与评估；项目层面的学术及行政管理委员会对课程进行自我监督与评估；学生通过学生参与机制参与质量保障的各个方面；外部同行专家对教学（学生学业）进行外部评审[①]。

一、项目的审批、认证与评估

英国大学内提议的每个跨国高等教育项目都必须经过严格的审批程序（Programme Approval/Validation）。在大学内部，合作办学委员会负责就项目的内容、结构、资源、实践和市场等方面形成方案，提交给项目审批小组（Programme Approval Panel）。项目审批小组不仅要充分考虑学术标准和为学生提供学习机会的适当性，还要考虑跨国高等教育项目的结果、交付和评估，以及与QAA质量准则参考点的联系——例如确保标准一致、适当的学科基准声明和该大学自己的学位要求。

项目审批小组通常包括来自其他大学相关部门的学术人员，在大多数情况下，这些人员是学术同行和学科专家，以及专业机构、行业和相关雇主团体的代表。其中，有的跨国高等教育项目获得专业机构认可，学生完成课程后可以免于专业考试，直接获得专业或职业资格。这些外部专家有助于大学在审批新项目过程中的独立性和客观性，从而进一步确保学位的标准和质量。

此外，英国大学还对跨国高等教育项目进行认证和评估。英国大学将跨国高等教育视为其所有项目的一部分，对跨国高等教育项目颁发的学位或文凭进行认证，认证的有效期通常为五年，确保英国跨国高等教育项目与本土项目具有同等质量。

评估则是为了确保项目内部质量保障流程的有效性。英国大学须对跨国高等教育项目运行的细节进行评估，以保证跨国高等教育在课程设计、批准、监控和评估实践的有效性。这是英国大学评估的一部分，一年一次，形成评估文件。在QAA对大学进行机构评估之前，大学须提交自我评估报告，QAA要求报告除了详细介绍内部质量保障的方案，还要明确机构对其内部质量保障有效性的看法，其中包括英国跨国高等教育的内部质量保障。

[①] Universities UK. Quality and standards in UK universities : a guide to how the system works[R]. London : Universities UK，2008：1-13.

二、项目运行的自我监督

针对英国大学的认证与评估，英国跨国高等教育项目运行层面的管理部门对内部运行过程进行自我监督，保证跨国高等教育在人才培养过程中的有效性，确保它们及时更新并保持重要性，主要方式是开展综合性的年度自我评估和针对课程、教学或专业等的定期评估。

年度自我评估以年为单位进行年度监测，以年度报告的形式呈现评估结果。自我评估包含来自各利益相关者的反馈，包括外部专家的评审报告、学生表现的相关数据，职员和学生的咨询反馈，雇主或专业机构的反馈，以及通过课程模块监控活动或学生调查生成的其他信息。通过查看此类信息，管理部门可以决定对课程内容、结构、评价或授课方式进行更改，以进一步增强学生的学习体验。

定期评估则是更为正式和广泛的评估。以课程的定期评估为例，此类定期评估通常每五年或六年进行一次，目的包括：第一，根据课程知识和应用实践的关系发展，确保课程是最新和有效的；第二，评价学生对预期学习成果的完成程度；第三，评价课程的持续有效性，例如与雇主交谈并查看毕业后的就业信息；第四，确保根据建议采取适当措施，以纠正任何已发现的缺点。定期评估是一项战略性工作，通常涉及与内外部同行以及修读课程的当前学生和毕业生的互动。在审查工作结束时，英国大学将决定是否将课程的批准期限再延长五年，同时明确需要进行哪些更改，以确保该课程的持续有效性及其与实践的相关性意义。作为上述评估的结果，英国大学可以自行决定关闭课程或整个学位项目。如果建议关闭，则必须采取措施来通知和保护所涉人员的利益，尤其是已注册或接受该课程的学生利益。QAA质量准则明确指出，关于项目的管理变更和有序撤回流程与关于项目的设计、批准和审核流程一样重要。

三、学生的参与

在英国，虽然大学之间的学术水平差异很大，但大学均在理事机构中保留了学术代表和学生代表，这些代表在制定战略决策和决策的实施框架中共同参与治理。学生代表制度分为个人、课程和机构三个层面。

个人层面，在英国院校就读的学生有权参与调查学术（或非学术）问题，学生可以获得匿名、独立、免费的代表机会，对剽窃、串通、考试不及格或学生投诉等问题提出建议。在大多数英国高等教育机构中，这种代表作用是由全国学生联合会提供的专业咨询服务填补的，并由其整体拨款资助。对于跨国高等教育的学生，全国学生联合会建议学生可以设法与他们取得联系。在某些情况下，跨国高等教育的学生与英国本土学生收到的信息相同，学生可以与咨询中心联系。

课程层面，大多数英国高等教育机构通过各种方法，特别是课程学生代表系统，确保学生的意见在决策过程中得到充分体现。英国高等教育机构在跨国高等教育中定期开展学生对培养模块和课程的评价反馈。根据QAA发布的《质量准则》第B5章的规定，发展学生的参与对于机构而言尤为重要。最有效的学生参与者是全国学生联合会的学生代表。此外，许多机构还邀请课程/项目的学生代表参加内部质量保障和改进过程，例如定期审核和课程开放日。许多跨国高等教育项目已经建立了一定形式的课程代表制度，通常独立于全国学生联合会。但这些在功能、宗旨和有效性方面与英国本土的学生代表制度差异较大，例如，在中国大约有75名跨国高等教育学生代表，但是除了需要迅速解决信息外，他们没有接受任何培训；马来西亚的跨国高等教育学生是由英国本土的全国学生联合会进行在线培训的，但培训缺乏系统性和相关资源（培训教材）。

机构层面，在英国，高等教育机构的决策部门中包含了学生代表，这些学生代表通常通过民主选举成为学生干部，被列入学术委员会等相关委员会中。对于跨国高等教育，在大多数情况下，英国学生干部或主席参加跨国高等教育的监督委员会；在某些情况下，跨国高等教育的学生代表也通过视频会议或其他方式参加相关委员会的会议。

然而，跨国高等教育的学生参与比英国本土的学生参与复杂得多，也面临一系列挑战。第一，英国高等教育机构、全国学生联合会和跨国高等教育学生之间提供和交换信息的挑战。这是一个长期存在的问题，其中一个原因是民主选举的学生代表任期为两年，流动性较大。但是这一挑战是可以克服的，开发能够建立、维护和交换组织知识的系统，有利于有效的学生代表制度及学生参与实践。当前，英国本土的学生代表对学习跨国高等教育课程的学生了解甚少。

大多数人知道他们所在的院校有海外办学，他们甚至也参与了这些跨国高等教育项目的学术决策，但他们并不一定了解这些跨国高等教育项目的全部范围。如果院校希望学生不仅是表面上的参与，而且要真正投入到整个院校机构的决策过程中，让学生代表发出自己的声音，那么就需要更完善的学生参与流程。这样可以确保全国学生联合会随时了解本校的跨国高等教育项目以及正在学习这些项目的学生。

第二，对于跨国高等教育的学生由谁代表、如何代表的问题，无论是个人还是集体都存在一定程度的困惑与不确定性。英国大学缺乏对跨国高等教育的学生进行学生代表这一角色的培训和支持，各国对于学生批判性建议的提出与接纳程度都有一定的文化差异，全国学生联合会在不同国家和地区的合法性、权力和影响力也不同。

第二，跨国高等教育学生参与内部质量保障的能力挑战。一些跨国高等教育项目是以实体存在的校园形式办学的，这类项目一般建立学生代表结构，这超出了简单的课程层面的参与。但是，由于各种不同的原因，特别是文化合法性和组织优先事项等问题，学生代表组织通常不像全国学生联合会一样，尤其缺乏自治权独立性。学生代表在跨国高等教育项目的内部质量保障中缺乏足够的影响力，这意味着学生代表制的重要性在结构和组织上缺乏支持。

英国全国学生联合会提出英国院校应当给予足够的支持，与全国学生联合会合作，通过在线培训课程和视频会议等方式来克服跨国高等教育学生代表制度面临的一些挑战。当前，英国全国学生联合会已经开展了很多培训，如向跨国高等教育学生提供在线课堂代表培训系统。此外，英国全国学生联合会认为，董事会以及质量与标准委员会也适用于英国在海外的跨国高等教育项目。在过去的几年中，只有英国大学的学生代表参与质量保障事务，而现在中国和马来西亚的学生代表也可以通过视频参与其中[1]。

四、外部考官的咨询与评价

外部考官作为校外的同行专家，在英国跨国高等教育项目的审批，课程、学生及内部管理的评估、专业的认证等方面均发挥着重要作用。同行专家在跨

---

① Smith K. Transnational education toolkit[J]. Higher Education Academy，2017：14.

国高等教育的质量保障中负责以下内容：确保为每个学位项目设置学术标准，并将其维持在适当的水平，并据此正确评估学生的表现；确保相似学科的学位标准与英国本土大学的学位标准具有相当性（尽管其内容当然有所不同）；确保评估、审查和颁发学位的过程是正确且公平的；报告学生成绩标准以及与英国本土大学学生的可比性。

以学生学业的评价为例，学业评价是教学的结果评价的重要组成部分，也是对学生表现如何做出最终总结判断的手段。所有英国大学都有关于教学评价的规章制度，以确保将标准维持在适当的水平，并根据此标准正确评估学生的表现。评价的标准以QAA质量准则的B6章（Chapter B6: Assessment of Students and the Recognition of Prior Learning）为基础，该部分针对学生学业的评价，包括英国跨国高等教育中学生学业的评价。而英国高等教育中的外部考官制度也被应用至英国跨国高等教育中。

英国跨国高等教育虽然在海外交付，但学生的学业考试试卷和考试评判都遵循英国标准，接受外部考官的评价。为了在评价学生的工作中实现公平性、有效性和可靠性，英国大学制定了有关内部和外部评价工作的政策。内部评价形式多样化，但通常需要二次审查学生作业样本并检验分数是否合适。如有任何关于成绩的争议，可以要求外部评审专家进行判断，这些专家的专业性得到认可并且保持中立，其学术判断通常被认为是客观和权威的。

此外，英国大学为学生、雇主和公众提供一系列信息。大学发布的信息包括课程规范等细节、学生完成学业所需要的知识和理解力，以及如何掌握这些知识等。此外，大多数大学都参加了国家学生调查，该调查收集了毕业生对学校及项目的看法与反馈。自2019年9月开始，英国大学将公开的信息发布在Discover Uni网站（此前是Unistats网站）上，同时发布的还包括其他主要统计数据——学生的入学资格、升学、学位的完成和随后就业的数据。

跨国高等教育的信息则不是统一发布于Discover Uni网站，而是由英国大学在各自的主页发布海外合作办学的相关信息。具有独立法人或非独立法人资格的英国跨国高等教育机构一般有独立的官方网站，面向学生、雇主以及公众，提供公开的信息。英国跨国高等教育项目和机构也接受QAA发布对其的定期评估报告，将其作为公开可用的信息面向社会。此外，英国大学也要求跨国高等教育项目或机构为学生提供关于人才培养、学术研究等方面的信息，涉及专业、课程、评价方式、评价标准等细节，实现培养过程的信息透明化。

第三节　英国跨国高等教育内部质量保障的案例

由于东道国的高等教育体系以及政治、文化背景的不同，英国大学在不同地区开展的跨国高等教育项目在内部质量保障上有着差异性。为更生动地理解英国跨国高等教育的内部质量保障的治理过程，本节从英国的三个跨国高等教育市场——亚太、中东和欧洲地区中选择西交利物浦大学（Xi'an Jiaotong-Liverpool University）、赫瑞-瓦特大学迪拜校区（Heriot-Watt University Dubai Campus）、谢菲尔德大学国际学院（城市学院）（International Faculty of the University of Sheffield/ City College）这三个案例，详细阐述英国大学如何开展跨国高等教育的内部质量保障，并分析三者的共性和差异。

一、亚太：西交利物浦大学

西交利物浦大学是西安交通大学和利物浦大学（University of Liverpool）于2006年合作成立的独立大学。与利物浦大学签署的合作条约中规定，涉及利物浦大学学位的课程项目，西交通利物浦大学有权发展该项目并授课。西交利物浦大学给本科生颁发双学位——利物浦大学的学位和西交利物浦大学的学位，后者体现了西交利物浦大学的相对独立性。

总体上，西交利物浦大学的内部质量保障聚焦教学质量和人才培养质量，不仅结合了英国和中国高等教育的特点，秉承英国高等教育系统严密的质量规定和品质意识，发挥中国教育体系注重基础的优势，同时，西交利物浦大学也有着较强的自主创造性，体现欧美教育体系中对学生自主性和灵活性的重视[①]。

西交利物浦大学的内部质量保障包括机构层面——利物浦大学对合作办学项目的审批、认证与评估，项目层面——西交利物浦大学组织各个部门开展内部质量保障。西交利物浦大学是内部质量保障的核心主体，保障的重心是教学

---

① 西交利物浦大学.西交利物浦大学中外合作办学年度报告系统[R].苏州：西交利物浦大学，2019：7-9.

质量，特点是多元主体的参与式治理，由全面的委员会结构和多个质量保障项目来支持，主要方式有项目的审批、认证与评估，整体项目层面与院系层面的定期评估，各级委员会监督，内部交流反馈，专业评估与认证，课程与教学的质量控制，学生参与等。

（一）审批、认证与评估

英国的大学有自主开展跨国高等教育项目的权利，并且对所有项目负责，因此，在跨国高等教育项目的审批环节，英国大学普遍坚持以英国学术标准来决定是否开展项目。

利物浦大学的所有学位项目均受其内部学术规范和质量保障程序的约束，西交利物浦授予的双学位中包括了利物浦大学的学位，因此也遵守利物浦大学内部的相关规定。利物浦大学和西交利物浦大学都试图为合作的项目调整各自的学术规范和模块框架。由于大多数西交利物浦大学课程也会获得利物浦大学学位，并且在大多数情况下，注册这些学位的学生都有资格从西交利物浦大学转到利物浦大学学习，因此合作项目应当符合英国的学术标准（如学科基准说明、资格和学分框架等）。

按照英国惯例，外部专家参与项目的审批评估和学位授予两个环节。对于西交利物浦大学，这些外部专家均由西交利物浦大学任命，获得利物浦大学批准，并带来应用英国质量标准的知识和经验。自2014年1月开始，QAA更新了英国高等教育质量准则，要求英国高等教育机构不得将外部专家的任命权委托给合作伙伴或跨国高等教育运行管理团队。

在项目的审批环节，开展跨国高等教育项目是利物浦大学的自主权利，在项目的前期审批阶段，利物浦大学发挥了更大的作用，但西交利物浦大学承担了项目开展和准备阶段的大部分工作。西交利物浦大学的内部管理程序是典型的英国方法：原则上，西交利物浦大学先制定关于人力、物力和学习资源的大纲建议（Outline Proposal），获利物浦大学批准；之后，大纲将细化为项目提案（Programme Proposal），包括项目和课程模块规范的准备，以供外部专家审核。这些规范虽然不需要与利物浦大学的规范完全相同，但应尽早与利物浦大学的相关学术领域进行讨论，以适应学生后期前往利物浦大学学习的流程以及专业机构对学位和资格的认证要求。得益于与英国一致的学术规范，西交利物浦大学的国际商学院获得国际高等商学院协会（Association to Advance Collegiate Schools of Business, AACSB）认证，建筑系本科和研究生课程分别获得英国皇家建筑师学会（Royal Institute of British Architects, RIBA）第一阶段和第二阶段认证，还有英国高等教育学院、英国皇家生物学会（Royal Society of Biology, RSB）、英国皇家化学学会（Royal Society of Chemistry, RSC）、英国工程委员会监督机构（The Joint Board of Moderators, JBM）和英国工程技术学会（The Institution of Engineering and Technology, IET）等的许可认证[①]。

根据利物浦大学的审批程序，最终的项目提案包括项目及课程模块的规范、外部顾问报告以及来自利物浦大学相关专业领域的报告。利物浦大学的合作项目小组委员会（Collaborative Provision Sub-committee）对提案进行审议，决定是否应按计划对项目进行授权认证，或者是否应附卜任何需要西交利物浦大学答复的条件。当确信该项目符合利物浦大学学位的学术标准，经过适合的外部审查，并且适当地解决了整个过程中提出的所有关键问题时，合作项目小组委员会废除肯定的意见以进行认证。此外，合作项目小组委员会还负责对项目的后续修改计划进行批准。

这一项目审批过程是先由西交利物浦大学进行审议，再由利物浦大学批准，这有力保证了西交利物浦大学以符合利物浦大学的标准和流程来设计和提供新的学位项目。例如，对于新的研究生课程，需要证据来证明该部门有能力应付随之而来的额外需求，包括参与交付的工作人员、部门研究计划和产出。尽管这可能给合作项目小组委员会带来巨大的监管负担，但项目审批显然是利物浦大学希望保持高度控制的环节，因为这是标准制定过程中的关键点[②]。

此外，英国利物浦大学对西交利物浦大学的学位项目进行认证和评估。其中，认证有效期为五年。西交利物浦大学成立伊始，英国利物浦大学对于在西交利物浦大学开设、授予英国利物浦大学学士、博士学位的所有本科、博士研究生学位项目进行了综合评估与认证，最终授权西交利物浦大学开设英国利物

---

① 西交利物浦大学.专业认证[EB/OL]. [2020-03-18]. https：//www.xjtlu.edu.cn/zh/study-with-us/why-xjtlu/accreditations.

② The Quality Assurance Agency for Higher Education. Review of UK transnational education in China：University of Liverpool and Xi'an Jiaotong-Liverpool University[R]. Gloucester：QAA，2012：3-4.

浦大学本、博学位项目，认可在西交利物浦大学开设的本科、博士学位项目与在英国利物浦校园开设的学位项目具有同等教育质量，学生在西交利物浦大学顺利完成学业后将获得英国利物浦大学颁发的学位证。此认证有效期为五年，当前，利物浦大学赋予西交利物浦最新的认证有效期是从2016年至2021年。

利物浦大学也通过年度访问对其内部质量保障进行评估。对于利物浦大学来说，年度访问提供了一个机会，可以在认可参数的背景下对西交利物浦大学的办学进行总结。利物浦大学组织评审委员团每年对西交利物浦大学开展为期两天的访问，通过与不同群体对象进行交流座谈，评审委员团全方位了解学校在过去一年中的发展状况，包含发展规划、教学、科研、校园设施设备、学生体验、双方院校合作等。每次来访后，评审委员团会形成一份正式的评估报告，全面、综合、详细地汇总审核反馈意见和建议，认可良好实践，同时指出有待完善、改进的方面。针对此评估报告中提出的所有有待进一步改善的方面，西交利物浦大学则需要通过制定具体的改善行动计划来做出正式回应，行动计划包含具体改进举措和实施时段。在利物浦下一年度来访前，评审委员会将审查该行动计划的最新进展状态，确保每一项改善计划都高效、有序实施[①]。

（二）项目与院系定期评估

在项目运行阶段，西交利物浦大学参照利物浦大学开展定期评估，主要方式是年度项目评估（Annual Programme Review）和院系定期评估（Departmental Periodic Review）。西交利物浦大学通过其内部完善的委员会结构开展审核工作并形成报告，这些报告也成为利物浦大学对其进行年度访问时的评估材料依据。

年度项目评估是根据外部专家和学生的反馈对项目进行改进的过程，也是用于识别是否需要对项目规范进行修改的工具。评估是以会议（或者短期会议）的形式进行，由部门的主要人员和学生代表参加，有专门的处理和记录模板。尽管西交利物浦大学为学术部门提供了有关评估流程的指导，但是到目前为止，它似乎还没有很好地嵌入其中。许多学术人员对此过程知之甚少，显然很少有人参与其中。学生通过填写反馈调查表和推选部门委员会的学生代表参与评估，但是大多数学生并没有明确意识到这一过程的重要意义，而在英国，学生则对此习以

---

① 西交利物浦大学.西交利物浦大学2018—2019学年本科教学质量报告[R].苏州：西交利物浦大学，2019：27-34.

为常。

年度项目评估目前只是一个基于案头的过程，尚未在项目层面创造足够的机会让学术人员评估学习、教学和评价。西交利物浦的年度项目评估为利物浦大学的年度访问做准备，模板式的报告（除其他事项外）考察了学生的表现以及学生和教职员工的反馈，并与大量支持材料一起提供给利物浦大学访问小组，为小组与西交利物浦大学员工和学生举行见面会议以及准备报告提供了有用的基础。QAA 认为利物浦大学应当加强年度访问和西交利物浦年度项目评估之间的联系，以确保西交利物浦大学的年度项目评估作为定期监测项目标准和质量的核心过程。

院系定期评估每四年开展一次，旨在帮助院系全面审查系内所有学位专业的可持续发展性、教授情况以及学生培养情况，检查是否达到预定培养目标。学校邀请内部其他院系资深教师和校外中英高校资深专家，在学术副校长的带领下组成审查委员会，评估教学成果、专业的可持续发展性、学生学习收获与体验、支撑教学工作的相关资源与设备设施等，并为院系发展战略提供指导性意见和建议。院系定期评估全面考核审查专业课程教学成果，为制定专业发展战略提供依据。针对评估委员会报告中提出的每一项意见和建议，院系均需给予正式书面回复，并制定相应解决和改善的长远方案。在接下来四年里，学院需要每年定期汇报解决方案的执行进度和完成情况，并确保在下一次院系定期评估前完成所有计划。

严谨的考核评估为学生提供高质量的学习环境。以工商管理、经济学和市场营销的评估为例，评估小组包括两名外部专家和一名来自该院系的学生。该报告的重点是与项目相关的问题，但也涉及更广泛的层面，例如学院的人员配备、教学策略，以及支持西交利物浦大学愿景（以研究为主导，具有国际性和独特性）的计划。在快速发展的背景下，院系的定期评估为反思广泛的教学和业务问题提供了机会。

（三）各级委员会监管

不同于传统大学的组织体系，西交利物浦大学实行更适合知识型组织管理的扁平化管理方式，以校董会、执行校长为核心，设立了四大服务中心，分别是学生事务中心、学术事务中心、行政事务中心和发展与对外事务中心，为各系、所、教学和研究中心以及教职员工和学生提供支持和服务。其中，西交利物浦大学的董事会负责监督大学的治理，学校高管团队则负责把握大学的战略方向和日常管理运营。

西交利物浦大学于2013年成立"学术战略团队"（Academic Strategy Group, ASG），在学术事务副校长的协调下领导学校学术战略的探索，并配合学术委员会及其下属各子委员会如研究委员会、教学委员会及系所组织落实。学术战略团队、研究生院院长和教务长的设立和任命，学科群的形成，学科群协商机制与教学、科研论坛的设置，基本完成了西交利物浦探索知识型组织运行管理的学术架构[①]。

学术委员会是西交利物浦大学学术决策的最高机构，负责学校所有学术制度和实践的制定和审批。学术委员会下设教学委员会、研究委员会、学位委员会等学术性决策机构，每年至少召开3次会议讨论学术事务。学术委员会的成员包括执行校长、学术副校长、各院系主要负责人，以及从每个院系中选举的代表，包括学生代表。学术委员会主要讨论关于研究、教学、奖学金以及课程相关的一般性事务。对于这些事务的具体讨论一般在各分委员会中进行。学术委员会由下设的众多分委员会分别负责讨论和决策不同领域的学术事务，这保障了众多利益相关者能够切实参与到学术决策中来[②]。

尤其是教学方面，西交利物浦大学教学委员会及其下属的分委员会组成了完善的委员会结构，负责整个西交利物浦的教与学管理。大学教学委员会负责监管学校层面一切有关教与学的方案与提议，例如专业培养方案制定与调整，学术规范与规定的拟定与修订，学生支持服务质量的监控与管理，教学方法的探讨与研究，学校、院系相关的各委员会章程与职权范围的界定与规范，课程考核与评估相关事宜的追踪与讨论。大学教学委员会在专业、课程层面做出相关决定，并将一切决定结果汇报给大学学术委员会。大学教学委员会分设学术质量分委员会、学术活动评审分委员会、教学中心委员会三个分委员会，每个学期召开2—3次，处理课程、专业以及各种学术活动相关规范的实施和调整的

---

① 西交利物浦大学.西交利物浦大学中外合作办学年度报告系统[R].苏州：西交利物浦大学，2019：10.

② 席酉民.我的大学我做主：西交利物浦的故事[M].北京：清华大学出版社，2016：151.

相关事宜。

（四）内部交流反馈

西交利物浦大学开展师生交流已经成为学校内部质量保证体系的重要环节，通过教师交流、师生交流、与利物浦大学交流等三个方面来完成。

教师之间的交流通过院系教学委员会实现。每学期由各院系自行组织安排会议，由院系一定数量的教师参加。与大学教学委员会具备类似职权和职能，在院系层面监管一切有关教学方案与提议，任何议题经该院系教学委员会讨论、审议并一致通过后提交至大学教学委员会审批。经系教学委员会通过的教学大纲要最终经过学校学术质量分委员会的许可才可生效。

师生之间的交流通过师生联络委员会实现。学校重视教师与学生之间的沟通和交流，以及课外教师对学生的辅导。院系要求所有任课老师每周至少安排两个小时的固定时间接受学生的访问和答疑。每学期召开两次师生协调会议，由系主任、教师代表和学生代表们一起讨论学生们对教学工作中的意见和建议，会后这些意见和建议由系主任传达给相关任课教师。

与利物浦大学院系的交流则是通过定期的视频沟通会实现。基于西交利物浦大学与英国利物浦大学院校合作伙伴关系，西交利物浦大学各院系与利物浦大学对等院系定期举行视频沟通会，相互分享交流信息，讨论专业、课程、2＋2学生、考试考核审查、科研合作方面的具体问题。

（五）专业评估与认证

英国的大学专业接受外部的专业机构认证，即外部专业机构对院系提供高质量学位教育项目进行全面综合评估后的认可。外部的专业认证离不开内部的专业自我评估，为使更多专业得到外部专业机构的认证，西交利物浦大学在内部采取年度专业评估的方式，要求院系在每个新学年初始提交一份年度专业自评报告。

内部专业评估的目的在于评估院系所开设的所有学位项目的实效性，从学科发展和行业应用的角度审核专业的通用性与关联性，评价专业的教育质量和学生综合学习体验。通过年度专业评审，院系可以及时甄别发现有待完善、改进的方面，同时总结一年以来专业、课程建设方面的良好实践，并在学校的各院系广泛传播，相互参考和学习，共同进步。

为进行更客观的内部专业评估，西交利物浦大学实施院系互评制度，由大学教务长指定将上交的专业自评报告分配给不同院系负责人，从不同学科领域的角度对各个院系的专业发展做双向评审，并将评审意见提交至大学教学委员会做最终评议，大学教学委员会将对年度专业自评报告进行反馈并追踪督促院系不断改进完善。此外，教务部门联系有相关专业背景的校外专家检阅各个专业的年度专业自评报告。2018—2019学年，西交利物浦一共对15个院系以及4个教学中心的所有专业进行自评总结。另外，对于专业修改与利物浦大学再认证，西交利物浦大学也制定了明确具体的修改流程步骤及时间表。该申请和修改流程步骤符合英国利物浦大学和教育部的规定要求。

在内部专业评估的基础上，西交利物浦鼓励院系从长远战略发展角度规划，并逐步开展相关学科领域的专业认证申请。截至2018—2019学年，西交利物浦已有22个本科专业和18个硕士专业获得国际专业认证[①]。

（六）课程与教学的质量控制

课程与教学方面，西交利物浦大学对培养方案的制定与执行、新课申请及课程大纲调整、教材的选取都进行了严格的质量控制，还创建了同行评审、内部仲裁和外部考官制度，促进教学质量的改善。

培养方案的制定与执行。西交利物浦大学规范培养方案执行程序，保证了培养方案的严格执行。在管理制度方面，制定了《专业培养方案微调指导方针》、《专业调整征询意见及告知学生准则》等一系列规章制度，对培养方案内容的确定、执行及变更程序做了严格的规定，强调人才培养方案必须反映独特的育人理念、符合国际高等教育发展潮流；在教学计划变更程序方面，确因学科发展和人才市场需求变化，需要微调人才培养方案的，必须经过慎重论证，提出充分的理由并形成切实可行的调整方案，经系、校两级教学委员会讨论通过后，再征集利物浦大学反馈意见，形成最终调整方案，经主管校长审批后方可生效。培养方案微调的程序保证了培养方案执行的严肃性，确保了学校教学管理秩序。

新课申请、现有课程大纲调整。学校针对任课教师修改现有课程大纲，或是开设新课的需要，制定了严格、完整的申请、评审、批准流程。具体流程如

---

① 西交利物浦大学.专业认证 [EB/OL]. [2020-03-18]. https : //www.xjtlu.edu.cn/zh/study-with-us/why-xjtlu/accreditations

下：任课教师将申请调整理由和具体拟修改内容提交至院系教学委员会，经此委员会讨论并一致通过后递交至学术质量分委员会审核批准。一致通过后，学术质量分委员会秘书将审批完、调整后的课程大纲（或是新课程大纲）转交给教务处，并由教务处统一上传至网上学习系统中，供相关学生和教师参考、下载。在院系教学委员会和学术质量分委员会审批前，所有人（包括任课教师）均没有任何权限随意修改课程大纲的任意部分。此程序保证各科教学大纲和内容能不断适应新的社会发展以及职业需求，并且新设置的课程和对教学内容做的修改都是建立在充分讨论的基础上。2018—2019 学年实现了课程调整与修订的线上修改与审批流程，在强化版本控制的同时，大大提高了工作效率。

课程教材的选取。西交利物浦大学严格按照培养方案和课程大纲的推荐书目选用教材，各本科专业课程从课程教学大纲出发，优先选用能够代表国际先进水平、被国外高校广泛采用、在写作上深入浅出的优秀教材作为课本和主要参考书。在专业教学计划制定初期，为每个课程推荐合适的英文教材，并对所用教材进行逐级评审，不断更新使用的教材，完善选择程序。除了主选教材外，还鼓励师生阅读其他相关参考资料（一般由主讲老师推荐），教师自身也参与编写教材的工作。此外，西交利物浦大学还对教材的评价、选用、教师教学及参考用书的领用、学生使用教材供应等环节进行了规范管理。

同行评审课堂。学校鼓励并要求授课教师走进其他教师的课堂，相互听课、学习，旨在通过此种方式及时发现并解决教学中遇到的问题；甄别与传播良好教学实践；增进教师间的交流学习来加强教学运行环节的质量监控，不断强化教学管理，提升教学水平。2018—2019 学年，西交利物浦大学不仅在院系和教学中心进行同行评审活动，也在不同学科大类的教师间鼓励同行评审，好的教学实践会交由大学教学委员会商讨并加以传播，院系主任指定一名同行评审专员，负责院系内部及与其他院系、中心和学科大类的评审交流、协调等活动。

内部仲裁体制。西交利物浦大学有明确的评估实施细则，根据细则，每门学科的课程单元都应该清晰地定义评估任务，并应该同设计测试的学习成果紧密联系。在每一位涉及学业审核的评估工作或决定学生是否可以升入下一阶段学习的人员中，将由相关院系委员会任命一个或一个以上的校内主考人员，他们中的一位将会负责全部的评估工作。评估工作完毕后进行分数的内部仲裁，内部仲裁人一般需要批改25%的试卷。仲裁人应该抽查评分标准和连贯性，特别是临界分数。如果仲裁的结果显示评分有矛盾之处，那么所有的试卷应该重新批改。

外部考官体制。最终所有试卷都要通过夏季召开的主考委员会校外考官的详细检查，即外部仲裁。西交利物浦大学对考试有严格的监督和审核制度，教研组有责任采纳来自主考委员会或校外考官的合理建议，来不断地监督评估计划的效力。最终结果也会反馈给学生，让其了解。

（七）学生参与

英国大学实行学生代表制度，让学生参与个人、课程、机构层面的事务。西交利物浦大学并未完全推行英国的学生代表制度，学生参与并不是通过学生代表直接加入各级决策委员会的方式，而是以学生自治、学校引导服务为核心的学生工作体系以及导师支持系统实现，学生的意见主要通过学生联络委员会、学生事务委员会送达高管团队。

此外，西交利物浦大学探索出独具特色的校外导师制度，成立了学生自治组织"学生职业发展协会"，组织并开展了学生创业指导的品牌工作，使得就业指导与服务水平得到明显提升，就业质量得到有力保证。

西交利物浦大学面向学生、校友、大学教职员工、大学合作伙伴等进行信息分享，主要包括自身的宣传和学生手册等。作为独立机构，西交利物浦大学自行负责信息的准备和宣传，通过各类媒体、网站和出版物来推广品牌。西交利物浦大学也与利物浦大学进行定期沟通，由于所有教学以及大多数宣传信息有中英文双语版本，利物浦大学可以通过这些信息对西交利物浦大学进行远程的监督。西交利物浦大学为学生提供学生手册，引导学生适应大学生活，为他们提供学术和培养方面的支持和指导。学生手册包括学业信息、评估标准等，并且学术和行政人员也随时为学生提供帮助。

在西交利物浦大学持续快速扩张的背景下，利物浦大学也面临如何对用于监测西交利物浦大学认证的流程进行审查，以确保这些流程可以保持有效，同时又不会对其运行能力造成过大压力的问题。利物浦大学已经意识到了这些，并致力于最大程度地将西交利物浦质量保障流程纳入自身，并为利物浦大学正在进行的认证提供坚实的基础。

二、中东：赫瑞-瓦特大学迪拜校区

赫瑞-瓦特大学迪拜校区成立于2005年，位于迪拜国际学术城（Dubai International Academic City, DIAC）自由区，由赫瑞-瓦特大学（Heriot-Watt University）与迪拜企业 Eikon 共同办学。

赫瑞-瓦特大学（Heriot-Watt University）创办于1821年，前身为爱丁堡工学院，拥有五个校区，其中三个英国校区位于爱丁堡、苏格兰边境和奥克尼，两个海外校区位于迪拜和马来西亚，赫瑞-瓦特大学的53个合作伙伴分布在150个国家/地区，截至2017年底，共计29000多名学生（包括海外和远程在线学生）。而 Eikon 作为受批准的基础设施提供商（Approved Infrastructure Provider, AIP），为迪拜校区提供学术以外的支持[①]。

赫瑞-瓦特大学是第一个在DIAC设立分校的大学，也是学生人数最多的大学。截至2019年，赫瑞-瓦特大学在迪拜校区提供78个课程，包括基础课程（Foundation）、本科、硕士和博士学位课程，满足了阿拉伯联合酋长国（UAE）就业市场的需求。迪拜校区的学生来自80个国家，最大的群体是印度人和巴基斯坦人，分别占学生总数的三分之一和六分之一[②]。

赫瑞-瓦特大学完全负责迪拜校区的质量，遵循统一的战略：无论学生学习哪个项目，在哪里学习，质量标准都是相同的。该大学已与迪拜当局紧密合作，以确保其满足阿联酋和迪拜的所有法规要求。迪拜校区的所有项目均颁发赫瑞-瓦特大学的学位，而资格认证则由迪拜的知识与人类发展局授予。

阿拉伯联合酋长国中，不同酋长国旨在规范和保障跨国高等教育质量的政策和程序有所不同。在迪拜，位于自由贸易区内的海外校园属于知识与人类发展局的授权，这要求所有机构在开始招生之前都必须获得学术授权，并且该机构的每个学术课程都必须在知识与人类发展局中注册。为了促进这些操作，知识与人类发展局建立了一个内部质量保障组织，即大学质量保证国际委员会（University Quality Assurance International Board, UQAIB）。但是，根据阿联酋对外国教育提供者的开放态度，大学质量保证国际委员会本身严重依赖每个跨国高

①　The Quality Assurance Agency for Higher Education. Review of UK transnational education in the United Arab Emirates : Heriot-Watt University Dubai campus[R]. Gloucester : QAA，2014: 2-13.

②　Heriot-Watt University. Dubai campus[EB/OL]. [2020-03-18]. https：//www.hw.ac.uk/dubai/.

等教育办学机构的质量保障和认证机制，并在其《质量保障手册》中指出："为了不给外国高等教育机构造成不适当的负担，重复此类机构已经经历的质量保障流程，大学质量保证国际委员会首先将考虑有关外国高等教育机构提供的现有质量保障报告，只要这些报告是最近的，能够证明这些机构的质量保障体系和程序的有效性"[①]。这种质量保障模式旨在通过最少的干预来保证这些海外校园提供的项目质量与本国机构提供的项目相同。它的其中一个要求是，海外校园提供在该机构的本地校园教授的相同认证程序。因此，在迪拜的海外校园完全复制英国本土校园项目，牺牲了国际校园大量课程的灵活性。但是，这也向潜在的学生发出信号，整个酋长国的海外校园所提供的课程在质量和内容上都与享有声望的外国机构所教授的课程相同，从而有助于保护迪拜高等教育出口部门的质量和声誉[②]。

因此，迪拜校区的内部质量保障就是赫瑞−瓦特大学的内部质量保障，监督和审查学术质量和标准的责任主要在大学评议会（Senate），大学评议会授权给三个主要委员会：本科生研究委员会（Undergraduate Studies Committee）、研究生研究委员会（Postgraduate Studies Committee）、大学质量标准委员会（University Committee for Quality and Standards）；教学的质量保障由学术注册处（Academic Registry）联合副校长（教学）共同负责，制定一切与大学的研究、教学、学位和学生学习相关的质量和标准、相关的政策和运营事宜。

机构层面，赫瑞−瓦特大学对迪拜校区项目进行审批（Approval）、年度监测（Annual Monitoring）和定期评估（Periodic Review）。这三个过程是确保和维持大学学位标准以及学生学习体验质量的一种机制[③]；项目层面，迪拜校区也遵循赫瑞−瓦特大学的要求，并向其汇报。

（一）基于风险管理的审批

赫瑞−瓦特大学审批学科、项目和课程的过程取决于与之相关的风险程度。

---

① Knowledge and Human Development Authority. Quality assurance manual [R]. Dubai：Knowledge and Human Development Authority，2016：14-23.

② MACKIE C，Research Associate，WES. International branch campuses part two：China and the United Arab Emirates[EB/OL].（2019-06-13）[2020-03-18]. https：//wenr.wes.org/2019/06/international-branch-campuses-part-two-china-and-the-united-arab-emirates.

③ Heriot-Watt University. Quality assurance[EB/OL]. [2020-03-18]. https：//www.hw.ac.uk/services/academic-registry/quality/quality-assurance.htm.

赫瑞－瓦特大学通过既定的学术风险管理程序来批准项目，该程序将活动类别按与之相关的风险级别进行区分。跨国高等教育项目和远程学习项目都是高风险和中等风险活动，还需要获得更高级别的批准（由大学高级管理层的指定成员批准）[①]。

研究委员会（Studies Committee）得到大学评议会和大学质量标准委员会授权，负责批准新的学科和课程，并对课程进行修改。新学科则必须得到大学执行领导的批准。学校已经下放了批准和修改课程以及对课程进行较小修改的权限。批准过程包括通过项目批准管理系统（Programme Approval Management System, PAMS）完成提案，然后提交给相关的学院委员会，并酌情提交给研究委员会。

如图4-1所示，在确定潜在的新合作伙伴之后，或在与现有合作伙伴继续合作之时，赫瑞－瓦特大学的各个学院（Schools）将开始收集相关信息，并与合作伙伴机构进行谈判。合作伙伴协议的制定过程中将重点围绕学术质量向有关部门（AQ/Go Global）咨询。

学院的合作项目负责人（Lead for Multi-School Partners）完成第一阶段工作，即申请学术合作伙伴关系的提案流程。提案上交给教学部门（Department of Learning and Teaching, DLT）/研究主任（Director of Research, DoR），学院财务总监（School Financial Controller）和学院负责人（Head of School, HoS）进行审核和批准。

此时，学院负责人访问合作伙伴机构。访问结束后，合作项目负责人完成第二阶段工作，即访问报告和风险评估，并与合作伙伴机构和咨询部门合作起草协议。合作项目负责人代表学院与咨询部门、风险和审计管理部门一起完成风险登记。风险登记册和协议交给质量主管（Director of Quality, DoQ），DLT /DoR, HoS和其他负责人，以供审核和批准。之后，所有文件（两个阶段的材料、风险登记册，数据保护协议以及协议的最终版本等文件）提交给AQ/Go Global以获得大学批准。

在获得大学批准后，AQ / Go Global将协议发送给合作伙伴进行签名。收到合作伙伴签署的协议后，AQ / Go Global将更新系统并通知相关学院。

---

① Heriot-Watt University. Academic approvals[EB/OL]. [2020-03-18]. https：//www.hw.ac.uk/services/academic-registry/quality/qa/academic-approvals.htm.

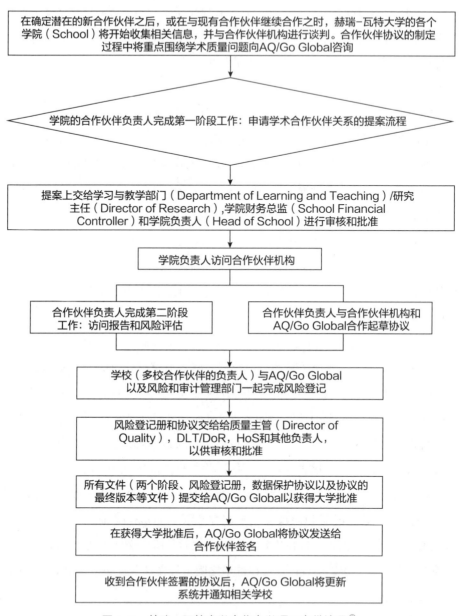

在确定潜在的新合作伙伴之后，或在与现有合作伙伴继续合作之时，赫瑞–瓦特大学的各个学院（School）将开始收集相关信息，并与合作伙伴机构进行谈判。合作伙伴协议的制定过程中将重点围绕学术质量问题向AQ/Go Global咨询

学院的合作伙伴负责人完成第一阶段工作：申请学术合作伙伴关系的提案流程

提案上交给学习与教学部门（Department of Learning and Teaching）/研究主任（Director of Research），学院财务总监（School Financial Controller）和学院负责人（Head of School）进行审核和批准

学院负责人访问合作伙伴机构

合作伙伴负责人完成第二阶段工作：访问报告和风险评估

合作伙伴负责人与合作伙伴机构和AQ/Go Global合作起草协议

学校（多校合作伙伴的负责人）与AQ/Go Global以及风险和审计管理部门一起完成风险登记

风险登记册和协议交给给质量主管（Director of Quality），DLT/DoR，HoS和其他负责人，以供审核和批准

所有文件（两个阶段、风险登记册，数据保护协议以及协议的最终版本等文件）提交给AQ/Go Global以获得大学批准

在获得大学批准后，AQ/Go Global将协议发送给合作伙伴签名

收到合作伙伴签署的协议后，AQ/Go Global将更新系统并通知相关学校

图4-1 赫瑞–瓦特大学合作办学项目审批流程①

---

① Heriot-Watt University. Academic Partnerships approval process [EB/OL]. [2020-03-18]. chrome-extension：//cdonnmffkdaoajfknoeeecmchibpmkmg/assets/pdf/web/viewer.html?file=https%3A%2F%2Fwww.hw.ac.uk%2Fservices%2Fdocs%2Facademic-registry%2F17.qabp-academicpartnerships.pdf.

（二）年度监测与评估

赫瑞－瓦特大学每年都会通过年度监测和评估（Annual Monitoring and Review, AMR）程序对大学的所有项目（包括跨国高等教育项目）进行监督，其主要目的是：监督和审查学术标准和质量，监督和审查学生的经历，监督和审查实现大学战略目标的进度。监督检测与评估的主要目标是：整合质量保证与质量增强；与学校进行讨论，以提供动态、互动的过程；纳入对学习成绩数据的审查；使合作伙伴能够有效参与流程。

赫瑞－瓦特大学还对其所有学术活动和与学术有关的活动进行内部定期评估，包括内部审计、学术评估和专业服务评估三个部分[①]。

内部审计依据风险对跨国高等教育进行分类审计，是对高风险和中风险项目和活动的附加检查过程，需要更高级别的检查以确保所有操作事项得到适当处理。内部审计通常侧重于与所有合作的项目（包括交流安排）、独立的远程项目以及跨国高等教育项目的评估/考试管理。内部审计以三年为周期进行，以确保学校的基础设施足以支持各种活动，并确保对伙伴关系和任何风险进行适当的管理。内部审计的结果每年报告给苏格兰基金委员会和QAA。在内部审计中，迪拜校区须提供一系列资料，包括项目称述、学术资料、风险登记册、风险评估流程、评估/考试等[②]。

学术评估是大学确保和提高其学术课程的质量和标准的过程之一。学术评估过程遵循苏格兰基金委员会（SFC）和QAA制定的指南，并且每年向这些机构报告评估结果。学术评估定期举行，每五年进行一次，评估小组由内部和外部同行以及学生组成，评估内容是审核所有学术规定，由反馈的文档提供信息，考查学生的学习经验、评估质量和标准、重新批准学术课程；专注于质量增强，考查跨国高等教育项目是否与大学的教学策略保持一致。完成学术评估后，评估小组将完成一份报告，该报告通常包括一些行动建议；然后，学校将制定一项行动项目以解决这些建议。该报告和行动项目须获得大学质量标准委员会的

①　Heriot-Watt University. Periodic reviews[EB/OL]. [2020-03-18]. https：//www.hw.ac.uk/services/academic-registry/quality/qa/periodic-reviews.htm.

②　Heriot-Watt University. Internal audits[EB/OL]. [2020-03-18]. https：//www.hw.ac.uk/services/academic-registry/quality/qa/internal-audits.htm.

批准，并提交大学评议会和大学执行领导以供参考。评估后的一年，学校将提交进度报告，该报告由大学质量标准委员会审议并批准。然后，委员会将报告大学评议会审查过程已完成。

专业服务评估指对与学术相关的专业服务进行评估，是赫瑞–瓦特大学确保服务质量和标准的过程，重点关注教学的策略，有助于提高学生的学习质量。评估周期为五年，作为对其他活动的补充评估，评估结果每年报告给苏格兰基金委员会和QAA。评估基本流程与学术评估一致。

（三）向赫瑞–瓦特大学汇报

自2013年9月起，赫瑞–瓦特大学在所有校区都拥有统一的学术架构。在这种结构下，校长负责与所有校区在其学科领域内提供的课程有关的学术事项，无论授课方式如何或授课地点在哪。从2014年9月开始，赫瑞–瓦特大学有五个学院（schools），每个学院拥有一个统一的委员会结构，包括研究委员会、教学委员会，每个学院均具有相应的管理者：学术质量主任、教学主任、研究主任。

迪拜校园设有学术委员会（Academic Council），其职权范围、章程和成员由大学评议会确定。学术委员会由迪拜副校长［Vice-Principal（Dubai），VPD］主持，成员包括来自迪拜和爱丁堡的高级职员，从迪拜校园选出的职员代表以及学生代表。迪拜副校长既是校园负责人，也是大学行政人员。迪拜校区的其他人员均由赫瑞–瓦特大学任命，包括教学人员、迪拜行政和注册主任、财务和营销/招生负责人、图书管理员和图书馆工作人员、专业管理者、发展管理者和全国学生联合会主席。其他员工则均由Eikon任命。

赫瑞–瓦特大学负责学术相关事务，Eikon的管理人员负责校园日常管理。为了更好处理合作关系，迪拜校区成立了由副校长领导的运行管理委员会（Operational Management Committee）和大学秘书（University Secretary）领导的执行委员会。学术质量和标准事务（包括评估）、学生记录、证明和成绩单由运行管理委员会负责。

赫瑞–瓦特大学的学术注册处负责维护学术政策和指导方针，迪拜校区的课程和学生管理都在这些方针和指导下运作。赫瑞–瓦特大学指定一位海外项目官员，负责与迪拜校园的行政联络。赫瑞–瓦特大学的对外事务部与迪拜市场部密切合作，迪拜市场部负责人、招生负责人和外部事务负责人之间定期进行电话会议，以讨论市场营销策略、新闻发布和其他发展。迪拜的市场营销和学生招生负责人在爱丁堡校区对外事务总监汇报[①]。

三、欧洲：谢菲尔德大学国际学院（城市学院）

谢菲尔德大学国际学院位于希腊塞萨洛尼基（Thessaloniki），在希腊，它被称为城市学院（City College），在商业、管理与经济学、计算机科学、心理学以及英语和语言学方面提供10个学士和15个硕士学位。国际学院的学术人员也是谢菲尔德大学为在巴尔干地区注册的博士生提供的监督团队。国际学院与谢菲尔德大学保持合作关系，其所有课程都与谢菲尔德大学的学位关联。国际学院的战略是在欧洲东南部成为英国高等教育的领先提供者，欧洲东南部的高等教育市场是一个拥有超过2亿人口的不断增长的市场，国际学院通过与该地区其他高等教育机构建立合作伙伴关系来实现这一目标。

谢菲尔德大学（University of Sheffield）是英国最大的公民大学之一，在教学、研究、公众参与和知识转移方面发挥着领先的地区、国家和国际角色，拥有来自140多个国家/地区的近29000名学生和来自全球的1200多名学者，是世界领先的大学之一。在2020年QS世界大学排名中，谢菲尔德大学在英国排名第13位，在世界排名第78位[②]。谢菲尔德大学于1905年获得了《皇家宪章》，是罗素集团的创始成员，也是白玫瑰大学合作伙伴关系（与利兹大学和约克大学）以及英格兰北部N8研究型大学集团的成员。该大学通过设在谢菲尔德的五个学院和位于希腊塞萨洛尼基的第六个国际学院（International Faculty, IF）提供学位课程[③]。

该大学在其他国家提供服务和建立伙伴关系的计划是根据其国际化战略制定的，战略着重发展国际学术和课程，提高大学的知名度，并利用其研究和知识的转移活动来实现全球化。谢菲尔德大学的跨国高等教育办学原则是"少而精"，建立相对较少的合作伙伴关系，旨在达成共识，并通过长期的、可管理的

---

①　Heriot-Watt University. Periodic reviews[EB/OL]. [2020-03-18]. https：//www.hw.ac.uk/services/academic-registry/quality/qa/periodic-reviews.htm.

②　Top Universities. QS world university rankings[EB/OL]. [2020-03-18]. https：//www.topuniversities.com/university-rankings/world-university-rankings/2020.

③　University of Sheffield. About us [EB/OL]. [2020-03-18]. https：//www.sheffield.ac.uk/about/rankings.

关系来促进这种合作。

作为国际化战略的一部分，谢菲尔德在与希腊塞萨洛尼基市城市学院建立22年核心合作的基础上，将其发展为国际学院。城市学院有了第二个身份——国际学院后，侧重于满足生活在东欧和东南欧国家（有时称为巴尔干地区）的2亿多人的高等教育需求，目前提供的课程包括商业管理、金融和经济学、计算机科学、心理学以及英语和语言学的全日制和非全日制学士和硕士学位。国际学院还提供博士课程，通过东南欧研究中心（SEERC）对希腊乃至整个巴尔干地区的学生进行监督。

国际学院就是希腊的城市学院，成立于1989年，是一所私立高等教育学院，至今仍然是一个具有财务和法律独立性的自治机构。自2009年以来，城市学院的学术和教学职能以国际学院的身份被纳入谢菲尔德大学。谢菲尔德大学与国际学院建立合作关系，提供谢菲尔德大学学位项目，但这种合作关系与传统的跨国高等教育交付模式不同，谢菲尔德大学并未将国际学院定义为合作办学，而是定义为自己的第六个学院。此后，国际学院的运作主要是通过适用于谢菲尔德大学其他五个学院的标准法规和政策进行的。从这个意义上讲，希腊的城市学院作为国际学院，是谢菲尔德大学的内部核心学院之一，但其教学在希腊进行，主要面向希腊学生[①]。

谢菲尔德大学的合作办学包括以下三类课程：与其他组织合作，提供支持或评估；由谢菲尔德大学授予学分或学位；依靠合作伙伴组织的支持来实现办学成果。谢菲尔德大学与合作伙伴组织的合作以大学的国际化战略（University's Internationalisation Strategy）和教学战略（Learning and Teaching Strategy）为指导[②]，通过对课程认证及合作项目审批、年度监测及评估、质量标准控制、外部专家认可、鼓励学生参与等方式来确保国际学院在希腊提供谢菲尔德同等质量的高等教育。

---

① The Quality Assurance Agency for Higher Education. Review of UK transnational education in Greece : University of Sheffield and City College[R]. Gloucester : QAA，2015: 2-5.

② University of Sheffield. Collaborative provision [EB/OL]. [2020-03-18]. https : //www.sheffield.ac.uk/apse/apo/quality/programmes/collab-provision.

（一）国际化和教学战略宏观指导

谢菲尔德大学将自己定位为一所植根于谢菲尔德的全球性大学，全球目标需要一种能够维持世界一流的学习和研究环境的战略伙伴关系。谢菲尔德大学将伙伴关系的建立和维持列入其发展战略，战略伙伴关系是指与合作伙伴城市、私营和上市公司以及来自世界各地的大学建立并维持互惠互利的关系。在战略中，谢菲尔德大学认为，合作伙伴关系有利于实现创造和改变，这种互利关系是任何大学无法单独实现的；建立合作伙伴关系，不仅需要全球视野，同时也需要奖学金等方面的直接投入；为了快速有效地寻找与其目标和优势领域相匹配的合作机会和伙伴关系，谢菲尔德大学也与相关合作伙伴一起支持参与跨国高等教育的人才[①]。

谢菲尔德大学开展跨国高等教育的价值追求如下：首先是谢菲尔德大学本身的全球大学定位，即保持谢菲尔德的全球大学身份，推动经济增长以及社会和文化活力；其次，谢菲尔德大学坚持学生参与，通过与学生的合作伙伴关系，使城市和地区变得更好；最后，谢菲尔德大学致力于在本土乃至国际建立开放、共享和相互支持的学习关系，以作为一个遍布120多个国家/地区的多元国际化大学而感到自豪——"世界就是家"（The World is Home）。

为实现这些目标，谢菲尔德大学采取了如下策略：第一，增强谢菲尔德大学在本地和全球范围内的实力，开展出色的研究和教学，在英国本土和海外产生影响；第二，通过以研究为主导的创新来推动地区经济发展，并改变英国的基础设施制造方法以及由雇主共同设计和资助的学徒学位的方法；第三，继续与世界各地，尤其是欧洲、中国、美国和印度等地的实力领域建立重要的合作伙伴关系；第四，继续为学生提供研究、志愿服务和国际经验方面的国际机会[②]。

谢菲尔德大学谨慎地选择一些共同承担长期目标和风险的关键机构战略合作伙伴，严格评估所有潜在的合作伙伴关系，无论合作伙伴是其他大学、非学

① University of Sheffield. Strategic partners [EB/OL]. [2020-03-18]. https：//www.sheffield.ac.uk/ourplan/strategic-partners/.

② University of Sheffield. Our place：locally and globally [EB/OL]. [2020-03-18]. https：//ourplan.group.shef.ac.uk/ourplan/our-place-locally-and-globally/.

术机构还是私营部门提供者，谢菲尔德大学坚持确保与其拥有共同的价值体系。

对于办学的质量，谢菲尔德大学坚持物有所值（Value for Money, VFM）策略，即"少花钱，花好钱，明智地花钱"。谢菲尔德大学坚持大学对其利益相关者（学生、员工、外部客户和合作伙伴）负有责任，确保以最佳方式利用资源来实现目标。大学理事会负有法定责任，确保大学在使用公共资金时实现物有所值①。

大学制定物有所值策略，为实现物有所值和进行年度报告提供了一个持续改进的框架，以保证实施物有所值的方式。物有所值策略还要求所有工作人员都有责任确保在自己的工作环境中实现物有所值，为整个物有所值策略的实现提供一个支持性的环境。

另外，国际学院还积极参与谢菲尔德大学战略的制定和实施。例如为2011—2016年大学教学战略及其组成战略（如企业、国际化、电子学习战略等）的制定提供了咨询并做出了贡献。

（二）课程认证及合作项目审批

谢菲尔德大学与国际学院的关系始于1993年，当时谢菲尔德大学对学院提供的课程进行了认证，并于1996年、2002年和2007年对课程进行了重新认证。SEERC于2003年与谢菲尔德大学建立了联合研究中心。2009年，谢菲尔德大学评议会将希腊的城市学院指定为国际学院，其教学和研究活动被纳入谢菲尔德大学的学术结构。同时，国际学院仍然被希腊政府认可为私立的继续教育学院，有其自己的财务自主权和治理权。

国际学院提供的项目均已由谢菲尔德大学认证，并由谢菲尔德大学合作办学委员会（Committee for Collaborative Provision）、教学委员会、质量与审查小组委员会监督，进行年度监控和定期的再次批准，向大学评议会报告。到2019年，谢菲尔德大学已经在商业研究、计算机科学和心理学领域通过了国际学院的10个学士和15个硕士学位课程的认证。此外，博士课程由谢菲尔德大学和东南欧研究中心（South-East European Research Centre, SEERC）共同监督。研究生直接在谢菲尔德大学注册，并且遵循偏远地区学习的所有标准程序。

① University of Sheffield. Value for money [EB/OL]. [2020-03-18]. https：//www.sheffield.ac.uk/finance/staff-information/howfinanceworks/vfm.

新合作项目的开发和批准过程在很多方面与大学内部的非合作项目相似，但是也涵盖了许多其他要素，例如商业批准、学术批准及合作方式的协商，这些均由大学的专业服务部门——教学服务部（Learning and Teaching Service，LeTS）和合作伙伴团队（Partnerships）提供建议和支持。

如图4-2所示，拟开展合作办学项目的学院联系教学服务部讨论项目并接受专业服务部门的建议。新项目审批表分为A、B两个部分。学院完成新项目批准表的A部分和风险评估。教学服务部就A部分进行相关专业咨询和尽职调查。学院原则上考虑新项目批准表的A部分后，各部门在教学服务部和其他专业服务的建议下与拟议的合作伙伴组织制定项目和合作安排。

对于新项目批准表的B部分，教学服务部同样进行学术尽职调查活动和风险评估，并起草协议以供咨询和批准。由学院的教学委员会（Learning and Teaching Committee）和合作办学委员会（Committee for Collaborative Provision）批准新项目和伙伴关系安排。在教学服务部的支持下，教学委员会和大学评议会批准。

当项目获得完全批准并签署协议时，教学服务部会通知学院和相关专业服务部门，由学院任命合作项目负责人管理该项目，合作项目负责人在每次学术会议结束时完成由教学服务部提供的年度监控表。由教学服务部支持年度评估流程和协议续订。

谢菲尔德大学任命合作项目负责人和联合学术负责人来负责国际学院的合作事宜，两种均由系主任任命，合作项目负责人是大学关于合作项目的主要联系人，在管理合作项目的质量以及与院系和大学的其他部门沟通方面发挥着重要作用；联合学术负责人是大学关于联合课程的主要联系人，也是合作伙伴组织的第一联系点，具体工作职责见表4-1。

表4-1　谢菲尔德大学合作项目及联合学术负责人角色[①]

合作项目负责人	联合学术负责人
角色：合作项目的主要联系人	角色：联合课程的主要联系人
• 与合作伙伴组织的主要学术联系人和其他相关人员联络，根据项目和合作伙伴组织的性质，每年访问或进行其他安排； • 领导项目管理和交付，确保项目符合协议； • 遵守合作伙伴组织之间的评估； • 确保外部评估员的安排符合大学《外部评估业务守则》的要求，并向外部评估员介绍该项目的情况； • 领导项目质量保障工作； • 确保根据协议举行联合项目委员会会议或类似会议； • 确保合作伙伴机构持续提供适应性设施和学习资源，并根据需要向合作伙伴组织和/或教学服务提出任何潜在问题； • 完成对合作项目进行年度监控，并每年更新风险登记册。这将纳入学院的年度评估，并由合作项目委员会纳入大学对合作项目的整体年度监督中； • 确保遵守协议中的招生和与教学相关的安排； • 仅适用于双学位和联合学位课程，确保该学位的联合课程规章制度运作适当，并引起相关专业服务部门的注意	• 与合作伙伴组织的主要学术联系人和其他相关人员联络，每年探访一次，或采用其他定期交流方式，以确保合作伙伴的持续适应性和同等性组织的项目； • 如果合作伙伴组织的项目有任何更改，考虑对同等学历和准备就读谢菲尔德大学的潜在影响，并酌情予以处理； • 学生过渡安排，包括谢菲尔德大学的入学； • 监控谢菲尔德大学的联合课程学生的学业表现； • 确保遵守协议中的招生和与课程相关的安排； • 确保合作伙伴组织发布的任何营销信息是准确的； • 填写年度监测表并更新教学服务部提供的风险评估

---

① The University of Sheffield. Collaborative provision [EB/OL]. [2020-03-18]. https：//www.sheffield. ac.uk/apse/apo/quality/programmes/collab-provision.

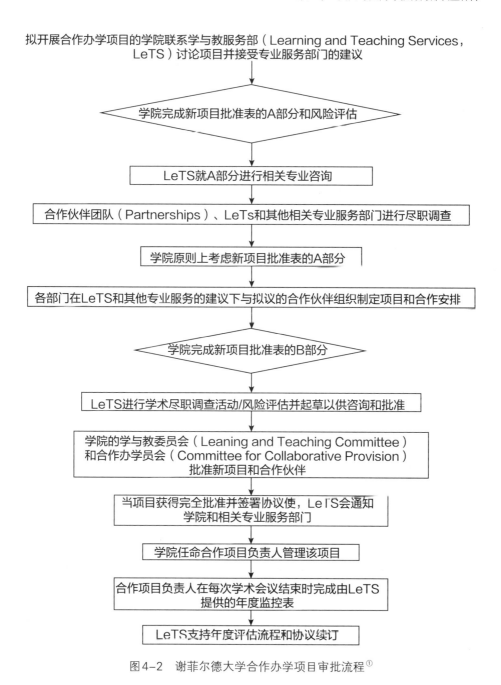

拟开展合作办学项目的学院联系学与教服务部（Learning and Teaching Services，LeTS）讨论项目并接受专业服务部门的建议

学院完成新项目批准表的A部分和风险评估

LeTS就A部分进行相关专业咨询

合作伙伴团队（Partnerships）、LeTs和其他相关专业服务部门进行尽职调查

学院原则上考虑新项目批准表的A部分

各部门在LeTS和其他专业服务的建议下与拟议的合作伙伴组织制定项目和合作安排

学院完成新项目批准表的B部分

LeTS进行学术尽职调查活动/风险评估并起草以供咨询和批准

学院的学与教委员会（Leaning and Teaching Committee）和合作办学员会（Committee for Collaborative Provision）批准新项目和合作伙伴

当项目获得完全批准并签署协议使，LeTS会通知学院和相关专业服务部门

学院任命合作项目负责人管理该项目

合作项目负责人在每次学术会议结束时完成由LeTS提供的年度监控表

LeTS支持年度评估流程和协议续订

图4-2 谢菲尔德大学合作办学项目审批流程[①]

① University of Sheffield. Framework for the Management of Taught Collaborative Provision [R]. Sheffield : University of Sheffield，2019：8.

（三）年度监测与评估

年度监测是谢菲尔德大学为确保其合作项目的标准和质量以及进行风险管理的过程的关键部分。谢菲尔德大学每年（通常在初夏）向合作办学负责人提供年度监测表，填写完整的表格有助于部门/院系的年度反思，并将合作办学总体情况反馈给大学合作办学委员会，以明确合作提供的发展和质量管理。首先，合作办学负责人完成对合作项目部门的年度监控，将年度监视的结果作为年度评估的一部分；接着，院系将年度监控视为教职员工年度反思的一部分，并向质量和审查委员会（Quality and Scrutiny Committee）报告，由该委员会进一步向教学委员会报告。最后，合作办学委员会接收并审议《合作办学年度监控》的总体摘要，将关键成果报告给大学的教学委员会。

谢菲尔德大学对学术部门的授课内容进行了为期五年的定期评估。此过程涉及谢菲尔德其他学院和学校的工作人员，以及来自英国其他谢菲尔德大学和学生的外部人员。这些评估通常也包括合作项目。在某些情况下，根据合作办学的性质，可能需要进行单独的评估，例如，在扩展协议之前审查合作办学项目。明确规定的年度监测结果将提供给全球参与的国际伙伴关系团队，以审查招聘人数和伙伴关系安排。

（四）质量标准的控制

谢菲尔德大学严格要求国际学院的质量标准与其一致，鉴于其国际学院在东南欧开展各类合作，它要求学院在新项目合作伙伴关系批准、教学质量、课程质量等方面均遵循谢尔德大学的制度和规则。

第一是批准新项目和合作伙伴的程序、年度反思（Annual Reflection, AR），对其合作伙伴的定期审查。自2009年以来，国际学院遵守谢菲尔德大学有关其内部课程的设计、批准和评估的法规和政策。谢菲尔德大学和学院的工作人员以及学生几乎互换使用"城市学院"和"国际学院"的称谓。2012年，在QAA对谢菲尔德大学进行机构评估的时候，国际学院作为谢菲尔德大学的一个学院接受评估。国际学院与谢菲尔德的其他5个学院一样，在谢菲尔德大学各级委员会中有代表，包括学习与教学委员会、质量与审查小组委员会、增强和战略小组委员会、研究委员会和伦理委员会。

在与其他机构建立合作伙伴关系时，国际学院内的系所采用的程序与设在谢菲尔德的5个系内的其他系或学系相同。国际学院对所有新的项目均由合作办学委员会进行审查，并由合作办学委员会向质量和审查小组委员会报告，后由该委员会进行全面尽职调查和批准。合作伙伴项目获得批准后，成为国际学院项目的一部分，并受谢菲尔德大学内部质量保障约束。定义为合作项目的课程由国际学院管理，但也需要获得谢菲尔德大学合作办学委员会的批准和接受定期监控。此类项目的所有提案最初都由谢菲尔德大学的学习与教学服务机构以及合作办学委员会主席共同支持。

2015年，国际学院在塞萨洛尼基建立新的英语研究系，并建立了三个新项目。由于这些是内部项目，因此需要两部分程序完成项目批准流程，其中包括与谢菲尔德大学相关专家进行磋商以及制定项目和模块说明，然后所有这些都需要获得国际学院教学委员会的批准。在国际学院负责拟定学位的团队访问了谢菲尔德大学，并咨询了专业教学副校长、艺术与人文科学专业副校长、英语学院院长、英语学院的各种学术人员以及相关的谢菲尔德大学专业服务，与谢菲尔德大学行政管理委员会、国际教师执行委员会以及质量保障和强化委员会一起制定了项目。然后，相关文件由国际学院教学委员会批准。

第二是教学质量的控制。国际学院负责教学质量的机构是教学委员会（Learning & Teaching Committee）、质量战略与增强委员会（Quality Strategy and Enhancement Committee）和教学质量保证部门（Learning & Teaching Quality Assurance Unit），按照谢菲尔德大学的规定，国际学院的所有部门都要召开一次年度反思会议。在这一过程中，国际学院的各部门首先召开会议，由学生代表参加，会议将审议所有数据和报告，包括学生成绩、阶段、模块评估和外部评估员的报告。谢菲尔德大学指定教学服务部的一名工作人员为国际学院提供支持，并撰写国际学院的教学相关正式报告，由国际学院的质量战略和增强委员会（QSEC）和教学委员会审议，审议后，所有部门参与制定行动计划。国际学院的报告与其他学院的报告合并后，被提交给谢菲尔德大学的质量和审查小组委员会。过程全面而透彻，为谢菲尔德的主要质量管理委员会提供了希腊教职员工的全面情况。

第三是课程质量的控制。国际学院作为谢菲尔德大学的学院，和其他任何学院一样，对课程质量进行管理，并向机构级委员会（尤其是教学）报告其行使职权的责任委员会及其小组委员会，质量和审查小组委员会以及增强和策略小组委员会。这种教师自治具有悖论性的作用，即限制了塞萨洛尼基的学者和学生、谢菲尔德的同等学者在课程和模块层次上进行联系的需求。但是，谢菲尔德和塞萨洛尼基的部门之间存在大量的交流，并且这种交流正在增长。工作人员和学生均希望谢菲尔德大学的教学人员进行更多的访问和参与。虽然在研究、暑期学校和定期审查中会有一些人员联系，没有涉及部门层面。而在英国，通过联系辅导员和项目主任的监督，学科一级的联系通常比在机构一级的联系更紧密。因此，部门层面的交流需要加强。

（五）外部专家认可

外部专家认可是指外部考官参与咨询和教学、考试，专业机构的认证。国际学院的考试委员会聘请外部考官，与定期评估小组一起，通过提交书面报告的形式确保国际学院在希腊以英国的高等教育标准和方式进行教学，发现并试图解决谢菲尔德大学在不同背景下保持英国教育的质量和可比性所面临的挑战。

谢菲尔德大学也为国际学院的学位课程寻求专业机构认证。学院交付的大部分项目受到专业机构的外部审核和认证，包括国家学术认可信息中心（NARIC）、英国认证理事会（BAC）、MBA协会（AMBA）、促进大学商学院的协会（AACSB International）、特许管理学院（CMI）、英国计算机学会（BCS）、国心理学会（BPS）等。这些专业机构访问团队的报告对国际学院的课程质量保障形成补充，以确保国际学院遵循谢菲尔德大学的规则和标准和质量管理程序。

（六）学生参与

在学生参与方面，国际学院的学生代表制有效运作，学生参与了谢菲尔德大学委员会和评估过程，学生代表也参加负责教学管理的委员会。这些学生代表主要通过国际学院学生会开展工作。国际学院学生会（CITY's Student Union, CSU）由投票选出的学生组成，帮助学生与国际学院的管理部门之间建立有效而富有成效的联系，传达学生的需求，组织与他们有关的任何活动，并总体上改善学生的生活。选举每学年举行一次，所有学生都有机会通过投票选举学生代表。CSU负责通知国际学院的成员有关他们所希望实现的想法、改变以及任何活动。学生会中除了主席等常规职位，还有学术代表（Academic Representatives），学术代表是本科生或研究生志愿者，代表每个院系或者项目负责与CSU沟通班级问题，每学期参加一次与CSU的会议，每两年参加一次学生课程委员会。

国际学院提供的学生手册为学习和评估的各个方面提供了清晰而全面的指导，以及有关课外活动、支持来源和形式的信息，包括学院和谢菲尔德大学在获得安置和各种就业技能方面的帮助。手册为学院内部和谢菲尔德大学内部的投诉和申诉流程提供了指导，并明确说明谢菲尔德大学有关投诉和申诉的一般规定适用于国际学院学生。

项目负责人/学术负责人确保学生掌握有关合作项目的清晰信息。作为年度监视活动的一部分，合作项目负责人/学术负责人也检查合作伙伴组织网站和招生信息的准确性。除了所有学生的常规信息要求外，合作项目还需要确保向学生提供与合作组织安排有关的以下信息：向大学和合作组织注册学生的信息；每个机构提供的服务和设施，包括学生支持；课程信息，包括课程规格、课程规定、单元大纲及评估安排；每个机构的主要联系人；投诉和申诉程序；过渡安排；学生参与和代表安排；毕业安排。

四、案例分析

总体而言，英国大学对其跨国高等教育的内部质量保障具有完全的治理权，尤其是在合作机构层面，在合作项目的审批、认证、监控和评估等与学位或者课程的认可密切相关的环节，英国大学负有完全的责任。这既是由于英国大学自治的传统，也是东道国为保障引进优质高等教育而提出的要求。英国大学积极加强相关的质量保障措施，也与其市场意识和质量文化相关，只有优质的高等教育才能捍卫大学的声誉，获得国际高等教育市场的认可，为英国大学的国际化树立市场品牌，有利于跨国高等教育乃至国际化的可持续发展。另一方面，在不同的区域，跨国高等教育中的办学自由度不同，质量保障的治理权和影响力不同，也影响了质量保障方面的统一，尤其是学生参与方面，除了与英国有着相似政治、文化背景的欧洲地区，其他地区的学生参与质量保障是不完善的。

（一）共性：自治与质量文化

英国大学对跨国高等教育的内部质量保障有着充分自治权，这同时要求英国大学对跨国高等教育质量负责。英国高等教育一直以来就有对消费者（学生）负责的传统，在跨国高等教育中，英国大学往往将优质高等教育与其在本土提供的高等教育对等。尽可能地在东道国开展对等的高等教育，对消费者（学生）负责，保障"物有所值"，这是英国大学提供跨国高等教育服务的质量文化。

从审批开始，英国大学在对合作伙伴的选择上是较为谨慎的，通常都进行详细的尽职调查、实地访问，对合作风险进行详细的咨询和评估，选择有共同价值追求的合作伙伴。英国大学在跨国高等教育项目的审批、监测、评估中注重风险管理的方法。风险管理也是英国大学评估和重新评估合作伙伴关系的关键步骤，有助于识别、减轻和管理追求和续订学术合作伙伴关系中的关键风险。此外，英国大学对合作伙伴的审批或认证均有一定期限，一般是五到六年，到期后进行再次审批和认证；在此期间则开展一定的评估，有的评估是以年为单位，即年度监督（监控），由英国大学的合作办学项目负责人以报告的形式反馈给大学本部；有的评估则是定期评估，五到六年评估一次，评估是英国大学及其合作伙伴参照QAA的质量标准进行的内部自我评估，也为QAA的外部评估积累了资料。

（二）差异：质量保障治理权差异

由于英国在每个东道国开展的跨国高等教育项目形式不同，即使是同一种交付模式——国际校园，东道国的高等教育办学环境及需求也不尽相同，因此，英国的各个跨国高等教育项目在内部质量保障细节上有所差异，主要体现在英国大学在项目层面的质量保障上有着不同的治理权和影响力。

以西交利物浦大学和赫瑞-瓦特大学迪拜校区为例，两者分别是英国的利物浦大学和赫瑞-瓦特大学在中国、迪拜开展的跨国高等教育，两者的交付形式均是海外校园这一实体存在，办学历史接近，分别是14年和15年办学时间，但在跨国高等教育内部质量保障方面有共性也有差异。两所大学均对其跨国高等教育项目质量负责，制定了各自的项目审批和评估方案，在质量标准方面，秉承英国高等教育的严格标准，致力于提供与英国本土质量相当的高等教育。两所大学均将国际化作为整体发展战略的一部分，而跨国高等教育是大学国际化战略的延伸。

在质量保障的治理权和影响力上，西交利物浦大学和赫瑞－瓦特大学迪拜校区有着较大的区别。主要原因是迪拜和中国对跨国高等教育的不同定位形成的不同办学环境。迪拜的高等教育资源匮乏，本土大学无法满足经济转型过程中对人才培养的需求，因此在过去的15年中，迪拜积极引进外国高等教育机构入境办学，属于资源引进型东道地区。目前，迪拜已经成为领先的高等教育中心，拥有世界上国际分校最集中的区域，在现有的29个英国分校中，9个分校位于迪拜，它是英国的主要东道地区，且主要模式为海外分校。迪拜致力于引进"原汁原味"的英国高等教育资源，允许学生（主要是外籍学生和其他国际学生）获得完全的外国高等教育经历，并不对内部质量保障进行干预。外部质量保障由知识与人类发展局负责，知识与人类发展局要求迪拜自贸区的所有高等教育机构必须获得学术许可才能运行，并在知识与人类发展局中注册项目。其中，学术认可指英国学术认可，即英国高等教育机构具有英国政府认可的合法学位授予权，即可受到迪拜知识与人类发展局的认可，获得在迪拜注册跨国高等教育的资格。因此，赫瑞－瓦特大学迪拜校区是完全意义上的赫瑞－瓦特大学分校园，迪拜校区直接颁发赫瑞－瓦特大学的学位，无需进行额外的认证，其内部质量保障也是赫瑞－瓦特大学内部质量保障的一部分，赫瑞－瓦特大学具有较高的治理自由度。赫瑞－瓦特大学负责项目的所有学术方面：向学生提供相同的学习材料、相同的学术结构和日历，并按照与英国校区相同的标准进行评估。

中国则期望通过合作伙伴关系发展本地高等教育的能力，属于能力发展型东道国。《中外合作办学条例》要求所有在中国开办跨国高等教育的机构，必须与中国本土的大学或者其他高等教育机构合作。这些由中外双方合作建立的跨国高等教育被称为中外合作办学，中外合作办学必须获得中国教育部的认可才能合法办学，在中英合作办学中，中国方面的申请流程往往由中国合作方负责。除了对办学资格的要求，中国还对中外合作办学模式和人才培养有所要求，中外合作办学的目标不仅是引入优质外国教育资源，而且还要融合东西方高等教育办学经验，探索高等教育新模式，培养对中国乃至世界有影响力的人才。在此背景下，西交利物浦大学由利物浦大学和西安交通大学合作办学，但只颁发利物浦大学和西交利物浦大学的学位，并不颁发西安交通大学的学位。西交利物浦大学的内部质量保障主动权主要掌握在西交利物浦大学自身，同时也受到利物浦大学的监督，而西安交通大学则参与不深。基于中外合作办学的能力发展原则，西交利物浦大学的办学独立性更强，在自身的质量保障中有着更大的自主权和探索空间，而不是完全按照利物浦大学的内部质量保障体系。

获得较大办学自由度的跨国高等教育项目也并不等同于完全还原英国高等教育。尽管赫瑞−瓦特大学迪拜校区试图还原英式教育的方方面面，但由于政治、经济和文化的差异，某些方面始终无法和英国一致，例如学生代表制度在迪拜无法真正实施。而在谢菲尔德大学国际学院中，英国大学不论在机构层面还是项目层面的质量保障都几乎有着完全的治理权。谢菲尔德大学通过与希腊的城市学院合作，将其定位为六大学院之一的国际学院，加上欧洲同根同源的政治和文化渊源，基本上完全掌握了项目层面的质量保障，例如，国际学院要与其他高等教育机构建立合作伙伴关系，须遵循谢菲尔德大学的审批流程。可以看出，英国大学在中东与东南欧的跨国高等教育项目中获得了较强的办学自由度，在中国则受到中国高等教育体系的一些限制。

第四节　本章小结

英国跨国高等教育的内部质量保障也涉及多个治理主体的共同参与（如图4-3所示）：如英国高等教育机构层面的合作办学委员会、项目层面的各级管理委员会、学生代表和外部考官等多元主体。其中，合作办学委员会在大学内部质量框架指导下，对跨国合作项目进行审批、认证与评估；项目运行层面的各级管理委员会则负责在跨国合作项目运行过程中进行自我监督；学生从个人、课程和机构三个层面参与内部质量保障；外部考官提供咨询和学生学业评价服务。多元主体共同参与治理，进行全方位保障，确保了英国跨国高等教育内部质量保障的有效性和稳定性。

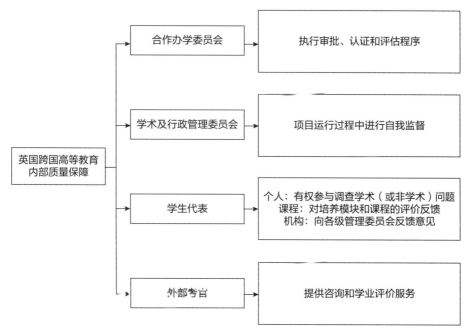

图4-3　英国跨国高等教育内部质量保障结构

在有效性方面，有效的跨国教育内部质量保障方法须考虑三个重要因素：首先是明确的质量保障原则，在价值取向上指导内部质量保障的工作；第二是一系列落实原则的具体措施，对于某些不太容易量化的原则，需要批判性的定性判断方式；第三是一个健全的评估方案，评估方案能够确定实践是否符合内部质量保障的原则和措施，同时采取行动纠正缺点并建立优势，评估工作通常由外部专家和大学内部职员组成的小组负责①。下面，将从这三个方面总结英国跨国高等教育的内部质量保障的有效性。

第一，英国跨国高等教育具有统一而明确的内部质量保障原则，即英国大学对其所有的跨国高等教育项目质量负责，保证其海外提供的高等教育质量等同于英国本土的。英国大学均有内部质量保障手册，质量手册一般是大学以QAA的质量准则为参考，结合自身的办学情况制定的。而英国大学在海外提供的跨国高等教育也属于大学质量手册的指导范围。

第二，英国跨国高等教育在合作机构层面和项目运行层面均有细化的质量

---

①　MCBURNIE G. Teaching in transnational higher education[C]. London：Routledge，2013：217-227.

保障措施。在质量手册指导下，各大学的内部质量保障具体措施不同，就跨国高等教育而言，基本围绕项目的合法性、项目覆盖的专业、课程、教学、学生参与、信息公开等方面。

第三，英国大学对其开展的跨国高等教育项目有着完善的评估方案，一般通过定期的认证与年度实地访问两种方式开展。对于内部质量保障的细节——课程、教学、学生参与等，不同的跨国高等教育有着不同的运行管理方案，能力发展型的东道国机构在秉承英国质量标准的基础上，积极探索各类合作办学的质量保障新方式，而资源引进型东道国机构则尽可能多地引进英国高等教育，在内部质量保障上也依赖英国大学。

在稳定性方面，英国跨国高等教育内部质量保障是以英国本土高等教育质量为标准，目标在于确保英国大学在海外提供的跨国高等教育质量与英国本土高等教育质量一致。但每个东道国的国情不同，对跨国高等教育的需求、定位和认识也不同，因此，作为跨国高等教育服务的提供者，英国大学针对在不同东道国的不同合作伙伴，在质量保障上采取不同的方式。例如，西交利物浦大学在其内部质量保障上具有更高的自主性，谢菲尔德大学国际学院的质量保障则完全依赖英国模式，赫瑞－瓦特大学迪拜校区的学生并没有完全参与内部质量保障。多元化的内部质量保障制度确保了各东道国对参与跨国高等教育内部质量保障的要求，有利于英国跨国高等教育的稳定发展。不论哪种类型都没有高下之分，只要合适并且有效保障了跨国高等教育的办学质量就是实现了质量保障目的。

第五章　英国跨国高等教育质量保障的特点与不足

如绪论所述，治理具有工具性功能和评价性功能，前者体现为治理方式——共同治理，后者体现为治理目标——善治。多元治理主体通过共同治理的方式追求善治，善治既是治理的目标追求，也是评价治理的一种方式。本研究根据英国国际开发部、《欧洲治理白皮书》以及高等教育治理理论，总结了高等教育善治的七个维度——分权、合作、过程、透明、责任、有效和稳定，来分析英国跨国高等教育质量保障的特点，同时也指出其中的不足之处。

第一节　英国跨国高等教育质量保障的特点

在英国跨国高等教育质量保障中，各个主体在协商与合作中平等参与治理，体现了英国跨国高等教育质量保障以共治求善治的特点。其中，共治是指多元主体共同治理，共同治理是治理最大的特点，其表现为公私部门之间的关系、网络、制度和共同管理。英国跨国高等教育质量保障正是政府、大学、第三方组织、学生等公私主体为了保障跨国高等教育的质量而合作的过程。各个主体共同治理的目标是实现跨国高等教育的优质发展——善治。本研究以善治七个维度——分权、合作、过程、透明、责任、有效和稳定，评价英国跨国高等教育质量保障中的积极特征，为我国中外合作办学的质量保障提供借鉴。

一、分权：政府掌舵下的大学自治

从分权的角度来看，英国跨国高等教育的质量保障以内部质量保障为主，以政府、第三方组织的外部质量保障为辅。外部质量保障的主体是政府、QAA、专业机构等第三方组织等，内部质量保障主体不仅包括开展跨国高等教育项目的机构——英国大学，也包括跨国高等教育运行层面的管理者、教师、外部专家和学生。这些跨国高等教育的利益相关者共同构成了英国跨国高等教育质量保障的多元治理主体。

任何国家的跨国高等教育都会涉及政府、大学、消费者（学生）、第三方组织等利益相关者，而英国跨国高等教育的利益相关者均不同程度地参与到质量保障中，形成了多元治理的特色，这既得益于英国高等教育的发展及其质量文化的推动，也与英国多元参与的咨询传统相关。

首先，英国大学具有较强的学术自治权，只要获得政府颁发的学位授予权，大学有权对内部学术及其他管理事务做决定。一方面，权利与义务是统一的，较强的自治权也促使英国大学要对其内部质量负责；另一方面，高等教育大众化和市场化促使英国大学为获取经费和生源开展激烈竞争，形成了"物有所值"、以学生为中心的质量文化。总之，英国的大学自治和重视质量的传统，是英国大学在跨国高等教育质量保障中形成主体地位的基础。

尽管英国素来被视为大学自治的典型，但英国政府在跨国高等教育质量保障中的参与程度越来越深。政府通常扮演"掌舵不划桨"的角色，但近年来政府强化拨款制度，将高等教育质量与资助挂钩，被视为加强对英国大学内部质量的监督。例如，两个首相计划投入大量的资金支持英国高等教育的国际化，各类战略项目为跨国高等教育及其质量保障的发展指明方向。

二、合作：中介组织发挥协调作用

从合作的角度来看，善治的实质在于政府与大学、市场（学生）的良好合作，但这种合作并不总是直接的，需要中介组织从中协调[①]。在英国跨国高等教育的质量保障中，QAA就是这样一个典型的中介。

以QAA为例，QAA的管理层和成员代表了高等教育以及各行业领域的广泛利益。QAA的一些成员是根据其在工业，商业，金融或专业实践方面的经验而任命的，也有一些成员代表英国高等教育机构和高等教育基金委员会，还有两

---

① 俞可平. 治理与善治 [M]. 北京：社会科学文献出版社. 2000：11.

名学生成员。

一方面，QAA能够及时把其成员所代表的利益群体（英国大学、学生为主）对政府的要求、建议、批评集中起来，转达给政府。例如，QAA多次主持开展关于跨国高等教育的质量保障方案咨询活动，收集海内外专家、学生、机构组织，乃至英国教育部门等方面的反馈意见，并组织专家咨询小组进行咨询报告的编纂，最终将咨询结果落实到后续的质量保障行动中。QAA还通过外部质量评估的方式，对英国大学在世界各地的跨国高等教育进行评估，形成评估报告作为对英国大学的机构评估补充，为各地区基金委员会的决策提供第三方参考。

另一方面，QAA作为第三方组织，响应政府的政策和战略规划，对跨国高等教育的质量保障相关事宜进行调整，并转达其成员，架起了外部质量保障和内部质量保障的桥梁。例如，为响应2013年的国际教育战略对跨国高等教育风险的重视，QAA项目以风险要素为核心，对跨国高等教育质量评估方案进行修订。为此，QAA迅速开展了面向全社会的咨询，并于2014年顺利完成基于风险的新评估方案。许多开展跨国高等教育的英国大学也据此调整了内部质量保障的内容，将风险因素放在重要位置。可以说，作为外部质量评估的主要执行机构，QAA是将跨国高等教育的内部质量保障与外部质量保障相连接的重要纽带。英国大学各自对其跨国高等教育负责，将跨国高等教育的质量保障纳入大学制定的内部质量手册或者框架，大学不仅内部质量手册参考QAA的质量准则制定，在评估方面也参照QAA的评估方案进行内部自我评估。通过质量准则和外部评估，跨国高等教育的内外部质量保障有了一致的指导原则和监督实践。

学生的主体性也是通过QAA这一中介实现的。QAA的评估小组中包含了两名学生评估员（尽管是英国本土学生），评估员来自英国的全国学生联合会，并且经过QAA的专门培训，使其得以胜任质量保障工作，尽管学生代表制度在不同的东道国面临不同的接受程度，但以学生为中心、保障学生利益是英国跨国高等教育与高等教育质量保障的共性。例如，QAA在每年的海外实地访问评估中，均会与当地的跨国高等教育学生进行面对面座谈，了解学生的跨国高等教育实际学习体验。QAA也曾在新加坡和迪拜开展问卷调查，收集跨国高等教育学术的反馈意见。

在这种利益的表达和协调过程中，QAA推动了政府与大学、市场（学生）的合作，促进了善治。

三、过程：合作协商促进公开咨询

多元合作、协商互动是QAA在制定质量保障流程和参考标准过程中的特色。QAA积极与高等教育部门和其他对高等教育感兴趣的利益相关者进行协商。QAA认识到，如果没有拥有大量专业知识的公私主体的投入，就无法开发这些质量保障工具。因此，QAA通过公开咨询为各利益相关者提供了参与的机会，帮助制度英国跨国高等教育质量保障的流程和参考标准，也体现了质量保障的过程性。

近年来，《质量准则》的制定是最大规模的咨询活动。质量准则的每一章都是由QAA与相关专家、学生组成的咨询小组合作制定的，其中包括在欧洲和国际高等教育发展方面具有专长的代表。咨询小组的工作得到了高等教育部门和其他对高等教育感兴趣的利益相关者的进一步支持。协商通常涉及公众调查和其他活动，这个协商过程帮助建立了英国高等教育质量保障的一套参考标准，并建立了可用于未来工作的专业知识库。

QAA还就加强跨国高等教育质量保障的原则咨询了该行业和利益相关者。咨询过程引起了英国高等教育部门的广泛回应，也收到了英国以外利益相关者的回应。继2013年的咨询后，QAA于2019年发起了新一轮咨询，继续就与跨国高等教育相关问题进行公开咨询。这类咨询工作由QAA与一个咨询小组合作，而咨询小组成员由来自跨国高等教育行业的代表组成，这些代表负责对制定联合、双/多学位的质量保障政策进行指导。

这种参与式方法对于确保高等教育（包括跨国高等教育）的质量保障政策及标准的制定是比较关键的，有利于将分散的专家意见集中起来，激发各利益相关者的主体意识，同时有利于质量保障方案出台后顺利应用于实践。

四、透明：评估过程保障信息公开

QAA以东道国为单位进行跨国高等教育的外部评估，并且将评估方法、评估过程以报告的形式公开发布，体现了评估的透明性。这一方法也回应了个别东道国的需求。由于缺乏关于英国标准的系统性信息，再加上媒体关于"劣质"课程或不令人满意的学生体验的报道，东道国市场认为有必要向政府和其他感兴趣的各方（包括希望在英国学习的学生）证明，英国高等教育机构提供的跨国课程达到了预期的标准。

国家为单位的评估方法在保障信息公开方面有针对性。首先，可以帮助QAA收集信息，了解英国机构与伙伴机构合作的范围和规模，并且帮助QAA对不同机构采取的不同模式和方法进行比较；其次，海外评估小组能够将他们对质量和标准管理的评估置于东道国的整个高等教育发展背景中，QAA根据收集的资料制作一份反映英国跨国高等教育特点的概览报告，对个别的评估进行补充；最后，在后勤安排方面也可以节约时间和经济成本。通常情况下，一个团队将访问海外10—14天，审查3—6个合作伙伴。虽然这样的旅行相对昂贵，但由一个团队在同一个国家进行多次访问，而不是派遣团队在多个不同的国家访问，已经节约了较多的时间和资金。

基于国家的方法也有其缺点。海外评估与QAA从事的其他质量保障活动分离，不利于跨国高等教育的评估信息与综合忾机构评估信息的整合。当时，QAA对英格兰和北爱尔兰的大学进行机构评估（Institutional Audit），对苏格兰的大学进行增强型机构评估（Enhancement-led Institutional Review），对威尔士的大学则采取机构评估（Institutional Review）。由于海外评估有其自身的周期，QAA几乎没有机会将海外评估与四个地区的机构评估或评估活动相联系。有时，大学会发现自己的海外评估与机构评估是在同一时期进行的，这样一来，大学只需提供一套共同的信息和文件来支持这两项评估活动。但是，在其他情况下，大学可能需要在机构访问或其他类型的审查后不久，为海外评估提供新的文件。因此，QAA也一直在探索如何更多结合海外评估与机构评估的方法。

英国大学有明确的法定责任，确保公众资助的高等教育达到预期的水平，大学通过与QAA签订合同来履行这一义务。QAA代表英国大学在海外进行评估。因此，评估的目的是向高等教育部门保障英国的标准得到维持，并为所有在海外提供跨国高等教育的英国大学提供一定程度的保护。QAA编写海外评估活动报告是为了向高等教育相关部门及社会提供信息，确定哪些英国跨国高等教育运作良好，哪些英国大学的做法与预期的标准不符。QAA的《高等教育学术质量和标准保障实施准则》提供了评估的指导方针，也反映了行业的最佳做法。关于批评性报告对英国高等教育利益的潜在影响，QAA是非常敏感的，在语言选择上也持谨慎态度。但是，海外报告是就调查结果做出的结论，其措辞都是直接和明确的。

对跨国高等教育评估的信息公开也以多种不同的方式对高等教育机构产生了影响。对于个别收到批评报告的大学而言，其在英国和海外都受到了媒体的批判性关注，这不仅损害了声誉，有时还推动了大学内部的结构性变化。例如，重新评估它们的国际发展政策，确保其跨国高等教育项目得到"QAA证明"，即经得起外部审查。在机构对合作伙伴有信心，并且财务允许的情况下，围绕这些进行海外合作、巩固伙伴关系已成为一种普遍趋势。虽然起初海外活动似乎提供了获得经济收益的机会，但实际上，这些发展也会导致各大学在机构评估中受到影响，跨国高等教育不一定是解决资金短缺的简单办法，在某些情况下，还大大增加了英国大学面临的声誉风险。因此，英国大学在开展跨国高等教育时，通常以明确的战略为基础，得到大学内部其他活动的支持，并受到密切的机构监督[①]。

五、责任：国际合作增进理解共识

英国跨国高等教育的质量保障的责任性体现在两个方面，一是对东道国负责，即积极参与国际合作分享方案、增进理解共识；二是对消费者（学生）负责，即完善学生参与质量保障的方式。

东道国，特别是在拥有大量英国跨国高等教育资源的国家内，除了其成员资格和参与国际质量保障网络之外，QAA还与世界各地的多家高等教育质量保障机构建立了战略联系。主要的合作关系通常围绕增进彼此对质量保障体系和方法的相互理解、信息交换和情报共享以及项目和活动（包括跨国高等教育评估）中的合作展开。

特别是在进行海外评估时，QAA试图在评估流程的每个阶段与东道国的质量保障机构保持紧密联系。例如，QAA与迪拜知识和人类发展局的合作是阿拉伯联合酋长国（UAE）2013—2014年度跨国高等教育评估的一部分。QAA和迪拜知识和人类发展局于2013年5月签署了协议备忘录，承诺在两个司法管辖区共同努力，以提高跨国高等教育的质量及其质量保障的有效性。作为第一步，

---

① JACKSON S. The quality assurance of transnational education：the UK experience of QAA overseas audit[J]. Quality Audit and Assurance for Transnational Higher Education，2006：11-20.

两家机构考虑在对迪拜的英国校园质量评估中进行合作，作为QAA对阿联酋的英国跨国高等教育评估的一部分。而迪拜知识和人类发展局也通过多种方式支持了评估过程：提供迪拜知识和人类发展局收集的在迪拜自由区运营的英国机构数据；向QAA评估小组介绍迪拜和阿联酋的高等教育系统以及监管背景；为QAA评估小组出国考察访问的后勤安排提供支持；为评估访问的议程提供意见；观察评估访问，以便在评估中出现问题时帮助澄清；在发布之前评估报告是否存在任何事实错误；在发表评估结果后协调媒体传播等。

与迪拜知识和人类发展局的密切合作是成功进行阿联酋评估的关键，这也是如何使质量保障机构之间的战略伙伴关系在实践中发挥作用的一个例子。另一个例子是与新加坡私立教育理事会的合作伙伴关系，QAA于2012年与新加坡私立教育理事会签署了谅解备忘录。自签署备忘录以来，QAA和新加坡私立教育委员会在两个战略级别（两者的首席执行官组织和运营级别）定期举行会议，重点放在特定的工作领域。QAA和新加坡私立教育委员会（于2016年改组）继续探索对与新加坡私立学校合作提供的英国高等教育课程学习的学生进行联合调查的可行性。

对于消费者（学生），英国大学的市场意识较强，强调对消费者（学生）负责，秉承持续改进和协作工作的文化，鼓励和重视教职员工和学生对决策的贡献，并通过开放和透明的文化促进良好的治理，因此形成了学生参与的传统。尽管由于东道国的政治、文化等差异，学生参与并未在所有英国跨国高等教育中普及，但英国大学通过与东道国高等教育质量保障机构的协商、合作，尽量让跨国高等教育学生参与到项目乃至机构层面的决策。例如，QAA、迪拜知识和人类发展局与新加坡私立教育委员会于2018年在迪拜和新加坡联合开展了跨国高等教育的学生调查活动，了解学生对跨国高等教育的看法和意见。此外，学生代表制度还在谢菲尔德大学国际学院中得到贯彻。

六、有效：内部自治坚守质量标准

英国大学在内部质量保障上有较大的自治权，英国大学将跨国高等教育视为诸多项目的一部分，通常称其为合作伙伴关系（Partnership）、合作办学（Collaborative Provision）、海外项目（Overseas Programme）等，为保持跨国高等教育的质量与英国本部对等和有效性，英国大学坚持传承本土校园中的优良传统和英国质量标准，开展严格的审批、认证与评估，从战略部署、定期评估、学生参与等多个方面对其质量负责。

在审批、认证与评估等与学位或课程许可相关的环节，英国大学对质量标准的坚守体现在挑选合作伙伴和项目上，严格遵循内部项目审批的流程，并且在审批手册中特别注明对合作伙伴机构的调查，接受来自大学内部和外部专家的咨询意见。英国大学普遍采取风险评估的方式，来审查合作伙伴机构以及合作项目的质量。

在战略部署上，几乎所有积极开展跨国高等教育的英国大学都在战略上将自己定位为全球性大学，坚持在全球发展符合英国质量标准的教育，并且以拥有多个实体和虚拟的跨国高等教育项目为傲，重视合作伙伴关系的发展，在协作共赢中实现发展。例如，利物浦大学的愿景是成为一家互联互通的全球性大学，从战略上致力于达到知识领导力的最前沿，将全球活动作为未来愿景的核心。利物浦大学拥有多个校园（包括实体和虚拟）——利物浦、伦敦、苏州、新加坡和在线远程[①]。

定期评估是英国大学对照英国质量标准进行跨国高等教育项目内部反思和改进的一种方式，也是英国大学自我评估的内容之一，时间从一年一次到五年一次不等。在对跨国高等教育进行评估的过程中，英国大学以QAA的质量标准文件为参考点，以便满足QAA的评估要求。通过评估，大学内部得以对跨国高等教育项目的信息进行记录和更新，也为QAA的外部评估提供了翔实的数据库基础。

七、稳定：多元共治保障各类模式

英国大学在跨国高等教育项目层面进行再次分权实现各主体的共治。跨国高等教育通过在线或者实体存在、合作伙伴关系等形式实现，其交付地点往往在英国境外，尽管英国大学对跨国高等教育质量负有全部责任，但地理距离和文化、制度的差异使得东道国合作伙伴的支持作用极为重要。因此，英国大学

---

① University of Liverpool. Strategy 2026[EB/OL]. [2020-03-18]. https：//www.liverpool.ac.uk/strategy-2026/.

在项目运行层面，授权项目负责人等不同层面的主体共同参与治理，这是英国跨国高等教育内部质量保障的共性。

再分权的一层含义是项目管理上的层层协作。在海外分校的管理委员会中，英国大学和东道国大学均派出校长或副校长担任海外分校的校长，并且双方在高级管理层中各占一半比例。在高级管理层领导下，海外分校设立研究、教学、行政服务、学生支持等方面的分管委员会，对学科、课程、教学等环节的内部质量负责；对于在线课程，英国大学的项目负责人是项目的内部质量保障领导者，与东道国的学术支持团队协作，在招生、课程管理、评估和促进学生参与、信息公开等方面落实在线课程。

再分权的治理还体现在不同角色的共同参与，尤其是传统管理者之外的教师、学生、外部专家等。教师和学生既是管理团队的服务对象，也是项目内部质量保障的参与者，通过师生座谈、教师同行之间观察、学生问卷调查、学生代表参与评估和反馈，教师和学生发挥了治理的主体性。这不仅有益于跨国高等教育内部质量保障流程的顺利开展，收集师生的真实反馈，更有利于形成项目内部形成一致的质量文化，增强各个主体的认同感和归属感。此外，外部专家评估制度使得项目乃至大学之外的同行专家参与到内部质量保障中，这些专家或来自其他大学，或来自社会第三方组织，既有专业性，又有客观性，提供来自外界的中立意见，有利于内部质量保障的良性发展。

在不同的东道国，由于其高等教育办学环境及其对跨国高等教育的需求不同，共治的分权程度是不同的。英国跨国高等教育的东道国需求可以分为三类：第一种需求是东道国内部的大学无法满足当地高等教育需求，需要跨国高等教育进行补充，许多东道国发展跨国高等教育的初期都是这类需求；第二种需求是建立教育中心，以吸引来自邻国的国际学生，卡塔尔、毛里求斯和新加坡是这方面的典型；第三种需求是吸引领先的大学提供教育服务，为当地大学提供示范效应，并鼓励教育技术的转移，包括质量保障体系、教学法等经验技术[1]。这是中国政府的主要动力，中国本土大学众多，与中国内部的大学数量相比，英国在中国开展跨国高等教育项目的数量很少，而中国开展合作办学的主要目

---

[1]　HEALEY N. Transnational education and domestic higher education in Asian-Pacific host countries[J]. Economist，2012：57.

的是引入优质高等教育资源，发挥鲶鱼效应，促进本土大学的创新发展。对于三种不同需求的东道国，英国大学在内部质量保障中的主动权不同，在质量保障上的分权力度和方式也不同。

在以能力发展为主要目标的中国，高等教育主权受到较大的重视，英国大学在项目层面的内部质量保障上须尊重中方的参与权。以西交利物浦大学为例，尽管利物浦大学在项目审批、认证和评估上具有决定权，但西交利物浦大学在具体运行中的内部质量保障也受中国教育部、江苏省教育厅影响，并且，西交利物浦大学作为一个有着自己独立学位的大学，在合作关系终止后依旧可以独立办学，对内部质量保障有着独立的治理权。这与力图成为教育中心的迪拜不同，迪拜知识和人类发展局对赫瑞-瓦特大学迪拜校区的内部质量保障并不参与，也不提出要求，相反，其认可来自英国大学的认证，并以"原汁原味"的课程为荣，以此吸引来自邻国的留学生。因此，赫瑞-瓦特大学在迪拜校区的内部质量保障中具有较大的自主权。

尽管东道国的情况各异，但总体上内部多元主体通过再分权共同参与治理，保障了各个国家和地区的各类跨国高等教育模式顺利开展。

第二节　英国跨国高等教育质量保障的不足

英国跨国高等教育的质量保障也存在一些不足，例如内部质量保障依赖大学自觉，英国与东道国的质量保障体系差异影响质量保障成本，潜在的跨国高等教育需求衰减风险要求质量保障的谨慎实施。

首先，内部质量保障以英国大学的学术自觉为主，存在形式主义风险。尽管英国政府和第三方组织针对跨国高等教育出台了诸多政策、质量准则以及指导方针，但是英国跨国高等教育的质量主要还是依靠大学的内部质量保障。因此，跨国高等教育的内部质量保障受制于其主办方——英国大学的自觉性。对于以营利取向为主的跨国高等教育，受到成本和收益的影响，实际的内部质量保障情况存在形式主义风险。

其次，东道国与英国的质量保障体系存在差异，东道国的监管要求会影响英国维护跨国高等教育质量的成本，英国需要加强与东道国的对话与平等合作。

自2009年以来，QAA一直热衷于保护英国跨国高等教育的声誉，并且一直在对英国跨国高等教育业务进行评估。然而，东道国质量监管部门也不断提出越来越繁苛的要求，例如，面对面授课小时数、学术人员及其开展指导必修课的资格等。有时，这些监管要求与QAA要求直接冲突，并增加了维护跨国高等教育合作伙伴关系的成本[①]。

随着英国大学决策者对跨国高等教育合作伙伴关系的固有风险越来越重视，并且东道国政府对引进的外国高等教育质量持怀疑态度，对自己的国内高等教育的供需关系更有信心，英国跨国高等教育面临危机。英国对跨国高等教育质量标准的坚持，虽然是对跨国高等教育质量负责，但也存在无法实现真正平等合作的风险。这取决于英国大学在开展跨国高等教育质量保障时，是保持其与英国本土教育的对等性还是探索跨国高等教育这一新模式的创新性。迪拜这类致力于引进英国教育吸引邻国留学生的东道国倾向于引进完整的英国教育，包括质量标准等。但要真正实现英国跨国高等教育的对等性仍然有着较长的路要走，例如跨国高等教育评估与机构评估的融合仍待探索，实际评估中尚未实现完全的学生参与，部分跨国高等教育项目未得到英国专业机构认可。已有学者提出，英国一味将本土教育植根于东道国，存在文化侵略的嫌疑。这种观点在中国这类以合作办学促进本国高等教育能力发展的东道国较为常见，因此，英国大学在坚持跨国高等教育的质量标准、实施实际办学中的质量保障时，应当尊重这类东道国，保持平等合作，共同探索新的高等教育模式。

最后，英国跨国高等教育的发展背后也存在衰减的风险，应当谨慎选择跨国高等教育的开办以及质量保障方式。一般认为，跨国高等教育作为高等教育国际化潮流的当下表现是不可阻挡的。希利则持怀疑态度，他指出，高等教育是一个高度政治化的领域。大学接收公共补贴并受到一系列监管和政治控制。而各国政府了解其国内大学之间的共生关系及其经济命运，教育政策通常是高度保护主义和民族主义的。大学的行为有意或无意地受到公共政策环境的影响，而不受其独立的商业目标的影响。英国之所以成为跨国高等教育提供大国，是由于政府控制英国本土招生的数量及补贴，减少大学的拨款，放松海外生源和

---

① MOK K H, NG P T. Singapore's global education hub ambitions[J]. International Journal of Educational Management，2008.

学费限制，英国大学瞄准海外市场，积极主动地招收跨国高等教育学生。英国还有大型的高等教育国际营销组织，并允许营利的教育代理机构在大学的招生活动之外提供补充服务，其跨国高等教育的生源以东南亚为主导。对于东南亚的广大东道国，跨国高等教育的发展主要源于当地高等教育无法满足学生的需求。对那些无法被当地顶尖大学录取，并且其家庭有能力支付外国教育费用的人来说，出国留学和就读跨国高等教育成为优选。随着东道国高等教育的发展水平提升，以及人口增量的逐渐下降，其对跨国高等教育的需求将逐步降低，对跨国高等教育质量的要求则不断提升。面对需求衰减风险，只有高质量的跨国高等教育才能避免被冷落的结局。

第三节　本章小结

英国跨国高等教育质量保障走在世界前列，多元主体以共治求善治是英国跨国高等教育质量保障的核心特点。

西方国家追求善治，往往选择多元主义和社团主义两种路径，其中，多元主义强调竞争，主张在结构分化的基础上对权力进行多元配置；社团主义强调合作，主张国家和利益团体互相合作、相互支持的关系[①]。在教育治理中，当多个利益相关者作为治理主体共同参与到教育事务中时，多元主义对应分权与制衡，社团主义对应集权与合作，两者构成了高等教育治理主体的网络关系。在英国跨国高等教育的质量保障中，多元主体也形成了分权与合作的治理网络，通过共同治理，追求跨国高等教育的善治。

英国跨国高等教育的质量保障的治理网络具有以下特点：政府掌舵下的大学自治（分权）、中介组织发挥协调作用（合作）、合作协商促进公开咨询（过程）、评估过程保障信息公开（透明）、国际合作增进理解共识（责任）、内部自治坚守质量标准（有效）、多元共治保障各类模式（稳定）。

另一方面，英国跨国高等教育也面临内部质量保障的形式主义化、质量保障成本上升、东道国市场的质量要求提升等不足与风险。

---

① 陈广胜. 走向善治：中国地方政府的模式创新[M]. 杭州：浙江大学出版社，2007：113.

第六章 结论与启示

本章从治理理论视角出发，对英国跨国高等教育质量保障的研究问题进行回答，总结研究结论，并基于中国的境内外合作办学质量保障现状，提出借鉴启示。

第一节 结 论

本研究的问题围绕以下三点展开：第一，英国跨国高等教育质量保障的历史渊源和现实需求；第二，英国跨国高等教育质量保障的主体角色解析；第三，英国跨国高等教育质量保障的方式，其中的特点、挑战与矛盾。本节针对这三方面进行总结：首先，大学自治与市场意识是英国跨国高等教育质量保障机制形成的基础，也是英国在解决跨国高等教育质量保障现实问题时的价值取向；其次，政府、大学、第三方组织、学生等多元主体共同参与跨国高等教育质量保障，在第三方组织专业化的协调下，进行合理分权与合作，实现共同治理；最后，针对不同的东道国办学环境和不同的交付模式、市场需求，英国在跨国高等教育质量保障中采取了不同的举措，以多种模式、多元路径追求善治目标。

一、大学自治与市场意识奠定治理基础

英国跨国高等教育的质量保障呈现出鲜明的大学自治和市场意识，孕育了英国大学对跨国高等教育质量负责的准则和以消费者为中心的质量意识，也促使政府、第三方组织积极参与跨国高等教育的质量保障，学生作为消费者也拥

有参与权。因此，大学自治和市场意识奠定了治理基础。

大学自治是指英国大学对其跨国高等教育项目的批准、认证、评估以及后续一系列内部质量保障的完全负责。英国大学的这一自治传统，既是历史上牛津大学和剑桥大学的宗教性、贵族性带来的持久影响，也是皇家特许状的保护下特有的现象。在悠久的大学自治传统下，英国大学普遍建立了内部适用的质量手册或者治理框架。

市场意识是指英国大学对跨国高等教育市场的重视，既包括积极开拓合作伙伴关系，争取国际高等教育市场份额，也包括在办学过程中重视质量保障，对消费者负责。英国跨国高等教育的这种市场意识与英国高等教育市场化和大众化变革相关。

高等教育的市场化是20世纪70年代末撒切尔政府将市场原则引入教育领域的结果，在政府削减拨款、鼓励大学自由竞争的政策环境下，英国大学积极开拓海外市场，招收国际留学生以增加经济收益，减少政府缩减拨款的影响。跨国高等教育是英国大学在国际高等教育市场竞争的方式之一，并且实现了快速的发展。另一方面，英国大学也从"自我中心模式"向"消费者中心模式"转变[1]，更加关注大学提供的教育质量，重视对消费者（学生）负责。为实现可持续发展，英国大学也重视跨国高等教育的质量，将"消费者中心模式"落实到国际市场。因此，高等教育市场化促使英国大学走向国际市场，促进跨国高等教育的大规模发展，也推动英国大学重视消费者，对跨国高等教育质量负责，对跨国高等教育内部质量保障产生了深远影响。

高等教育的大众化则扩大了英国高等教育的规模，与牛津、剑桥大学时代的贵族性形成鲜明的对比，高等教育不再只是贵族专属的权利，越来越多的平民学生得以进入大学接受高等教育，英国大学开始面向社会，为社会培养人才，社会大众也关注大学办学质量，为响应社会关注，政府也开始参与到高等教育质量保障中，而英国跨国高等教育的质量保障也在此背景下逐步发展起来。政府对高等教育的质量监督，是通过第三方组织实现的，例如通过拨款委员会以及后来的高等教育基金会将英国大学的办学质量与政府拨款挂钩，并且以第三方组织QAA的评估报告为参考依据，这既确保了第三方组织在质量保障中的地

---

① 易红郡. 战后英国高等教育政策研究 [M]. 长沙：湖南师范大学出版社，2012：246.

位，也为第三方组织参与跨国高等教育质量保障打下制度基础。因此，高等教育大众化加强了市场对英国高等教育的监督意识，也促使政府和社会逐步加入高等教育的外部质量保障，而跨国高等教育的外部质量保障也是在这一历史基础上发展而来的。

二、多元主体的协作参与实现共同治理

英国跨国高等教育质量保障是在多元主体的共同参与中进行的，政府、大学、第三方组织、学生等利益相关者均是治理主体，在内部和外部质量保障中扮演了不同的角色，实现共同治理的过程。

政府的主要参与举措是制定国家框架和发布宏观战略，前者将学位授予权的合法性归于枢密院和学生事务办公室（针对英格兰），保障了提供跨国高等教育的机构合法性，后者则在国家层面重视跨国高等教育的质量，呼吁大学捍卫英国高等教育品牌。政府的政策和战略指导并非强制性的，而是通过第三方组织的响应，通过质量标准和评估方式将外部质量保障与大学内部质量保障联系起来。例如，政府首先提出风险要素在跨国高等教育质量保障中的重要意义，QAA响应政府的号召，开展全社会、国内外范围的公开咨询，制定新的跨国高等教育外部质量保障方案。英国高等教育领域的专家、学生代表等组成咨询小组，充分吸收来自各方利益相关者的意见，出台咨询报告，最终确立了完善数据库、基于风险要素的新评估方案。此外，在内部质量保障中，跨国高等教育的合作机构、项目运行层面的管理者、教师、学生、外部专家也充分合作，在学术、管理、学生支持等方面共同参与治理。

值得注意的是，跨国高等教育的内外部质量保障均将学生放在中心地位，强调学生参与的重要性。外部质量保障上，学生事务办公室坚持学生中心原则，不仅帮助学生有机会进入高等教育机构并取得成功，确保学生接受高质量的教育，为将来做好准备，保护学生的利益；同时，学生事务办公室让学生参与到规章制度的制定中，鼓励学生发声；最后，信息透明是保障学生参与的基础，学生事务办公室公开高等教育注册机构名录，也公开一切对学生不公平的现象，保障学生的知情权。在QAA的评估小组中，学生代表占据1—2个名额。尽管由于政治、文化和地理因素，QAA决策部门中的学生多来自英国本土，针对跨国

高等教育学生代表性不足，QAA也通过问卷满意度、座谈等方式鼓励跨国高等教育学生参与到外部质量评估和监督中。

在跨国高等教育的内部质量保障上，学生的参与主要体现在个人、课程和机构三个层面，尽管不同的东道国、地区有着不同的高等教育质量保障体系和政治文化背景，学生参与并未全方位展现在跨国高等教育的内部质量保障中（例如中国和迪拜），但英国在希腊的跨国高等教育中，得益于欧洲同根同源的历史背景，学生参与制度得到落实。这也从侧面表明，在跨国高等教育中，多元主体的协作参与是要有一定的现实基础的。

三、多种模式的多元路径追求善治目标

英国跨国高等教育范围广、规模大，形成了国际分校、合作伙伴关系、在线/远程学习等多元化的交付模式，对于不同的交付模式，英国政府、大学、第三方组织、消费者（学生）等治理主体积极寻求多元路径促进跨国高等教育的善治目标，保障各利益主体方在跨国高等教育中权益，实现跨国高等教育的优质发展。

法律上，英国政府以法律约束学位授予权，只有经枢密院和学生事务办公室（英格兰地区）批准，获得学位授予权、正式注册的英国大学才能开展跨国高等教育。已经注册的英国大学接受持续的监管，监管的方式并非一刀切，政府以风险分析为基础，对于低风险的大学及其项目，减轻其监管负担，保证办学灵活性；对于高风险的大学及其项目，予以更大强度的监督，一旦不符合注册条件，视情况接受整改或者制裁（停止办学）。

财政上，英国研究与创新部门（UKRI）和学生事务办公室（英格兰地区）、威尔士高等教育基金会（HEFCW）、苏格兰基金委员会（SFC）和北爱尔兰教育与就业技能部（DEL），负责对英国大学进行财政支持，这些部门与QAA签约，监督英国大学的办学质量，以此为资助依据。

评估上，QAA是英国跨国高等教育外部质量保障中的主要执行机构，既接受政府委托，对申请注册的机构进行评估和质量标准界定，也负责为这些机构提供注册相关的咨询服务。QAA通过制定质量标准和实施外部评估的方式，对开展跨国高等教育的英国大学进行监督。实际上，QAA对英国大学的机构评估

已经包括了跨国高等教育，但QAA还以数据分析、案头分析、评估访问、结果公布四个阶段对跨国高等教育进行专门的评估，通过完善数据库、风险要素分析的方法，以国家为单位进行集中评估。

认证上，英国高等教育采取专业认证的方式，由专业机构对大学的学位项目进行认证。认证并不是强制的，但是专业认证受到英国、欧盟乃至世界其他国家的认可，因此，获得专业认证的学位项目在质量上更有保障。一部分专业机构也对英国跨国高等教育的项目进行专业认证，加强了跨国高等教育项目毕业生的就业保障。

办学上，英国大学对跨国高等教育的内部办学质量负全部责任。从合作伙伴的选择，项目的审批、认证和评估到项目的实际办学运行，英国大学坚持以QAA的质量标准为参考，咨询外部专家意见，尊重学生和教师的参与，鼓励内部多主体共同参与质量保障。对不同的东道国背景，英国大学采取不同的合作方式，例如迪拜致力于成为教育中心，引入完整的英国高等教育，英国大学得以在迪拜开设多个海外分校，完全实施英国本土的内部质量保障机制，迪拜并不干涉这些海外分校的办学实践；中国致力于发展自身的高等教育实力，要求英国大学必须与中国大学或者其他机构合作办学，并且对于合作办学项目的人才培养等方面，有着中国的要求（思想政治教育等），因此英国大学与中国机构合作探索跨国高等教育的办学方法，在内部质量保障上，坚持英国标准的同时，也吸收中国经验。

国际上，英国积极加入高等教育质量保障的国际网络，分享英国跨国高等教育质量保障的方案和经验，加强信息沟通，开展质量保障的国际合作行动。基于英国悠久的跨国高等教育办学历史和丰富的跨国高等教育治理经验，其在多个国际网络中起着领导作用。例如，在跨国高等教育质量保障方面影响力较大的国际高等教育质量保障组织中，QAA主导开发了质量保障机构跨境高等教育合作工具包，指导跨国高等教育的提供国和东道国、地区的合作。

此外，英国还成立了跨国高等教育的相关研究机构，如高等教育学院和无国界高等教育观察站等，接受来自英国政府、QAA以及英国文化协会等组织的委托，对跨国高等教育开展针对性的研究，尤其是跨国高等教育的质量保障，一直是研究的重点。其中，无国界高等教育观察站影响较大，已经成为一个国际性的研究组织，拥有多达160多个成员，遍布30多个国家，是全球性的高等教育智囊团。

第二节 启 示

当前，我国正致力于加快和扩大教育对外开放，合作办学对教育对外开放起着示范引领作用，合作办学治理的水平有利于教育对外开放的治理。质量建设是中外合作办学发展的核心取向。自20世纪80年代中期，我国最早成立的中外合作办学机构算起，迄今已历经政策破冰期、发轫期、深化期和转型期等四个阶段①。如今，我国中外合作办学已经处于从规模扩张转向质量提升及内涵建设的新阶段②，完善质量保障机制是促进中外合作办学质量提升的关键。

本研究基于英国跨国高等教育质量保障的治理经验，为我国的境内外的合作办学提供借鉴建议，也为我国参与高等教育的全球治理提供借鉴。首先，在外部质量保障上，我国应当转变政府角色，鼓励多元主体参与中外合作办学质量保障的治理，激发不同主体的治理活力；其次，在内部质量保障上，开展中外合作办学的大学和其他机构应当将合作办学的优质发展融入整个机构的战略中，在内部各项工作之间建立质量联系，重视学术人员和学生参与，发展良好的质量文化，实现中外合作办学的可持续推进，从战略高度发挥内部质量保障的治理优势；最后，在国际层面，我国须尽快建立面向国际的中外合作办学质量保障信息交流与分享平台，为跨国高等教育质量保障的实践和研究贡献中国方案，共享治理经验，以增强高等教育全球治理的话语权。

一、外部：以共同治理激发治理活力

在合作办学的外部质量保障上，我国政府一直以来起着主导作用，这有利于在中外合作办学初期迅速整合资源、落实质量保障工作。而当前我国的中外合作办学已经进入提质增效阶段，质量保障工作需要社会各方的参与，一方面，

---

① 张立迁. 提升中外合作办学质量是大势所趋[J]. 启迪，2019（8）：1.
② 教育监管信息网. 中外合作办学：从规模扩张转向质量提升[EB/OL].（2019-06-10）[2020-03-18]. http：//jsj.moe.gov.cn/n2/7001/12107/1296.shtml.

政府要完善自身定位，从直接的管理角色转变为间接的元治理角色，实现管办分离，在必要的政策法规和监督机制基础上，给予中外合作办学的举办机构更多的自治空间，鼓励大学发挥自主能动性，综合中外质量保障优势，切实保障各方主体的利益；另一方面，促进第三方中介组织的专业化发展，有效发挥第三方组织的力量，广泛吸收来自学生、教师、研究者乃至社会其他团体的意见和建议，激发中外合作办学质量保障的治理活力。

（一）转变政府角色，激发机构活力

英国跨国高等教育质量保障以大学自治为主，英国政府并不直接干预，仅保留对大学的学位授予权批准权力，一旦大学获得学位授予权，跨国高等教育的开展和质量均由大学内部负责。但这并不意味着政府完全放手，相反，政府在尊重大学的自治权基础上，通过发布重视跨国高等教育质量的政策、战略文件引导，通过英格兰等四个地区的基金委员会和QAA进行外部质量保障，其中，基金委员会决定着大学能否获得政府资助，而QAA受基金委员会委托对大学进行质量监督，跨国高等教育也在监督范围内。

尽管政府的一系列政策并不强迫大学生效，QAA的质量指导意见也不是强制性的，但大学为在QAA的外部评估以及基金委员会的财政拨款中获得出色结果，在对跨国高等教育进行内部质量保障时，积极参考政府的引导和QAA的质量标准，并且在跨国高等教育的审批、认证、评估等环节均设置了外部专家制度，这些措施均将内部与外部质量保障连接起来，使政府的政策和战略能够在实践中生效。

我国高等教育治理体系与英国不同，政府在中外合作办学的质量保障中一直扮演着直接管理的角色。教育部目前采取四项措施加强中外合作办学监管，即"两个平台"和"两个机制"建设，两个平台分别是教育部中外合作办学监管工作信息平台和中外合作办学颁发证书认证工作平台，两个机制分别是中外合作办学质量评估机制和中外合作办学执法和处罚机制①。可见，教育部在政策规范、信息发布、证书认证、质量评估等方面均发挥了主导作用。

在政策规范上，教育部是中外合作办学政策的制定者，这些政策具有强制

---

① 中外合作办学监管信息平台. 教育部加强中外合作办学行政监管的四项措施[EB/OL]. [2020-03-18]. http://www.crs.jsj.edu.cn/.

性，在中国境内开展中外合作办学的机构必须遵守教育部发布的规章制度，才能在中国合法办学。自2004年《中外合作办学条例》①及《中华人民共和国中外合作办学条例实施办法》②施行以来，教育部又陆续发布了《教育部关于当前中外合作办学若干问题的意见》（2006年）③、《教育部关于进一步规范中外合作办学秩序的通知》（2007年）④等法规文件，规范中外合作办学及其质量保障。

在信息发布上，教育部统筹发布中外合作办学的信息，自2015年起通过在教育部教育涉外监管信息网设立中外合作办学监管工作信息平台，对中外合作办学进行动态监管。同时，共享监管信息，向社会和学生提供较全面和可靠的就学指导和服务信息⑤。中外合作办学信息管理系统包括本科以上项目申报和评审、本科以上机构申报和评议、本科以下机构项目备案、境外学历学位注册认证、中外合作办学年度报告和信息公示等6个系统⑥。

在证书认证上，教育部建立中外合作办学颁发证书认证工作平台，自2017年开始试点建立本科以上层次中外合作办学颁发境外学历学位证书认证注册信息库，中方合作办学者负责证书认证注册信息的收集（采取统一格式），由中外合作办学所在地省级教育行政主管部门负责审核后上报。教育部留学服务中心根据信息库提供的信息，对中外合作办学学生获得的境外学历学位证书进行认证⑦。同时，教育部在全国中外合作办学监管工作信息平台开通中外合作办学颁发境外学历学位证书认证注册信息查询系统。学生可凭本人姓名、身份证号码

---

① 中华人民共和国教育部. 中华人民共和国中外合作办学条例 [J]. 教育部政报，2003（6）：243-251.

② 中外合作办学监管信息平台. 中华人民共和国中外合作办学条例实施办法 [EB/OL]. （2004-06-02）[2020-03-18]. http：//www.crs.jsj.edu.cn/news/index/6.

③ 中外合作办学监管信息平台. 教育部关于当前中外合作办学若干问题的意见 [EB/OL]. （2006-02-07）[2020-03-18]. http：//www.crs.jsj.edu.cn/news/index/1.

④ 中外合作办学监管信息平台. 教育部关于进一步规范中外合作办学秩序的通知 [EB/OL]. （2007-04-06）[2020-03-18]. http：//www.crs.jsj.edu.cn/news/index/18.

⑤ 中外合作办学监管信息平台. 关于我们 [EB/OL]. [2020-03-18]. http：//www.crs.jsj.edu.cn/index/sort/1009.

⑥ 中国教育. 教育部中外合作办学信息管理系统上线 [EB/OL]. （2015-03-27）[2020-03-18]. http：//www.edu.cn/edu/guo_ji_he_zuo/dong_tai/201503/t20150327_1241350.shtml.

⑦ 中外合作办学监管信息平台. 中外合作办学境外学历学位证书认证说明 [EB/OL]. [2020-03-18]. http：//www.crs.jsj.edu.cn/news/index/20.

查询本人境外学历学位证书认证注册序号等信息①。

在质量评估上，教育部自2009年开始对中外合作办学质量进行评估。2009年，教育部发布《教育部办公厅关于开展中外合作办学评估工作的通知》，之后，中外合作办学评估工作由教育部国际合作与交流司统一组织，教育部学位与研究生教育发展中心具体实施。各省级教育行政部门根据教育部评估工作的具体安排，负责本行政区域内中外合作办学评估的组织与协调工作②。我国的中外合作办学质量评估机制，对举办一定时间以及需要延期办学的机构和项目进行合格性评估。通过"到期+定期"的评估模式，评估重点关注办学协议履行、人才培养方案执行、教学组织与管理运行机制、财务管理与审计、招生录取与学籍管理、毕业审查与学位管理、师资队伍建设以及教学质量监控体系建设情况等情况。截至2017年1月，评估工作已开展5次，完成了对609个办学项目和办学机构的705次评估，评估范围涉及27个省市的266所中方院校和26个国家或地区的358所外方院校。

强大的政府有利于政策的落地，促进中外合作办学质量保障政策落地的有效性；我国政府直接管理的方式对于中外合作办学发展初期的混乱现象有着拨乱反正的重要意义，但在中外合作办学发展日益成熟、逐步进入质量提升阶段，联合其他主体力量，发挥非公共部门的能动性，有利于激发未来中外合作办学质量保障的治理活力。尤其是当前中外合作办学模式各异，发展形态日益多样化，政府直接管理不仅增加管理负担和成本，也难免出现过于简单的"一刀切"弊端。

2016年，中共中央办公厅、国务院办公厅印发《关于做好新时期教育对外开放工作的若干意见》，提出深入推进管办评分离，形成以政府监管、学校自律、社会评价为一体的质量保障体系③，亦表明我国政府正在转变角色，从直接

① 中外合作办学监管信息平台.学历学位证书认证注册信息查询[EB/OL]. [2020-03-18]. http://rzzccx.crs.jsj.edu.cn/.

② 中华人民共和国教育部.教育部办公厅关于开展中外合作办学评估工作的通知[EB/OL].（2009-07-15）[2020-03-18]. http://www.moe.gov.cn/srcsite/A20/moe_862/200907/t20090715_77977.html.

③ 中华人民共和国中央人民政府.中共中央办公厅、国务院办公厅印发《关于做好新时期教育对外开放工作的若干意见》[EB/OL].（2016-04-29）[2020-03-18]. http://www.gov.cn/xinwen/2016-04/29/content_5069311.htm.

管理到宏观监管，让办学机构发挥自律与自治能力，让社会评价参与治理。因此，引导第三方组织加入评估、认证和政策研究，适当给予办学机构一定的自我治理空间，是未来中外合作办学质量保障的趋势。

（二）引导中介组织，实现专业发展

我国的第三方组织尚处在初步发展阶段，教育中介组织、行业协会、专业学会的独立性还不够，督导、评估、监测、服务的作用还未充分发挥[①]。而英国在发展专业性第三方组织协调政府与大学关系上有着丰富经验。英国跨国高等教育的质量保障经验表明，专业、有效的第三方组织能够在政府、大学、消费者（学生）之间发挥重要的协调作用。QAA作为评估机构在制定跨国高等教育质量标准、开展对海外交付点的外部评估中发挥了重要作用；专业机构也是重要的第三方组织，专业机构对部分跨国高等教育项目进行认证，使跨国高等教育毕业生的专业资格受到英国乃至国际的认可，不仅支持了学生在国内外的就业，也保障了英国跨国高等教育的声誉；英国高等教育研究院、无国界高等教育观察站等研究机构的科研关注，搭建起跨国高等教育研究的平台，从理论上为英国乃至世界跨国高等教育提供智囊服务。

从英国的经验中可以看出，评估、认证和研究机构等第三方组织的专业性工作为英国跨国高等教育的质量保障做出了重要贡献。我国要发挥第三方组织在中外合作办学中的专业服务功能，需要完善评估机构的独立性，支持专业机构的认证制度，鼓励学术研究组织的参与。

首先，完善评估机构的独立性。我国目前的评估机构主要有教育部高等教育教学评估中心、教育部学位与研究生教育发展中心、上海市教育评估院、江苏省教育评估院等，这些机构均属于事业型教育评估专业机构，是一种半官方的组织，隶属于教育行政部门，有着很强的官方背景，同时服务于社会[②]。未来，评估机构的发展方向应当是在行为方式和价值取向上坚守专业性和中立性，尽管在财政上接受政府拨款，但在评估业务上须逐步实现独立性。一方面，社会广泛参与和价值多元是评估机构区别于政府和大学的中立优势，因此，评估机

---

① 褚宏启.教育治理：以共治求善治[J].教育研究，2014，35（10）：4-11.

② 李亚东.质量保障：从统治到治理——中国特色高等教育质量保障治理体系研究[M].上海：上海人民出版社，2017：239.

构应当在评估工作中实现透明化,向社会开展咨询并进行信息公开,包括评估方案的修订、评估对象的选取、评估小组的招募、评估过程以及结果报告的发布;另一方面,评估人员须专业化,既要有教育学、社会学、管理学、统计学等综合学科的支撑,又要有评估方面的经验背景,同时要选取学生代表参与,以保障中立性。

其次,支持专业机构的认证制度。专业机构是联系大学与社会、企业的重要中介组织,专业认证对保障毕业生利益至关重要。我国缺乏成熟的行业协会,政府和大学均未将专业机构认证纳入高等教育专业质量和职业资格的认证中[①],因此中外合作办学的专业认证主要来自外方的专业机构。例如,一些中英合作办学项目得到英国专业机构的认证,但是却得不到教育部的认可,导致毕业生的权益受损。支持和发展我国专业机构的认证,不仅是为了弥补我国在专业认证上的空白,更是为了促进我国专业资格与国际接轨。尤其是对在中外合作办学机构的学生而言,国内专业认证与外方专业认证的接轨,有利于其专业资格的社会认可。

最后,鼓励学术研究组织的参与。我国的中外合作办学研究组织主要是依托国内大学建立的相关研究中心和评估机构。例如厦门大学中外合作办学研究中心,成立于2010年,是中国第一家以中外合作办学为研究对象的专门研究机构,也是教育部中外合作办学理论研究基地、政策咨询平台和中心[②],它在国内外学术平台上发布了一系列中外合作办学的研究成果;上海市教育评估院于2000年创建,隶属于上海市教育委员会,是目前我国成立最早、规模最大、业务范围最广的专业性教育评估机构,其业务涵盖中外合作办学等领域的教育评估工作。并且在对中外合作办学进行评估的基础上,出版了一系列研究成果。我国学术研究机构在对中外合作办学质量保障的参与上成果丰硕,但目前仍然以国内研究成果为主,仍需加强在国际跨国高等教育研究中的对话与合作。

[①] 李亚东.质量保障:从统治到治理——中国特色高等教育质量保障治理体系研究[M].上海:上海人民出版社.2017:344-345.

[②] 厦门大学中外合作办学研究中心.中心概况[EB/OL].[2020-03-18].https://cfcrs.xmu.edu.cn/4001/list.htm.

二、内部：以战略融合发展治理优势

纵观英国开展跨国高等教育的大学，均将全球化和国际化放在战略高度，将自身定义为全球性的大学，并且在战略规划中明确积极发展合作伙伴关系，重视对合作伙伴的选择，发展优质的跨国高等教育项目。这种将跨国高等教育的质量保障融入大学整体战略中的行为，实际上是将跨国高等教育质量保障置于大学更广泛的能力资源中，有利于机构层面的可持续治理。

跨国高等教育在资源需求、时间表、风险和机构战略承诺方面也各不相同。因此，大学应在机构能力和更广泛的战略范围内认真考虑跨国高等教育[①]。但是，中国的现实情况是，中外合作办学的开展仍然是个别大学的举措，通常是由于学者、管理人员和研究人员之间的个人联系而出现的。结果，中外合作办学项目通常缺乏与机构更广泛的战略目标之间必要的战略一致性，从而影响其可持续发展。

战略规划提供了指导质量保障的方向、政策、工具和流程的价值和目标框架，而质量保障工具则能够为多年和年度项目以及资源分配提供信息和证据。为了最有效地承担决策和变革，从质量保障工具层面来说，中外合作办学质量保障必须与战略规划、资源分配、人员和课程开发以及学术规划联系起来。中外合作办学质量保障不应被构造为独立的管理功能，而应与其他管理过程（例如目标和服务级别协议）融合。战略规划对于大学如何将质量保障流程整合到其总体规划周期中至关重要。

在战略融合的基础上，大学还要与课程开发、人力资源管理、组织发展和数据管理建立联系，以便将战略融合落实，使质量保障可以成为互联和连贯的系统，对于确定需要改进的行动以及质量保障的实践效果来说都是必要的。

此外，在大学内部，中外合作办学的质量保障应当与大学中心学术目的关联，而学术人员和学生的参与和反馈始终是质量保障过程的中心，只有重视学术人员和学生参与，才能促进质量对话和机构质量文化的发展。我国开展中外合作办学的大学在内部质量保障过程中，对学术人员和学生的重视，尤其是学

---

① TSILIGIRIS V，LAWTON W. Exporting transnational education：institutional practice，policy and national goals[M]. Cham：Springer，2018：3.

生参与方面有待加强。合作办学的核心是培养人才，学生应当作为中心发挥其在质量保障中的作用。然而，我国合作办学在机构层面给予学生参与治理的空间较小，对于学生自治的尝试尚在初级阶段，例如，在学生管理上发挥学生自我管理的作用；但在重要的决策层面，学生参与较少。

三、国际：以信息公开共享治理方案

英国对于跨国高等教育的质量保障信息，无论是政府工作报告还是QAA的质量标准、评估报告，各大研究机构的研究成果，均在网络公开，既面向学生、社会，也面向跨国高等教育的相关研究者，甚至积极参与国际信息交流与共享。这不仅有利于这些利益相关者的积极参与，促进跨国高等教育质量保障的理论与实践发展，也为世界跨国高等教育提供参考，增强了英国在世界高等教育治理与规则制定中的领导力，进一步强化世界高等教育市场对英国高等教育品牌的认可。

我国在国家层面的信息通过"两个平台"，即教育部中外合作办学监管工作信息平台和中外合作办学颁发证书认证工作平台，已经面向社会公开，但这两个平台均属于国内层面的平台，只有中文信息，我国应当加快建设统一的国际层面信息共享及研究交流平台。我国作为最大的跨国高等教育东道国之一，在东道国立场上有着丰富的中外合作办学质量保障经验，也面临合作办学中的一些典型挑战；同时，合作办学本身的国际性决定了其质量保障工作并非仅靠一国之力能够实现"善治"目标。因此，我国有能力也有责任在国际跨国高等教育质量保障上贡献中国方案，发出中国声音，大力推进国际层面的跨国高等教育交流与共享工作。这既是我国中外合作办学尽快与世界高等教育接轨的必由之路，也是我国在高等教育的全球治理中增强话语权的良好契机。

此外，中外合作办学在机构层面的信息公开也尚需加强。当前，机构层面的信息由开展合作办学的机构（大学）自主决定公开程度，不同的机构在信息公开与透明化程度上参差不齐，尤其是质量保障与评估方面的机构信息并不全面。这给消费者（学生）、社会以及合作办学的研究者带来了一系列挑战，不利于各方治理主体在合作办学质量保障中的平等参与。

参考文献

一、英文文献

（一）著作、论文集类

[1]　AUSTIN I, JONES G A. Governance of higher education : global perspectives, theories, and practices[M]. New York : Routledge, 2015 : 2-22.

[2]　BALL S J, JUNEMANN C. Networks, new governance and education[M]. Bristol : The Policy Press, 2012 : 167.

[3]　ELLIS R. Quality assurance for university teaching[M]. London : Society for Research into Higher Education, 1993 : 16-23.

[4]　European Commission. European governance : a white paper[M]. Luxembourg : Office for Official Publications of the European Communities, 2001 : 8.

[5]　HARVEY L. Introducing Bologna objectives and tools : EUA Bologna Handbook, making Bologna work[C]. Berlin : European University Association, 2006 : B4.1-1. 1-22.

[6]　HUGHES O E. Public management and administration[C]. London : Palgrave Macmillan, 1998 : 22-51.

[7]　HYDEN G, HYDÉN G, MEASE K, et al. Making sense of governance : empirical evidence from sixteen developing countries[M]. Boulder, CO : Lynne Rienner Publishers, 2004 : 16.

[8]　MCBURNIE G. Teaching in transnational higher education[C]. New York : Routledge, 2013 : 217-227.

[9]　REALE E, PRIMERI E. The Palgrave international handbook of higher education policy and governance[C]. London : Palgrave Macmillan, 2015 : 20-37.

[10]　RHODES R A W. Understanding governance : policy networks, governance, reflexivity

and accountability[M]. Philadelphia : Open University Press, 1997 : 53.

[11] SHATTOCK M. Managing good governance in higher education[M]. Berkshire : Open University Press, 2006 : 1-4.

[12] SPORN B. Convergence or divergence in international higher education policy : lessons from Europe[C]. Cambridge : Ford Policy Forum, 2003, 1 : 31-44.

[13] SPORN B. International handbook of higher education[C]. Dordrecht : Springer, 2007 : 141-157.

[14] TAPPER T. The governance of British higher education : the struggle for policy control[M]. Dordrecht : Springer Science & Business Media, 2007 : 167.

[15] TSILIGIRIS V, LAWTON W. Exporting transnational education : institutional practice, policy and national Goals[M]. Cham : Springer, 2018 : 3.

[16] VAN VUGHT F, DE BOER H. Governance models and policy instruments[A]. The Palgrave international handbook of higher education policy and governance[C]. London : Palgrave Macmillan, 2015 : 38-56.

[17] VLASCEANU L, GRÜNBERG L, PÂRLEA D. Quality assurance and accreditation : a glossary of basic terms and definitions[M]. Bucharest : CEPES, 2007 : 11-24.

[18] WILLIAMSON O E. The mechanisms of governance[M]. Oxford : Oxford University Press, 1996 : 11.

（二）机构报告类

[1] Association of Governing Boards of Universities and Colleges. Shared governance : changing with the times[R]. Washington, D.C : Association of Governing Boards of Universities and Colleges, 2017 : 3-4.

[2] British Council, HE Global, International Unit. The scale and scope of UK higher education transnational education[R]. London : British Council, 2016 : 6, 12.

[3] British Council. The shape of things to come : the evolution of transnational education : data, definitions, opportunities and impacts analysis[R]. London : British Council, 2013 : 7-9, 10-14.

[4] British Council. Transnational education data collection systems[R]. London : British Council, 2015 : 6-11.

[5] British Council. Transnational education : a guide for creating partnerships in India[R].

London : British Council, 2015 : 22.

[6] Department for Business Innovation & Skill. Evaluation of the UK-Russia BRIDGE programme : final report[R]. London : Department for Business Innovation & Skill, 2010 : 1.

[7] DFID. Making government work for poor people : building state capacity[R]. London : DFID, 2001 : 9.

[8] European Association for Quality Assurance in Higher Education. Standards and guidelines for quality assurance in the European higher education area[R]. Helsinki : ENQA, 2009 : 7-10.

[9] GARRETT R. Delivery by UK higher education, part 2 : innovation & competitive advantage[R]. Redhill, Surrey : The Observatory on Borderless Higher Education, 2004 : 17.

[10] Higher Education Statistics Agency. Transnational students studying wholly overseas for a UK higher education qualification 2014/15 to 2018/19[R]. 2020 : 1.

[11] Higher Education Statistics Agency. Higher education student statistics : UK, 2018/19[R]. 2020 : 1.

[12] Higher Education Statistics Agency. Where do HE students come from?[R]. 2020 : 3.

[13] HM Government. International education strategy : global potential, global growth[R]. London : HM Government, 2019 : 6.

[14] HM Government. International education : global growth and prosperity[R]. London : HM Government, 2013 : 4-8, 33-47.

[15] KNIGHT J, MCNAMARA J. Transnational education data collection systems : awareness, analysis, action[R]. London : British Council, DAAD, 2017 : 6-10.

[16] KAUFMANN D. Rethinking governance : empirical lessons challenge orthodoxy[R]. Washington, DC : World Bank, 2003 : 5.

[17] Knowledge and Human Development Authority. Quality assurance manual[R]. Dubai : Knowledge and Human Development Authority, 2016 : 14-23.

[18] LEWIS M, PETTERSSON G G. Governance in education : raising performance[R]. Washington, D.C : World Bank Human Development Network Working Paper, 2009 : 3-4.

[19] MAXWELL-STUART R, HUISMAN J. An exploratory study of student engagement at

transnational education initiatives[J]. International Journal of Educational Management, 2018.

[20] Office for Students. Business plan 2019—2020[R]. London : Office for Students, 2019 : 1-14.

[21] Office of Students. Securing student success : regulatory framework for higher education in England[R]. London : Office for Students, 2018 : 14-15, 17, 18.

[22] O'MAHONY. Enhancing student learning and teacher development in transnational education[R]. York : Higher Education Academy, 2014.

[23] SMITH K. Transnational education toolkit[R]. York : Higher Education Academy, 2017 : 1, 14.

[24] STELLA A, BHUSHAN S. Quality assurance of transnational higher education : the experiences of Australia and India[C]. Melbourne : Australian Universities Quality Agency and the National University of Educational Planning and Administration,2011 : 4.

[25] The Higher Education Academy. Transnational education : the challenges of partnership and representation in a global context[R]. London : NUS Connect, 2015 : 10-22.

[26] The Higher Education Better Regulation Group. Professional, statutory and regulatory bodies : an exploration of their engagement with higher education[R]. 2011 : 8.

[27] The Observatory on Borderless Higher Education. Australia considers a national quality strategy for transnational higher education —will this leave the competition behind?[R]. London : OBHE, 2005 : 1.

[28] The Observatory on Borderless Higher Education. Bigger, broader, better? UK launches the second phase of the Prime Minister's Initiative for international education[R]. London : OBHE, 2006 : 1.

[29] The Observatory on Borderless Higher Education. UK launches new international education strategy : what role is envisaged for higher education[R]. London : OBHE, 2004 : 1

[30] The Quality Assurance Agency for Higher Education (QAA), the Knowledge and Human Development Authority (KHDA) of Dubai, the Committee for Private Education (CPE). Enhancing the UK TNE student experience in Dubai and Singapore : a case study in cross-border cooperation in quality assurance[R]. Gloucester : QAA, 2018 : 3, 24-25.

[31] The Quality Assurance Agency for Higher Education. Chapter B10 : managing higher education provision with others[R]. Gloucester : QAA, 2011 : 10-36.

[32] The Quality Assurance Agency for Higher Education. Country report : Hong Kong (Special Administrative Region of the People's Republic of China) [R]. Gloucester : QAA, 2018 : 20.

[33] The Quality Assurance Agency for Higher Education. QAA strategy 2017—2020[R]. Gloucester : QAA, 2017 : 2.

[34] The Quality Assurance Agency for Higher Education. Quality assurance of cross-border higher education project UK country report[R]. Gloucester : QAA, 2014 : 13, 21-27.

[35] The Quality Assurance Agency for Higher Education. Quality in action 2017—2018[R]. Gloucester : QAA, 2019 : 5-6.

[36] The Quality Assurance Agency for Higher Education. Review of UK transnational education in China : University of Liverpool and Xi'an Jiaotong-Liverpool University[R]. Gloucester : QAA, 2012 : 3-4.

[37] The Quality Assurance Agency for Higher Education. Review of UK transnational education in Greece : University of Sheffield and City College[R]. Gloucester : QAA, 2015 : 2-5.

[38] The Quality Assurance Agency for Higher Education. Review of UK transnational education in the United Arab Emirates : Heriot-Watt University Dubai Campus[R]. Gloucester : QAA, 2014 : 2-13.

[39] The Quality Assurance Agency for Higher Education. Strengthening the quality assurance of UK transnational education consultation report[R]. Gloucester : QAA, 2014 : 1-25.

[40] The Quality Assurance Agency for Higher Education. Strengthening the quality assurance of UK transnational education consultation[R]. Gloucester : QAA, 2013 : 2-3, 11, 13, 15, 16.

[41] The Quality Assurance Agency for Higher Education. Subject benchmark statement[R]. Gloucester : QAA, 2019 : 1-3.

[42] The Quality Assurance Agency for Higher Education. The right to award UK degrees[R]. Gloucester : QAA, 2018 : 1-2.

[43] The Quality Assurance Agency for Higher Education. The UK quality code for higher

education, part A : setting and maintaining academic standards[R]. Gloucester : QAA, 2018 : 5.

[44] The Quality Assurance Agency for Higher Education. Transnational education review : handbook[R]. Gloucester : QAA, 2019 : 4-11.

[45] UNDP. Governance for sustainable human development—A UNDP policy document[R]. New York. : UNDP, 1997 : 12.

[46] UNESCO. Code of good practice in the provision of transnational education[R]. Paris : UNESCO, 2001 : 1-3.

[47] UNESCO. Guidelines on quality provision in cross-border higher education[R]. Paris : UNESCO, 2005 : 13-23.

[48] Universities UK. Quality and standards in UK universities : a guide to how the system works[R]. London : Universities UK, 2008 : 1-13.

[49] University of Sheffield. Framework for the management of taught collaborative provision[R]. Sheffield : University of Sheffield, 2019 : 8.

[50] World Bank. Higher education in developing countries : peril and promise[R]. Washington : World Bank, 2000 : 58-59.

（三）期刊论文类

[1] ALTBACH P G, REISBERG L, RUMBLEY L E. Trends in global higher education, tracking a global academic revolution[J]. Change : The Magazine of Higher Learning, 2010, 42（2）: 30-39.

[2] BAIRD J. Taking it on board : quality audit findings for higher education governance[J]. Higher Education Research & Development, 2007, 26（1）: 101-115.

[3] BASKERVILLE S, MACLEOD F, SAUNDERS N. A guide to UK higher education and partnerships for overseas universities[J]. UK : Higher Education International and Europe Unit. Research Series/9, 2011 : 27-32.

[4] COLEMAN D. Quality assurance in transnational education[J]. Journal of Studies in International Education, 2003, 7（4）: 354-378.

[5] DOBBINS M, KNILL C, VÖGTLE E M. An analytical framework for the cross-country comparison of higher education governance[J]. Higher Education, 2011, 62（5）: 665-683.

[6] DOBBINS M. Higher education governance[J]. Oxford Bibliographies in Education, 2018.

[7] GRAAF G, PAANAKKER H. Good governance : performance values and procedural values in conflict[J]. American Reviews of Public Administration, 2014, 45（6）: 635-652.

[8] GOEDEGEBUURE L, HAYDEN M. Overview : governance in higher education—concepts and issues[J]. Higher Education Research & Development, 2007, 26（1）: 1-11.

[9] HARMAN K, TREADGOLD E. Changing patterns of governance for Australian universities[J]. Higher Education Research & Development, 2007, 26（1）: 13-29.

[10] HARRISON I, BOND K. Transnational education and engineering accreditation[J]. Engineering Education, 2012, 7（2）: 24-28.

[11] HEALEY N M. The end of transnational education? The view from the UK[J]. Perspectives : Policy and Practice in Higher Education, 2019 : 1-11.

[12] HEALEY N. Transnational education and domestic higher education in Asian-Pacific host countries[J]. Economist, 2012 : 57.

[13] HEALEY N. Why do English universities really franchise degrees to overseas providers?[J]. Higher Education Quarterly, 2013, 67（2）: 180-200.

[14] COLEBATCH H K. Making sense of governance[J]. Policy and Sociaty, 2014, 33（4）: 307-316.

[15] JACKSON S. The quality assurance of transnational education : the UK experience of QAA overseas audit[J]. Quality Audit and Assurance for Transnational Higher Education, 2006 : 11-20.

[16] JOHANSON J, VAHLNE J E. The internationalization process of the firm—a model of knowledge development and increasing foreign market commitments[J]. Journal of International Business Studies, 1977, 8（1）: 23-32.

[17] KELLER G. Governance : the remarkable ambiguity[J]. In Defense of American Higher Education, 2001 : 304-322.

[18] KOOIMAN J, JENTOFT S. Meta-governance : values, norms and principles, and the making of hard choices[J]. Public Administration, 2009, 87（4）: 818-836.

[19] LAWTON W, AHMED M, ANGULO T, et al. Horizon scanning : what will higher

education look like in 2020[J]. Observatory on Borderless Higher Education, 2013.

[20] MARGINSON S, RHOADES G. Beyond national states, markets, and systems of higher education : A glonacal agency heuristic[J]. Higher Education, 2002, 43（3）: 281-309.

[21] MARTIN M. External quality assurance in higher education : how can it address corruption and other malpractices?[J]. Quality in Higher Education, 2016, 22（1）: 49-63.

[22] MAY H, SPALDING N. Internationalising higher education framework[J]. Higher Education Academy, 2014.

[23] MERILEE S, GRINDLE. Good enough governance revisited[J]. Development Policy Review, 2011, 29（S1）: 199-221.

[24] WORTON M. UK higher education today and place of internationalization[J]. Repéres 2012, 5（15）.

[25] MOK K H, NG P T. Singapore's global education hub ambitions[J]. International Journal of Educational Management, 2008.

[26] NANDA V P. The "good governance" concept revisited[J]. ANNALS of the American Academy of Political and Social Science, 2006（1）: 269-283.

[27] RHODES R A W. The new governance : governing without government[J]. Political Studies, 1996, 44（4）: 652-667.

[28] SALTER B, Tapper T. The politics of governance in higher education : the case of quality assurance[J]. Political Studies, 2000, 48（1）: 66-87.

[29] SCHINDLER L, PULS-ELVIDGE, WELZANT H, CRAWFORD L. Definitions of quality in higher education : a synthesis of the literature[J]. Higher Learning Research Communications, 2015, 5（3）: 3-13.

[30] SHATTOCK M. Re–balancing modern concepts of university governance[J]. Higher Education Quarterly, 2002, 56（3）: 235-244.

[31] SMITH K. Assuring quality in transnational higher education : a matter of collaboration or control?[J]. Studies in Higher Education, 2010, 35（7）: 793-806.

[32] STELLA A. Quality assurance of cross-border higher education[J]. Quality in Higher Education, 2006, 12（3）: 257-276.

[33] STOKER G. Governance as theory：five propositions[J]. International Social Science Journal，1998，50（155）：17-28.

[34] TOMA J D. Expanding peripheral activities，increasing accountability demands and reconsidering governance in US higher education[J]. Higher Education Research & Development，2007，26（1）：57-72.

[35] TRIFIRO F. Inter-agency cooperation in the quality assurance of transnational education：challenges and opportunities[J]. Quality in Higher Education，2018，24（2）：136-153.

[36] TRIFIRO F. The importance of cross-border cooperation in the quality assurance of TNE[J]. Higher Education Evaluation and Development，2019.

[37] TRIFIRO F. The QACHE toolkit for quality assurance agencies：cooperation in cross-border higher education[J]. The Observatory on Borderless Higher Education，News Analysis，2015，9.

[38] ZAMAN K. Quality guidelines for good governance in higher education across the globe[J]. Pacific Science Review B：Humanities and Social Sciences, 2015, 1（1）：1-7.

（三）网络页面类

[1] Advance HE. UK Professional standards framework（PSF）[EB/OL].[2020-03-18]. https：//www.advance-he.ac.uk/guidance/teaching-and-learning/ukpsf.

[2] Chris Mackie，Research Associate，WES. International branch campuses part two：China and the United Arab Emirates[EB/OL].（2019-06-13）[2020-03-18]. https：//wenr.wes.org/2019/06/international-branch-campuses-part-two-china-and-the-united-arab-emirates.

[3] Engineer Council. About us[EB/OL].[2020-03-18]. https：//www.engc.org.uk/about-us/.

[4] Engineer Council. UK-SPEC[EB/OL].[2020-03-18]. https：//www.engc.org.uk/ukspec.aspx.

[5] General Pharmaceutical Council. Accredited 2+2 MPharm degrees[EB/OL].[2020-03-18]. https：//www.pharmacyregulation.org/accredited-2-plus-2-mpharm-degrees.

[6] General Pharmaceutical Council. Approval process for education and training providers[EB/OL].[2020-03-18]. www.pharmacyregulation.org/education/approval-courses.

[7] General Pharmaceutical Council. MPharm degree[EB/OL].[2020-03-18]. https：//www.

pharmacyregulation.org/education/pharmacist/MPharm.

[8]   General Pharmaceutical Council. The accreditation of GB MPharm degrees delivered in part overseas（2+2 degrees）[EB/OL].[2020-03-18]. chrome-extension：//cdonnmffk daoajfknoeeecmchibpmkmg/assets/pdf/web/viewer.html?file=https%3A%2F%2Fwww. pharmacyregulation.org%2Fsites%2Fdefault%2Ffiles%2Fdocument%2Fgphc_ accreditation_methodology_-_22_mpharm_degrees.pdf.

[9]   Heriot-Watt University. Academic approvals[EB/OL].[2020-03-18]. https：//www.hw.ac. uk/services/academic-registry/quality/qa/academic-approvals.htm.

[10] Heriot-Watt University. Academic partnerships approval process[EB/OL].[2020-03-18]. chrome-extension：//cdonnmffkdaoajfknoeeecmchibpmkmg/assets/pdf/web/viewer. html?file=https%3A%2F%2Fwww.hw.ac.uk%2Fservices%2Fdocs%2Facademic- registry%2F17.qabp-academicpartnerships.pdf.

[11] Heriot-Watt University. Dubai campus[EB/OL].[2020-03-18]. https：//www.hw.ac.uk/ dubai/.

[12] Heriot-Watt University. Internal audits[EB/OL].[2020-03-18]. https：//www.hw.ac.uk/ services/academic-registry/quality/qa/internal-audits.htm.

[13] Heriot-Watt University. Periodic reviews[EB/OL].[2020-03-18]. https：//www.hw.ac.uk/ services/academic-registry/quality/qa/periodic-reviews.htm.

[14] Heriot-Watt University. Quality assurance[EB/OL].[2020-03-18]. https：//www.hw.ac.uk/ services/academic-registry/quality/quality assurance.htm.

[15] IMF. Good Governance：The IMF's role[EB/OL].（1998-09-01）[2020-03-18]. https： //www.imf.org/en/Publications/EXR-Pamphlets/Issues/2016/12/30/Good-Governance- The-IMF-s-Role-2313.

[16] Institution of Engineering and Technology. Academic accreditation[EB/OL].[2020-03-18]. https：//www.theiet.org/career/accreditation/academic-accreditation/.

[17] International Engineering Alliance. Accords[EB/OL].[2020-03-18]. https：//www. ieagreements.org.

[18] International Engineering Alliance. Quality checker[EB/OL].[2020-03-18]. https：//www. ieagreements.org.

[19] LEE J. What does "Good Governance" really mean in higher education?[EB/OL].

（2016-01-07）[2020-3-18]. https：//blogs.worldbank.org/governance/what-does-good-governance-really-mean-higher-education.

[20] Office for Students. Quality and standards[EB/OL].[2020-03-18]. https：//www.officeforstudents.org.uk/advice-and-guidance/regulation/quality-and-standards/quality-assessment-and-monitoring/.

[21] Office for Students. The OfS register[EB/OL].（2020-02-20）[2020-03-18]. https：//www.officeforstudents.org.uk/advice-and-guidance/the-register/the-ofs-register/.

[22] Office for Students. The regulatory framework for higher education in England[EB/OL].（2018-04-02）[2020-03-18].https：//www.officeforstudents.org.uk/advice-and-guidance/regulation/the-regulatory-framework-for-higher-education-in-england/.

[23] Office of Students. Degree awarding powers and university title[EB/OL].[2020-03-18]. https：//www.officeforstudents.org.uk/advice-and-guidance/regulation/degree-awarding-powers-and-university-title/.

[24] Office of Students. How we are run[EB/OL].[2020-03-18]. https：//www.officeforstudents.org.uk/about/how-we-are-run/.

[25] Privy Council Office. Privy council office[EB/OL].[2020-03-18]. https：//privycouncil.independent.gov.uk/privy-council-office/.

[26] Privy Council Office. Higher education[EB/OL].[2020-03-18]. https：//privycouncil.independent.gov.uk/privy-council-office/higher-education/.

[27] Privy Council Office. List of charters granted[EB/OL].[2020-03-18]. https：//privycouncil.independent.gov.uk/royal-charters/list-of-charters-granted/.

[28] Privy Council Office. Royal charters[EB/OL].[2020-03-18]. https：//privycouncil.independent.gov.uk/royal-charters/.

[29] Quality Research International. Analytic quality glossary[EB/OL].[2020-03-18]. http：//www.qualityresearchinternational.com/glossary/.

[30] The Pie News. Amy Baker：British council to work closely with new education UK unit[EB/OL].[2013-1-28]. https：//thepienews.com/news/british-council-to-work-closely-with-new-education-uk-unit/.

[31] The Quality Assurance Agency for Higher Education. Glossary[EB/OL].[2020-03-18]. chrome-extension：//cdonnmffkdaoajfknoeeecmchibpmkmg/assets/pdf/web/viewer.

html?file=https%3A%2F%2Fwww.qaa.ac.uk%2Fdocs%2Fqaa%2Fguidance%2Fqaa-glossary.pdf.

[32] The Quality Assurance Agency for Higher Education. Our reviewers[EB/OL].[2020-03-18]. https：//www.qaa.ac.uk/reviewing-higher-education/our-reviewers.

[33] The Quality Assurance Agency for Higher Education. Professional statutory and regulatory bodies[EB/OL].[2020-03-18]. https：//www.qaa.ac.uk/about-us/who-we-work-with/professional-statutory-and-regulatory-bodies.

[34] The Quality Assurance Agency for Higher Education. Recent reviews and reports[EB/OL].[2020-03-18]. https：//www.qaa.ac.uk/en/international/transnational-education-review

[35] The Quality Assurance Agency for Higher Education. The UK quality code for higher education 2013—2018[EB/OL].[2020-03-18]. https：//www.qaa.ac.uk/quality-code/UK-Quality-Code-for-Higher-Education-2013-18.

[36] The Quality Assurance Agency for Higher Education. Transnational education review[EB/OL].[2020-03-18]. https：//www.qaa.ac.uk/international/transnational-education-review.

[37] The Quality Assurance Agency for Higher Education. Types of review[EB/OL].[2020-03-18]. https：//www.qaa.ac.uk/en/reviewing-higher-education/types-of-review.

[38] The Quality Assurance Agency for Higher Education. UK quality code for higher education[EB/OL].[2020-03-18]. https：//www.qaa.ac.uk/quality-code.

[39] Top Universities. QS world university rankings[EB/OL].[2020-03-18]. https：//www.topuniversities.com/university-rankings/world-university-rankings/2020.

[40] TRIFIRO F. Making QA collaborative for TNE[EB/OL].[2016-06-05]. https：//www.universitiesuk.ac.uk/International/heglobal/Pages/making-qa-collaborative-for-TNE.aspx.

[41] UKSCQA. International strategic engagement and review of transnational education[EB/OL].[2020-03-18]. https：//ukscqa.org.uk/what-we-do/transnational-education/.

[42] UKSCQA. UK standing committee for quality assessment launches consultation on review of quality code[EB/OL].[2020-03-18]. https：//ukscqa.org.uk/2017/10/11/additional-40-million-for-heif-in-support-of-the-industrial-strategy/.

[43] Universities UK. The future quality assurance and regulation of TNE：times are changing[EB/OL].（2019-06-13）[2020-03-18]. https：//www.universitiesuk.ac.uk/

International/news/Pages/future-quality-assurance-TNE.aspx.

[44] Universities UK. UK India education & research initiative（UKIERI）[EB/OL].（2008-
     10-16）[2020-03-18]. http：//www.obhe.ac.uk/documents/view_details?id=258.

[45] Universities UK. What is UK HE TNE?[EB/OL].[2020-03-18]. https：//www.
     universitiesuk.ac.uk/International/heglobal/Pages/what-is-transnational-education.aspx.

[46] University of Liverpool. Strategy 2026[EB/OL].[2020-03-18]. https：//www.liverpool.
     ac.uk/strategy-2026/.

[47] University of Nottingham. Malaysia pharmacy MPharm（Hons）[EB/OL].[2020-03-18].
     https：//www.nottingham.edu.my/Study/Undergraduate-courses/Pharmacy/Pharmacy-
     MPharm-Hons.aspx.

[48] University of Sheffield. About us[EB/OL].[2020-03-18]. https：//www.sheffield.ac.uk/
     about/rankings.

[49] University of Sheffield. Collaborative provision[EB/OL].[2020-03-18]. https：//www.
     sheffield.ac.uk/apse/apo/quality/programmes/collab-provision.

[50] University of Sheffield. Our place：locally and globally[EB/OL].[2020-03-18]. https：//
     ourplan.group.shef.ac.uk/ourplan/our-place-locally-and-globally/.

[51] University of Sheffield. Strategic partners[EB/OL].[2020-03-18]. https：//www.sheffield.
     ac.uk/ourplan/strategic-partners/.

[52] University of Sheffield. Value for money[EB/OL].[2020-03-18]. https：//www.sheffield.
     ac.uk/finance/staff-information/howfinanceworks/vfm.

[53] USAID. Democracy and governance[EB/OL].[2020-03-18]. https：//www.usaid.gov/
     democracy.

[54] WONKHE. Getting the UK quality code just right[EB/OL].（2017-12-11）[2020-03-18].
     https：//wonkhe.com/blogs/getting-the-uk-quality-code-right/.

[55] World Bank. Governance[EB/IL].[2020-03-18]. https：//www.worldbank.org/en/topic/
     governance/overview.

[56] World Bank. Governance and institutions[EB/OL].[2020-03-18]. https：//ida.worldbank.
     org/theme/governance-and-institutions.

二、中文文献

（一）著作、学位论文类

[1] 萨缪尔森. 微观经济学 [M]. 肖琛，等，译. 北京：华夏出版社，1999：268.

[2] 克拉克. 高等教育系统：学术组织的跨国研究 [M]. 王承绪，徐辉，殷企平，等，译. 杭州：杭州大学出版社，1994：159-160.

[3] 陈广胜. 走向善治：中国地方政府的模式创新 [M]. 杭州：浙江大学出版社，2007：108-113.

[4] 范文曜，沃森. 高等教育治理的国家政策——中英合作研究项目文集 [M]. 北京：高等教育出版社，2009：10.

[5] 冯国平. 跨国教育的国际比较研究 [D]. 上海：华东师范大学，2009：7-8，59，64.

[6] 奈特. 激流中的高等教育：国际化变革和发展 [M]. 刘东风，陈巧云，译. 北京：北京大学出版社，2011：8，29，98-99，142-150.

[7] 江彦桥. 跨境教育监管与质量保障 [M]. 北京：高等教育出版社，2004：57-67.

[8] 李亚东. 质量保障：从统治到治理——中国特色高等教育质量保障治理体系研究 [M]. 上海：上海人民出版社，2017：17，23，239，344-345.

[9] 刘恩允. 治理理论视阈下的我国大学院系治理研究 [D]. 苏州：苏州大学，2014：46.

[10] 刘尔思. 跨境高等教育质量风险体系控制与管理 [M]. 北京：经济科学出版社，2014.

[11] 龙献忠. 从统治到治理 [D]. 武汉：华中科技大学，2005：43.

[12] 马健生. 高等教育质量保证体系的国际比较研究 [M]. 北京：北京师范大学出版社，2014：108，109，115-116，141.

[13] 唐霞. 英国高等教育质量保证体系 [M]. 北京：北京师范大学出版社，2012：33，61-63，75-78.

[14] 王浦劬，藏雷振. 治理理论与实践：经典议题研究新解 [M]. 北京：中央编译出版社，2017：13，36，62-63，78-79.

[15] 席酉民. 我的大学我做主：西交利物浦的故事 [M]. 北京：清华大学出版社，2016：151.

[16] 许明等. 高等教育质量保障体系概论 [M]. 北京：北京师范大学出版社，2004：5-6.

[17] 杨丽辉. 英国跨国高等教育质量保障体系探究 [D]. 厦门：厦门大学，2009：14，29-67.

[18] 姚云. 当代世界高等教育评估历史与制度概览 [M]. 北京：北京师范大学出版社，

2013：2，35.

[19] 易红郡. 战后英国高等教育政策研究[M]. 长沙：湖南师范大学出版社，2012：6-7，128，246.

[20] 卡尔松，兰法尔. 天涯成比邻：全球治理委员会的报告[M]. 北京：中国对外翻译出版公司，1995：2，232.

[21] 俞可平. 论国家治理现代化[M]. 北京：社会科学文献出版社，2015：5-6，11，12-13，19-21.

[22] 郑海蓉.中国跨国高等教育质量保障体系研究[D].武汉：华中科技大学，2013：63-65.

（二）期刊、报纸报告类

[1] 杰索普，漆芜.治理的兴起及其失败的风险：以经济发展为例的论述[J].国际社会科学杂志（中文版），1999（1）：31-48.

[2] 褚宏启.教育治理：以共治求善治[J].教育研究，2014，35（10）：4-11.

[3] 郭伟，张力玮.新时期中外合作办学发展趋势：提质增效、服务大局、增强能力——访厦门大学中外合作办学研究中心主任林金辉[J].世界教育信息，2016，29（15）：6-11.

[4] 何静.英国跨国教育审查对中外合作办学评估的启示[J]. 中国高等教育评估，2017（3）：75-80.

[5] 教育部外事司综合处据驻英使馆教育处. 英国在境外办学的有关情况[J]. 世界教育信息，1998（7）：19-21.

[6] 李家兴. 大学治理与高等教育质量[J]. 国际关系学院学报，2008（3）：76-82.

[7] 李明磊，王战军.高等教育质量治理：从基本概念到体系组成[J].天津大学学报（社会科学版），2013，15（2）：173-177.

[8] 刘恩允，周川. 治理理论视阈下的我国大学院系治理研究[J]. 高等教育研究，2014（5）：42.

[9] 刘强.从质量管理到质量治理：高等教育质量发展的创新图景[J].当代教育科学，2019（7）：55-60.

[10] 刘文慧，WILLIAMS M. 高校中外合作办学机构内部质量保障体系构建研究[J]. 教育评论，2018（5）：58-62.

[11] 莫甲凤. 大学自治模式的英国高等教育质量保障体系：特点与启示[J]. 中国高教研

究，2012（4）：36-40.

[12] 史静寰.高等教育重在建设质量治理体系[N].社会科学报，2019-11-28（1）.

[13] 田恩舜.从一元控制到多元治理：世界高等教育质量保证发展趋势探析[J].学位与研究生教育，2006（12）：52-57.

[14] 王爱学，赵定涛.西方公共产品理论回顾与前瞻[J].江淮论坛，2007（4）：38-43.

[15] 王邦权.英国跨国高等教育办学机构和项目评价及启示[J].现代教育管理，2017（5）：118-123.

[16] 王凤春.高等教育质量的治理及运行原则[J].中国高等教育评估，2006（2）：68-70.

[17] 王凤春.治理理论视野下的高等教育质量保障问题研究[J].内蒙古师范大学学报（教育科学版），2006（11）：34-36.

[18] 王剑波，姜伟宏.跨国高等教育及其质量监管的比较研究——以跨国高等教育提供国比较的视角[J].东岳论丛，2009，30（8）：167-171.

[19] 王绍光.治理研究：正本清源[J].开放时代，2018（2）：153-176+9.

[20] 王雁琳.英国大学治理现代化和教育中介组织的变迁[J].比较教育研究，2019（11）：27-33.

[21] 吴志成.西方治理理论述评[J].教学与研究，2004，6（6）：60-65.

[22] 薛莲，刘盾.英美跨国高等教育之比较探究[J].教育与考试，2015（3）：87-91.

[23] 易承志.治理理论的层次分析[J].行政论坛，2009，16（6）：6-9.

[24] 张立迁.提升中外合作办学质量是大势所趋[J].启迪，2019（8）：1.

[25] 张庆晓，贺静霞.中外合作办学政策的历史演进与现实反思[J].黑龙江高教研究，2019，37（3）：18-23.

[26] 中华人民共和国教育部.中华人民共和国中外合作办学条例[J].教育部政报，2003（6）：243-251.

[27] 朱德全，徐小容.高等教育质量治理主体的权责：明晰与协调[J].教育研究，2016，37（7）：74-82.

[28] 西交利物浦大学.西交利物浦大学中外合作办学年度报告系统[R].苏州：西交利物浦大学，2019：7-10.

[29] 西交利物浦大学.西交利物浦大学2018-2019学年本科教学质量报告[R].苏州：西交利物浦大学，2019：27-34.

（三）网络页面类

[1] 教育监管信息网. 中外合作办学：从规模扩张转向质量提升 [EB/OL].（2019-06-10）[2020-03-18]. http：//jsj.moe.gov.cn/n2/7001/12107/1296.shtml.

[2] 南京大学 - 约翰霍普金斯大学中美文化研究中心. 中心简介 [EB/OL].（2020-03-18）[2020-03-18]. https：//hnchome.nju.edu.cn/10603/list.htm.

[3] 西交利物浦大学. 专业认证 [EB/OL].（2020-03-18）[2020-03-18]. https：//www.xjtlu.edu.cn/zh/study-with-us/why-xjtlu/accreditations.

[4] 中国教育. 教育部中外合作办学信息管理系统上线 [EB/OL].（2015-03-27）[2020-03-18]. http：//www.edu.cn/edu/guo_ji_he_zuo/dong_tai/201503/t20150327_1241350.shtml.

[5] 中国教育报. 新时代如何发展中外合作办学 [EB/OL].（2019-08-05）[2020-03-18]. http：//edu.people.com.cn/GB/n1/2019/0805/c1053-31276052.html.

[6] 中国科学报. 英国学生事务办公室备受争议 [EB/OL].（2018-03-27）[2020-03-18]. http：//www.ict.edu.cn/world/w3/n20180327_48810.shtml.

[7] 中华人民共和国教育部. 教育部办公厅关于开展中外合作办学评估工作的通知 [EB/OL].（2009-07-15）[2020-03-18]. http：//www.moe.gov.cn/srcsite/A20/moe_862/200907/t20090715_77977.html.

[8] 中华人民共和国中央人民政府. 中共中央办公厅、国务院办公厅印发《关于做好新时期教育对外开放工作的若干意见》[EB/OL].（2016-04-29）[2020-03-18]. http：//www.gov.cn/xinwen/2016-04/29/content_5069311.htm.

[9] 中外合作办学监管信息平台. 教育部加强中外合作办学行政监管的四项措施 [EB/OL].（2020-03-18）[2020-03-18]. http：//www.crs.jsj.edu.cn/.

[10] 中外合作办学监管信息平台. 学历学位证书认证注册信息查询 [EB/OL].（2020-03-18）[2020-03-18]. http：//rzzccx.crs.jsj.edu.cn/.

后　记

　　距离我博士毕业已经三年有余，得知博士论文即将出版的消息，攻博阶段的酸甜苦辣再次涌上心头。

　　我于2015年在浙江大学本科毕业，继续在教育学院深造，开始漫漫五年的学术探索。初时，总觉得时间还很多，一切都是新鲜的模样。很快，我发现了学术的不易——为浩如烟海的文献而苦恼，对不同流派的学说感到迷惑，也为自己能否顺利毕业而焦虑失眠。所幸，我在这段时间遇到了诸多良师益友，在我迷茫徘徊时为我指点迷津，在我低落失望时为我鼓励打气。他们对我的支持与帮助，是一次次及时的强心剂，振奋我心，拨开云雾，使我终见青天。

　　首先，我要特别感谢我的导师宋永华教授。宋教授在学术上给予我悉心的指导，关心我的学术发展道路，为我提供了各种深入实践、拓展视野的机会。读博期间，我在导师的推荐下，赴浙江大学国际校区实习，赴香港科技大学、耶鲁-新加坡国立大学学院调研，还赴英国巴斯大学短期访学，参加了许多高质量的学术会议。这种从理论到实践、再从实践到理论的指导模式，让我有机会深入高等教育国际化、尤其是合作办学的实践中，得到了一手的研究资料。与国内外学者进行交流，不仅令我觉得自己的研究是有价值的，而且拓展了我的国际视野，助力我开展高等教育国际化的相关研究。除了学术上的指导和支持，宋永华教授还在为人处世方面为我树立榜样。他待人亲切和善，不吝分享人生经验，乐于给予帮助，在我感到迷茫和苦恼时，教导我不可放弃，而应刻苦努力、自信面对一切。

　　其次，感谢从我本科阶段就一直为我提供指导和帮助的吴雪萍教授。吴教授如同母亲一般关心我的学术和生活，在我毕业论文几度陷入瓶颈的时候提供了诸多帮助；在我为工作去向而纠结的时候，她也耐心为我解答和分析，默默支持我的想法。吴教授对学术的高要求严标准和对学生的关爱，对我的影响很大，让我收获了宝贵的知识与能力。

再次，还要感谢我的外导凯瑟琳·蒙哥马利（Catherine Montgomery）教授，浙江大学教育学院的阚阅教授、刘淑华教授，曾在浙江大学国际教育研究中心给予我指导的伍宸老师、曹露老师，研究生科的甘露老师、施晨辉老师、杨娟老师，辅导员张静波老师，组织人事科的巫微涟老师。

求学路上，我的同学们也为我提供了许多支持。作为文科博士生，虽然没有理工科的实验室，但我们却有"思想的实验室"。攻博期间，我常常与我的同学们交流和讨论，互相分享和学习最新的研究方法、技术工具、前沿文献，在思想的碰撞中擦出灵感的火花。在这里，感谢王颖、刘阳、朱雪莉、张萌、崔林、方洁等同门兄弟姐妹，感谢王林卉、徐冰娜、王文雯、肖霞、周婷婷、梁帅、潘文鸯、金琦钦、饶鼎新、谢金丹、吕汇等同窗，感谢刘巍伟、倪好、任佳萍、辛越优、郝人缘、吴静超等学长学姐，感谢彭婵娟、郭玉娇、蔡晨雨、宋词、刘睿阳、殷泊远、陈晓山、Richard、Gill、Alan等好友。

我要感谢我的母校浙江大学。从2011年初入求是园，到2020年博士毕业，我与浙大相伴九年。人生能有几多九年？感谢母校一直以来对我的培养和熏陶，"求是"精神已然深入我心，也是我读博以来奉为圭臬的人生态度。越是深入到学术研究中，我越是感到自己尚有许多不足，学术使我懂得了谦虚和严谨，以包容、学习的心态去探索一切，以严谨、负责的态度去阐述一切。如今，我已经走上工作岗位，不论在何处做何事，我会始终牢记竺可桢老校长对求是学子的期待——"公忠坚毅，担当大任，主持风会，转移国运"。这是个人之自我追求，亦是我辈之时代使命。

最后，非常感谢我的家人和先生一直以来的鼓励和支持，在我攻博期间，他们始终坚定地站在我的背后，支持我的学业，尊重我的事业追求，默默付出，不求回报。

博士毕业于我而言是一个新的起点，本书的出版亦是一个圆满的句号。在人生的下一个阶段，我会继续扬帆起航，不忘初心，做好每一件事！

赵倩

2023年12月1日